用新知，打破次元之壁

前方高能预警

破壁書

网络文化关键词

邵燕君 主编
王玉玊 副主编

生活·讀書·新知 三联书店 生活書店出版有限公司

图书在版编目（CIP）数据

破壁书：网络文化关键词 / 邵燕君主编 . -- 北京：
生活书店出版有限公司，2018.5
ISBN 978-7-80768-194-6

Ⅰ. ①破… Ⅱ. ①邵… Ⅲ. ①网络文化－研究 Ⅳ.
①G112

中国版本图书馆 CIP 数据核字 (2017) 第 086352 号

责任编辑 邝 芮
特约编辑 赵庆丰
封面设计 罗 洪
责任印制 常宁强

出版发行 生活书店出版有限公司
（北京市东城区美术馆东街22号）
邮　　编 100010
经　　销 新华书店
印　　刷 山东临沂新华印刷物流集团有限责任公司
版　　次 2018年5月北京第1版
2018年5月北京第1次印刷
开　　本 787毫米×1092毫米 1/32 印张17.125
字　　数 280千字 图24幅
印　　数 00,001—15,000册
定　　价 88.00元
（印装查询：010-64059389；邮购查询：010-84010542）

序：一本活在当下的破壁之书

邵燕君

麦克卢汉曾预言，进入电子文明后人类将重新部落化。如今，在网络空间以“趣缘”而聚合的各种“圈子”，其数量恐怕早已超过了人类历史上因血缘而繁衍的部落。这些网络新部落有着自己的生态系统和话语系统，彼此独立，又息息相通。每一天，每一小时，每一分，每一秒，这些网络部落都在生产着新话语，媒介革命使人类进入一个语言的“核爆期”，其繁殖力和流通力都是前所未有的。

如果我们把一个个网络部落比喻成一口口深井，整个网络亚文化空间就是一个庞大的地下水源系统，各种流行的网络文艺（如网络文学、动漫、游戏等）就是这个地下水源喷涌而出的河流，而那些网络文化关键词就如同一枚枚贝壳，凝聚着“集体智慧”，积淀着“部落文明”。我们的工作就是撷取那些最闪闪发光的贝壳，按照纹路还原孕育它们的部落文化生态，追溯其漫游路径和演化过程，使这些“活化石”成为观察记录网络动态文明的探测仪。

这些关键词带着网络部落生活的体温，构成各部落的“方言系统”。其中特别有生命力的“方言”可以打破部落间的壁垒，成为网络流行语；甚至打破“次元之壁”，进入主流话语系统。《破壁书》就是这一破壁之旅的行军图。

主编这部《破壁书：网络文化关键词》，我有一番缘起。2011年春季学期，我正式在北大开设网络文学研究课程。我突然发现，在这个课堂上，同学们的话和我平时听到的不一样了。课后，我请他们吃饭，特意和他们说：“不用管我，说你们自己的话。”于是，我完全听不懂了，无论是他们聊的内容，还是他们用的“黑话”。原来，他们平时只是在用我们听得懂的话和我们讲话，除非你懂他们的“切口”，否则，这套方言系统不会向你开放。

后来，我读到北大中文系韩国留学生崔宰溶的博士论文《中国网络文学研究的困境与突破——网络文学的土著理论与网络性》（2011年6月通过答辩），他说，传统学者要研究网络文学，先要把自己当成一个外地人，要听懂“土著”们的话，才有资格讲话。我深以为然，更加端正了学习态度。以后的几年，我天天在向学生们学说话。刚开始，只能大概听懂，但不敢插话，因为把握不好分寸尺度。有时在微信群里聊天，一句话要查几次百度。不懂的“黑话”还好说，最怕的是你以为你知道的词，其实词义已经发生了变化，比如“人品”，比如“节操”。好在有学生们不厌其烦地帮我补各种“梗”，讲解各种用法的微妙差异。待到我开始比较顺畅地和他们讲话了，我同辈的朋友却说，你说话越来越听不懂了。

其实，学会“土著”的话还不是最难的，最难的是，如何把这些话带进学术话语。一篇不带网络话语的网络研究论文，不但面目可憎，而且根本是隔靴搔痒。那些网络原生的术语、行话，不仅仅是生动，而且一个一个都是生了根的。只有建立起一套网络文学批评话语，才能真正建构一套网络文学的评价体系。一般发表单篇论文时，我们只能用嵌入主要术语然后做注解的方式，待到主编《网络文学经典解读》（北京大学出版社，2016年）一书时，靠做注解已经应付不了了。因为，十几篇论文聚在一起，一步一注，步步惊心，而且同一术语不同作者定义不同。于是，我们编了网络文学的“词条举要”作为附录。这个“词条举要”是本书最早的一个“副本”雏形。我们发现，很多网文词条的词义源自动漫、游戏等“二次元”文化，随着一个一个部落空间被勘察整理出来，一幅网络文化的整体地图卓然成形。

曾经一度，我们想给这本书起一个酷酷的名字：“次元国语”。这个颇具中二气息的名字，让人想起对中国网络文化影响深远的日本轻小说《十二国记》（小野不由美），也让人想起中国的《国语》——那部成书于秦朝“车同轨、书同文”大一统之前的国别体史书。不过，这个名字还是显得太“二次元”了，怕“三次元”人群很难get（理解，得到）到“点”，只好忍痛割爱。“破壁”则是一种容易理解的精神指向，希望这部旨在打通“次元之壁”的“破壁书”，成为媒介革命时代的“引渡之舟”。

这是一部“活在当下的词典”。不过，需要强调的是，这里选的是网络文化“关键词”，而不是“流行词”。它们从无数的流行词中被选出，每一个都积淀着该部落文化的重要内涵。并且，没有一个是已经死掉的，每一个都在旺盛生长着。

既然是生活中的词，难免百草丛生，青少年亚文化本身也具有突破主流规范的冲动，有些词或许并不那么高大上，甚或有些粗鄙，但却是整套话语体系中的有机组成部分，不可或缺。我们记录、研究、出版的选择并不等于认同、推崇这种文化，这一点，相信读者也早有共识。

本书的编选者都是该部落的资深粉丝，有的还是元老、大大，乃至巨巨。很多关键词，凝聚着他们的中二岁月、研二情怀，也是他们生命中的关键词。

所以，这也是一部出自学者粉丝之手的“有爱的词典”，是中国第一代网络原住民为自己写史。破天荒地，这些“八九点钟的太阳”们，居然有了话语“立法权”。

2017年4月18日

第一单元

有爱的羁绊

二次元·宅文化

002 宅

御宅族/宅男/宅女/宅

007 ACGN

ACGN/ACG

012 二次元

二次元/三次元/次元壁

019 有爱

023 萌

萌/萌属性/萌点/萌化/卖萌/萌萌哒/燃

034 控

萝莉/正太/御姐/大叔/控

039 羁绊

043 中二

中二病/中二

048 梗

梗/捏他

051 脑补

脑补/脑洞

056 吐槽

059 弹幕

弹幕/空耳/玩梗/计数

067 鬼畜

070 “二次元·宅文化”单元会话

第二单元

逛展子、买本子、混圈子的幸福生活

同人·粉丝文化

074 同人
同人/AU/paro/RPS

087 OOC

090 周边
周边/通贩/场贩/痛车

095 漫展

101 Cosplay
场照/正片

106 同人志
同人志/个人志/商业志/定制

112 大大
大大/巨巨/大手/大触

115 面基
面基/版聚/奔现

119 爱豆
本命/爱豆

123 糊
糊/Flop

125 粉

粉/黑/路人

133 白嫖

白嫖/bp

137 应援

应援/打call

142 安利

144 字幕组

字幕组/汉化组

149 古风

古风音乐/古风/

古风歌曲/古风圈

155 广播剧

广播剧/Drama CD

161 “粉丝·同人文化”

单元会话

第三单元

宅腐双修

女性向·耽美

166 女性向

女性向/男性向/女频/男频

173 耽美

耽美/BL/Slash

182 腐

腐女/腐向/卖腐

188 攻受

194 CP

199 基

基/搅基/基友/基情

203 百合

百合/GL/拉拉/蕾丝边

208 ABO设定

214 虐

虐/虐身/虐心

218 发糖

发糖/插刀

220 “女性向·耽美”单元会话

第四单元

网文兵器谱

网络文学

224 YY

227 爽

爽/爽文/爽点

229 入V

VIP/VIP制度

232 大神

白金作家/大神

234 月票

月票/打赏

237 坑

追更/坑/太监/仆街

241 龙套

龙套

244 高度幻想

高度幻想/低度幻想

246 奇幻

奇幻/正统西幻/西式奇幻

250 玄幻

玄幻/东方玄幻

253 修仙

修仙/仙侠/修真

256 金手指

金手指/系统

258 小白

261 文青

263 穿越

268 重生

271 架空

274 种田

277 种马文
种马文/后宫/逆后宫

280 升级
升级/升级流

283 凡人流

285 龙傲天

287 玛丽苏

292 废柴流

294 无限流

297 末日流

299 盗墓文

301 女尊

304 霸道总裁
霸道总裁/总裁文

307 傻白甜

310 白莲花
圣母/白莲花

313 “网络文学”单元会话

第五单元

虚拟世界 游戏人生

电子游戏

316 电子游戏

320 街机游戏

323 冒险游戏

AVG/ADV

327 角色扮演游戏

RPG

331 升级

生命值/升级/经验值/技能

338 网络游戏

MMORPG/PvE/PvP/DPS/

T/奶/治疗/仇恨

344 电子竞技

349 奶

奶/毒奶

352 存档

存档/读档

355 结局

358 支线

361 二周目

364 NPC

366 Boss

369 地图

371 副本

373 PK

375 设定
世界观 / 设定

381 代入感

383 虚拟现实
虚拟现实 / VR

389 攻略

391 作弊
作弊 / 外挂 / 秘籍

393 氪
氪金 / 欧 / 非

397 Game Over
Game Over / GG

399 “电子游戏”单元会话

第六单元

与土豪为友，做人生赢家

社会流行词

404 帝吧

帝吧 / 帝吧出征

409 刷屏

刷屏 / 爆吧

414 高富帅

屌丝 / 高富帅

417 逆袭

逆袭 / 屌丝逆袭

423 搬砖

425 土豪

428 渣

431 撩

435 丧

丧 / 佛系

439 单身狗

443 光棍节

光棍节 / 脱光 / 双十一 /

剁手 / 吃土

448 亲

451 钓鱼

454 B格

装B/B格/撕B

459 奇葩

奇葩/极品

463 八一八

八一八/818

465 直播帖

468 围观

围观/吃瓜/打酱油

471 233/666

474 节操

476 人品

人品/RP

479 污

482 颜值

484 网红

网红/网红经济/网红脸

489 小鲜肉

491 绿茶婊

494 直男癌

496 “社会流行词”单元会话

498 编后记

词条索引

A是一个爱豆

ABO设定（郑熙青编撰）
ACG（高寒凝编撰）
ACGN（高寒凝编撰）
ADV（高寒凝编撰）
AU（郑熙青编撰）
AVG（高寒凝编撰）
爱豆（叶栩乔编撰）
安利（王玉玊编撰）

B最喜欢八卦

BL（郑熙青编撰）
Boss（傅善超编撰）
B格（陈子丰编撰）
八一八（薛静编撰）
霸道总裁（高寒凝编撰）
白金作家（吉云飞编撰）
白莲花（高寒凝编撰）
白嫖（王玉玊编撰）
百合（林品编撰）
搬砖（林品编撰）
版聚（王玉玊编撰）
爆吧（陈子丰编撰）
奔现（王玉玊编撰）
本命（叶栩乔编撰）

C穿越了次元壁

Cosplay（肖映萱、高寒凝编撰）
CP（郑熙青编撰）
插刀（叶栩乔编撰）
场贩（王玉玊编撰）
吃瓜（薛静编撰）
吃土（陈子丰编撰）
仇恨（王恺文编撰）
穿越（李强、肖映萱编撰）
次元壁（林品编撰）
存档（傅善超编撰）
重生（李强、肖映萱编撰）

D出现时请读档重来

DPS（王恺文编撰）
drama CD（肖映萱、高寒凝编撰）
打call（高寒凝编撰）
打酱油（薛静编撰）
打赏（李强编撰）
大触（叶栩乔编撰）
大大（叶栩乔编撰）
大手（叶栩乔编撰）
大叔（高寒凝编撰）

代入感（傅善超编撰）
单身狗（王恺文、陈子丰编撰）
耽美（郑熙青编撰）
弹幕（高寒凝编撰）
盗墓文（陈子丰编撰）
低度幻想（陈新榜、吉云飞编撰）
地图（王恺文编撰）
帝吧（林品编撰）
帝吧出征（林品编撰）
电子竞技（傅善超编撰）
电子游戏（傅善超、王恺文编撰）
屌丝（林品编撰）
钓鱼（王恺文编撰）
定制（肖映萱编撰）
东方玄幻（吉云飞编撰）
毒奶（傅善超编撰）
读档（傅善超编撰）
剁手（陈子丰编撰）

E来自二次元

二次元（林品编撰）
二周目（王恺文编撰）

F走向下一个副本

Flop（项蕾编撰）
发糖（叶栩乔编撰）
凡人流（吉云飞编撰）
非（王恺文编撰）
废柴流（吉云飞、肖映萱编撰）
粉（叶栩乔、王玉玊编撰）
佛系（王鑫、陈子丰编撰）
腐女（郑熙青编撰）
腐向（郑熙青编撰）
副本（王恺文编撰）

G是攻，谁是受?

Game Over（傅善超编撰）
GG（傅善超编撰）
GL（林品编撰）
高度幻想（陈新榜、吉云飞编撰）
高富帅（林品编撰）
个人志（肖映萱编撰）
梗（高寒凝编撰）
攻（郑熙青编撰）
攻略（傅善超编撰）
古风（王玉玊编撰）
古风歌曲（王玉玊编撰）
古风圈（王玉玊编撰）
古风音乐（王玉玊编撰）
光棍节（陈子丰编撰）
广播剧（肖映萱、高寒凝编撰）
鬼畜（高寒凝编撰）

H是G的后宫之一

汉化组（郑熙青编撰）
后宫（吉云飞、肖映萱编纂）
黑（叶栩乔、王玉王编撰）
糊（项蕾编撰）

J掉下悬崖，获得了金手指

基（郑熙青编撰）
计数（高寒凝编撰）
节操（薛静编撰）
基情（郑熙青编撰）
技能（傅善超编撰）
结局（傅善超编撰）
基友（郑熙青编撰）
架空（李强、肖映萱编撰）
金手指（吉云飞编撰）
羁绊（林品编撰）
搅基（郑熙青编撰）
经验值（傅善超编撰）
极品（薛静编撰）
街机游戏（吉云飞编撰）
巨巨（叶栩乔编撰）

K是氪金玩家

氪金（王恺文编撰）
空耳（高寒凝编撰）
坑（李强编撰）
控（高寒凝编撰）

L的梦想是成为龙傲天，迎取白富美

拉拉（林品编撰）
撩（薛静编撰）
路人（叶栩乔、王玉王编撰）
蕾丝边（林品编撰）
龙傲天（吉云飞编撰）
萝莉（高寒凝编撰）
练级（陈新榜、吉云飞编撰）
龙套（李强编撰）
绿茶婊（薛静编撰）

M今天没吃药，所以萌萌哒

MMORPG（王恺文编撰）
冒险游戏（高寒凝编撰）
秘籍（王恺文编撰）
玛丽苏（郑熙青编撰）
萌（林品编撰）
面基（王玉王编撰）
卖腐（郑熙青编撰）
萌点/萌化（林品编撰）
末日流（吉云飞编撰）
卖萌（林品编撰）
萌萌哒（林品编撰）
漫展（王玉王编撰）
萌属性（林品编撰）

N非虐文不看

NPC（王恺文编撰）
脑洞（王玉王编撰）
虐身（肖映萱编撰）
奶（傅善超编撰）
逆后宫（吉云飞、肖映萱编纂）
虐心（肖映萱编撰）
男频（肖映萱编撰）
逆袭（林品编撰）
女频（肖映萱编撰）
男性向（肖映萱编撰）
捏他（高寒凝编撰）
女性向（肖映萱编撰）
脑补（王玉王编撰）
虐（肖映萱编撰）
女尊（肖映萱编撰）

O是个糟糕的同人写手

OOC（郑熙青编撰）
欧（王恺文编撰）

P每次PK都会扑街

paro（郑熙青编撰）
PvE（王恺文编撰）
仆街（李强编撰）
PK（傅善超编撰）
PvP（王恺文编撰）

Q是一朵出淤泥而不染的奇葩

奇幻（王恺文、吉云飞编撰）
亲（陈子丰编撰）
奇葩（薛静编撰）

R的人品大爆发

RP（高寒凝、傅善超编撰）
RPS（郑熙青编撰）
人品（高寒凝、傅善超编撰）
RPG（傅善超编撰）
燃（林品编撰）
入V（李强编撰）

S看起来是个傻白甜

slash（郑熙青编撰）
三次元（林品编撰）
丧（王鑫编撰）
傻白甜（高寒凝编撰）
商业志（肖映萱编撰）
设定（傅善超编撰）
升级（傅善超编撰）
升级流（陈新榜、吉云飞编撰）
生命值（傅善超编撰）
圣母（高寒凝编撰）
世界观（傅善超编撰）
受（郑熙青编撰）
刷屏（陈子丰编撰）
双十一（陈子丰编撰）
爽（吉云飞编撰）
爽点（吉云飞编撰）
爽文（吉云飞编撰）
撕B（陈子丰编撰）

T总想和土豪K做朋友

T（王恺文编撰）
太监（李强编撰）
通贩（王玉王编撰）
同人（郑熙青编撰）
同人志（肖映萱编撰）
痛车（王玉王编撰）
土豪（陈子丰编撰）
吐槽（高寒凝编撰）
脱光（陈子丰编撰）

V是个技术宅

VIP（李强编撰）
VIP制度（李强编撰）
VR（秦兰珺、傅善超编撰）

W点的外挂已经到了

外挂（王恺文编撰）
玩梗（高寒凝编撰）
网红（高寒凝编撰）

网红经济（高寒凝编撰）
网红脸（高寒凝编撰）
围观（薛静编撰）
文青（吉云飞编撰）
污（王恺文编撰）
无限流（吉云飞编撰）

X是一枚小鲜肉

西式奇幻（王恺文、吉云飞编撰）
系统（吉云飞编撰）
仙侠（吉云飞编撰）
小白（吉云飞编撰）
小鲜肉（薛静、叶栩乔编撰）
修仙（吉云飞编撰）
修真（吉云飞编撰）
虚拟现实（秦兰珺、傅善超编撰）
玄幻（吉云飞编撰）

Y在应援会里认识了X

YY（吉云飞编撰）
颜值（薛静编撰）
应援（高寒凝编撰）
有爱（林品编撰）
御姐（高寒凝编撰）
御宅族（林品编撰）
月票（李强编撰）

Z是一个中二病患者

渣（陈子丰编撰）
宅（林品编撰）
宅男（林品编撰）
宅女（林品编撰）
正太（高寒凝编撰）
正统西幻（王恺文、吉云飞编撰）
支线（傅善超编撰）
直播帖（薛静编撰）
直男癌（薛静编撰）
治疗（王恺文编撰）
中二（林品编撰）
中二病（林品编撰）
种马文（吉云飞、肖映萱编纂）
种田（吉云飞、王玉王编纂）
周边（王玉王编撰）
装B（陈子丰编撰）
追更（李强编撰）
字幕组（郑熙青编撰）
总裁文（高寒凝编撰）
作弊（王恺文编撰）

#

233（高寒凝编撰）、
666（傅善超编撰）

1

第一单元

有爱的羁绊

二次元·宅文化

宅

御宅族/宅男/宅女/宅

【御宅族】

“御宅族”一词源自日本，指代的是漫画、动画、电子游戏、轻小说等亚文化的爱好者。

“御宅”（おたく，otaku）在日语中本是一个并不常用的人称代词，原意是对他人住宅的尊称，相当于“贵府”“您家”；也可以引申为对他人的敬称，相当于“您”“阁下”。20世纪60年代，日本的一群科幻爱好者开始在小范围内使用这个词语来互相称呼，到了20世纪80年代初，河森正治、美树本晴彦等成长于60、70年代的科幻爱好者开始踏入动画行业，并将这种小众圈子的语言用法引入到他们参与制作的科幻动画片《超时空要塞》之中。在这部首播于1982年的科幻动画片中，主人公林明美和一条辉以“御宅”作为人称代词来互相称呼。随着《超时空要塞》的热播，这种用法引起了众多观众的争相模仿。在日本的各类漫展、同人祭、科幻大会上，动画迷、漫画迷、游戏迷竞相以“御宅”互称，以此表明自己作为资深爱好者的身份。《超时空要塞》热播之后，社会评论家中森明夫于1983年6月至1983年12月在《漫画ブリッコ》（日本漫画杂志）上连载《“御宅”的研究》一文，首次在正式出版物中使用“御宅族”这个词来称呼漫画、动画等亚文化的狂热爱好者。此后，“御宅族”逐渐约定俗成而具有了现在的语义。

在全球化的大背景下，“御宅族”这个源自日本的词语，与产自日本的动漫、游戏一道，借助电子媒介传播到了世界各地，并且发生跨语际的接受与转化。中文语境下对“御宅”一词的使用，最先流行于港台地区的ACG（动画、漫画、游戏这几种文化产品的统称，参见本单元“ACGN/ACG”词条）爱好者，随后经由ACG爱好者的网络交流传入中国内地，人们自称、互称为“御宅族”，以此作为ACG“同好”（共同爱好者）之间的某种身份标识。在从日语到汉语的跨语际接受与转化过程中，由“御宅族”这个人称代词又逐渐衍生出“宅男/宅女”这样的称呼。

【宅男/宅女】

由于互联网络的传播效应，“宅男/宅女”这个更为本土化的词语，逐渐为越来越多并不爱好ACG的人所使用，而在指代对象上，也由ACG爱好者置换为“长时间待在住宅里的人”。在词义演变的过程中，“宅男/宅女”被大众舆论注入了不少贬义色彩。当很多严厉的长者谈论“宅男/宅女”的时候，他们往往是在谈论这样一种刻板的负面印象：“老闷在家里不出门”“不爱与外人打交道”。这个意义上的“宅”，可以说是日文词“引きこもり”（hikikomori，意为“家里蹲”）的近义词，而与“御宅族”并无确切的对应关系。

当前常被称作“宅男/宅女”的群体，主要由城市中产或准中产家庭的子女构成，他们同时也是自幼便生活在数字化、信息化、网络化的媒介环境中的“数码原住民”（与之相对的则是“数码移民”，即成年之后才开始逐渐适应数码科技与数码文化的人群）。这些从小就生活在数码媒介环境中的新生代，养成了一套足不出户便能自我满足的日常生活方式和文化消费方式（电子商务和物流行业近年来的蓬勃发展，更是为这种“宅生活”提供了保障），正是这一点塑造了“宅男/宅女”作为社会舆论约定俗成的一种名词，所倾向于指涉的定型化意象——封闭在自己的家宅中、沉溺在个人的小宇宙里。而与“宅男/宅女”相关联的“宅”，也常常单独用作动词谓语或者形容词谓语，表示那种“宅在家里”的状态。

【宅】

对于御宅族这样的亚文化爱好者来说，“宅”并不必然意味着自我封闭和内向沉溺。这些亚文化爱好者会用“宅”来自我指称，以此表达对某种兴趣爱好的强烈痴迷；他们也会用“宅”来互相称呼，以此表达基于共同兴趣爱好的身份认同。在这里，“宅”是一个能够表达积极认同的称谓，既可以确认自我的文化生活，也可以指认彼此的同好关系。而在宽泛的意义上，“宅”不仅可以用来指称ACG的爱好者，还可以用来指称其他文化门类的爱好者，它常常作为人称后缀，与各种各样的名词构成诸如“二次元宅”“文艺宅”“学术宅”“技术宅”“摄影宅”“军事宅”这样的合成词。

这些“宅”对各自爱好的痴迷，不但会支撑他们长时间地“宅在家里”，利用互联网络提供的信息资源，发展自己的兴趣爱好，编织个人的小宇宙；而且，在提倡“用户生成内容”的互联网时代，这种痴迷还驱动着他们积极地借助各种媒体工具，创作出各式各样与兴趣爱好相关联的文化文本，并且主动地利用各种传播平台，与同好交流、分享这些自创文本。

这些以兴趣为动力进行的信息传播、文本创作、资源共享的行为，会使得原本在现实空间互不相识的“宅”，能够通过社交媒体发生频繁的人际互动，并由此生成崭新的情感联结。在这里，彼此相通的兴趣爱好扮演了“因缘之纽带”的角色，牵引着弱联结向强联结转化，进而经由线上互动与线下聚会，凝聚成社交关系相对紧密的“趣缘社群”。这些社群的集体认同，并不是基于传统的血缘、地缘、业缘，而是基于共同的兴趣爱好。作为数码媒介环境中的网络化用户，“宅”能够围绕这种趣缘认同展开种种自组织的部落化实践，由此化身为互联的节点，联结成一张张融合了信息网络与人际网络的社交网络。在这个意义上，独自沉迷与趣缘社交共同构成了“宅”的一体两面。

例句[1]：

- 新**宅**报到，二次元**御宅族**一只。
- 猴年春节干吗去？**宅**在家里玩游戏！
- 最近真的好**宅**啊，**宅**得我都快发霉了！
- 你这个死**宅男**！
- 几个问题，求**技术宅**解答！
- 这是一帮**学术宅**推出的微信公众号。

1 本书例句源自网络，部分口语用法不符合书面规范，保留网络原用法，句中观点不代表作者观点。

ACGN

【ACGN/ACG】

ACGN由Animation（动画）、Comic（漫画）、Game（游戏）、Novel（小说）这几个英文单词的首字母缩写组合而成，是日本御宅族文化中最具代表性的几种文化产品的统称。除用于泛指此类文化产品，ACGN文化（或ACG文化）也可以被视为二次元文化、御宅族文化的同义词。

其中，Animation（动画）在这里特指日本动画。虽然动画这一艺术形式产生于欧洲，兴盛于美国，也诞生了迪士尼动画等风靡全球的品牌。但是，日本动画的工业体系和美学风格却几乎完全自成一派，与欧美大相径庭。本词条中的“A”，即与欧美动画无关而专指日本动画。

Comic（漫画）也特指日本漫画。与欧美比较常见的漫画种类如艺术漫画、时事讽刺漫画、全彩故事漫画等不同，日本漫画以黑白色调为主，画风与分镜亦形成了有别于欧美漫画的风格体系。并在漫长的发展过程中，建立起了系统的、市场高度细分（包括期刊连载和单行本出版）的出版发行体系。因此相比起Comic这个相对笼统的泛称，日本漫画也常常被“Manga”（即日语中“漫画”一词的罗马拼音读法，日语假名写作マンガ）这个更加专用的名词所指代。

Game（游戏）同样特指日系游戏，并且在某些较为狭窄的语境中，特指Galgame（美少女游戏，参见“电子游戏”单元“冒险游戏”词条）。通常的日系游戏由于根植于日本动画、漫画的美学风格，因此在全球游戏产业中可谓独树一帜，Galgame更几乎是日本游戏独有的类型。

Novel（小说），准确地说，应该是Light Novel（轻小说）。本意是“可以轻松阅读的小说”。主要面向日本动画、漫画的受众，往往从行文风格和角色设定上努力迎合他们的趣味和需求。虽然从读者层来看，轻小说类似成长小说、青春文学，但事实上却带有日本御宅族文化的深刻烙印。

由此可见，虽然ACGN这四个字母是动画、漫画、游戏、小说这几种艺术形式的英文缩写，但却内在地被日本御宅族文化所统摄，从而呈现出与世界其他地区动画、漫画、游戏、小说作品全然不同的风格特征。同时，在日本御宅族文化的产业链中，漫画改编动画、动画推出漫画版、游戏改编动画、轻小说改编动画等跨媒介改编是一种非常常见的现象。同样一部作品往往存在动画、漫画、游戏、轻小说等多个版本，这种媒介融合也使得ACGN在更深的层面上被整合为一个完整的、相互关联的产业链。

根据台湾ACGN爱好者组织“傻呼噜同盟”撰写的《台湾阿宅启示录》，ACG这个词最早起源于台湾。台湾地区与日本的文化交流一向较为频繁，中国台湾的青少年也比大陆更早更快地接触到日本御宅族文化。由于互联网的兴起，他们逐渐依托各种网络论坛找到了同好，并展开线上交流。1995年，在台湾中山大学的网络论坛“山抹微云艺文专业站”上，一位名叫AIplus的用户创设了“ACG_Review”版块，第一次将日本动画、漫画、游戏等御宅族文化产品的名称缩写为ACG，从此被沿用下来广为流传。

而大陆的御宅族们接触到御宅族文化，整体上要晚于台湾地区。在趣缘社群建立的初期，大陆主要资源和信息都来自台湾翻译、配音的作品和台湾论坛里转发、整理的资料。因此ACG这个缩写词，也就经由台湾御宅族圈传入大陆，并逐渐成为一个被大家广泛认同的称谓。

事实上，ACG这个缩写的使用仅仅流行于华语地区，在日本本土，常用的缩写则是MAG〔Manga（漫画）、Anime（动画）、Game（游戏）〕。这反映了在日本本土和华语地区，这三种文化产品之间地位的不同。在日本本土，漫画历史最为悠久，体系庞杂，处于产业链中核心、基础的地位。但在传播的过程中，动画依托于更加大众的电视媒体，更早进入华语圈二次元爱好者的视野。不同的接受顺序影响了缩写词语的排序，而Manga和Comic、Anime和Animation这几个名词在具体使用中的差异，也反映了日本本土和华语地区对漫画、动画这些文化产品的不同认知。

而轻小说虽然起源于20世纪70年代前后，但至少在2000年以前，尚未被深度整合进日本动画、漫画、游戏的产业链中。在华语御宅族圈子里，最初广泛使用的也只是ACG三个字母的缩写。直到2005年前后，轻小说进入全盛期，各种评奖机制和奖项纷纷推出，动画改编也呈现井喷的趋势。这之后，作为御宅族文化的产物，轻小说才逐渐被ACG产业所吸纳。此后，ACGN的提法被更为频繁地使用，逐渐深入人心。

由于ACGN在某种程度上已经成为二次元文化的代称，因此在具体使用过程中，其指代范围实际已经超过了动画、漫画、游戏和轻小说，并进一步囊括了二次元文化中的舞台剧、Drama（广播剧）、Cosplay（真人角色扮演）、动画音乐等文化产品和艺术形式。

例句：

- 我是一个ACGN爱好者。
- 不是喜欢看ACG作品就能自称二次元啊，只看“死火海”（《死神》《火影忍者》《海贼王》）民工漫算什么二次元？
- 日本ACGN文化在中国青少年中间影响很大。

二次元

二次元/三次元/次元壁

【二次元】

“二次元”（にじげん，nijigen）这个词源自日本的御宅族文化，它在日文中的原意是“二维空间”“二维世界”，本是一个几何学领域的术语。但作为一个在网络部落文化中获得广泛使用的词语，“二次元”既可以指称ACG所创造的二维世界，也可以指称ACG爱好者或者由ACG爱好者构成的亚文化社群，还可以指称ACG及相关产业所形成的文化产业链条。此外，在宽泛的意义上，“二次元”还可以泛指受到ACG文化影响的各种网络文化。

在首播于1996年的动画片《机动战舰》中，有一条带有媒介自反性质的情节脉络：故事中有一群（富于喜感的）反派角色木星人，他们狂热地崇拜一部名为《激钢人3》（剧中剧）的动画片，尤其痴迷于这部动画中的女主角菜菜子。然而，这些渴求接触菜菜子的木星人却绝无可能实现自己的愿望，因为动画观众和动画角色毕竟分处于两个截然区隔的世界。面对这种不可逾越的界限，深陷绝望境地的木星人只得互相劝解：“菜菜子虽好，但她毕竟只是二次元的女子啊！”这句台词引起了很多御宅族的深切共鸣。后来，日本的御宅族就模仿这部动画里的这些动画爱好者，借用“二次元”这个词语来指称动画、漫画、电子游戏等媒介所创造的二维世界。

这是最早流行于网络部落文化的一种“二次元”用法，包含两个层面的含义：其一是指ACG的媒介特性。在三维动画技术成熟之前，这三者在视觉上都是由二维的图像所构成的。即便是在三维动画技术已然相对成熟的当下，日本的ACG产品也依然普遍地延续了二维时代建立起的美学风格。其二则是指ACG所营造的世界感，强调这个世界具有的“架空”“虚构”“幻想”等性质。

需要说明的是，“二次元”是一个在多种差异性关系中确认自身意义的词语。在上述第一层含义上，“二次元”既与“一次元”——以文字而非图像作为基本媒介的文艺形式（在这个意义上，小说无疑是“一次元”，但也流传着将已经被深度地整合进ACG产业的“轻小说”称作“1.5次元”乃至“二次元”的说法）——相区别，又与“三次元”——由真人、真实事物作为被摄体而营造三维视觉的电影、电视剧——相区分。但是，问题的复杂性在于，随着数字动画技术的发展，真人影像与数字动画之间的界限正在变得愈加模糊，因而，又出现了“2.5次元”的说法，用来指称使用三维建模技术、三维动画仿真技术的动画与电子游戏，也用来指称将实景拍摄所获得的素材与电脑生成的动画相合成、将真人出演的影像与CG（Computer Graphics，电脑图形）角色的图像相合成的产品。此外，由ACG衍生而来的Cosplay（参见第二单元“Cosplay”词条）舞台剧也会被称作“2.5次元”。

【二次元/三次元】

在上述第二层含义上，“二次元”主要是与“三次元”相对立，这里的“三次元”指的是真人置身其间的三维现实世界。乍看来，对于二次元与三次元的这种区分，似乎只是构成了虚拟/现实的二元对立；但问题的复杂性在于，因为漫画、动画、电子游戏借助种种视听技法所营造的代入感，因为ACG文本对人物之间的情感羁绊的着力刻画，因为许多ACG企划在进行世界观设定和角色设定时高度注重的完整自洽性，因为读者、观众、玩家的移情作用，御宅族在二次元中往往会有相当真诚的情感体验，甚至相对于那个需要戴着某种假面去阳奉阴违的三次元社会，御宅族在二次元的情感投入可能是更为真挚而强烈的。在这里，真与假、实与虚的关系，显然并不能用二元对立的思维框架来简单地分辨；而御宅族对二次元的迷恋，恐怕也并不是诸如“逃避现实”“沉溺幻象”这样带有责难意味的判断就能轻易解释的。

“二次元”的第二种用法应对的就是舆论对御宅族的责难。由于“御宅族”及其衍生词“宅男/宅女”在中国的主流媒体和大众舆论那里常常会遭到污名化和妖魔化，因而，中国的不少ACG爱好者为了避免“宅”这个意象所容易带来的误解，在近年来倾向于使用“二次元”这个词来作为自指称谓和身份标识。

这个意义上的“二次元”，不但可以用来指称作为个体的ACG爱好者（也称作“二次元宅”），而且更多会用来指称基于趣缘认同的ACG亚文化社群（也称作“二次元圈”）。作为熟练使用互联网新媒体的数码原住民，二次元爱好者不仅能够从既有的文化产品中创造出与自身情境相关的意义与快感，进而借助便捷的评论转发机制将各自的意义与快感转化为种种声明，通过多样的媒体工具和发布平台从事文化文本的生产；二次元爱好者还能够利用互联网的分享机制和共享平台，为彼此增添大量可供利用的资讯/资源获取渠道，并且在同好交流的过程中，围绕趣缘认同展开丰富多彩的社交活动，有效地利用社交网络服务创建出各式各样的趣缘社群。

这些社群的成员会基于这种趣缘认同，开展各尽其能、各显其才的团队合作，以网络协同作业的方式从事文化生产。这些社群的成员还会在“三次元”的城市空间中开辟出“2.5次元”的“飞地”，将其临时性地改造为“同好面基”（参见第二单元“面基”词条）的聚会场所，凭借便携式智能终端支持的移动互联网即时通信，组织起各式各样的集体活动。这些同好之间的“同人”（参见第二单元“同人”词条）活动与趣缘社交，是“二次元”文化生活的重要组成部分，其重要性并不亚于对ACG文本的接受与消费。

【次元壁】

由“二次元”“三次元”还衍生出另外一个重要的概念——“次元壁”或“次元之壁”。作为“二次元”的关联词，“次元壁”的用法同样丰富多样。联系着“二次元”的第一种用法——指称ACG所创造的二维世界，“次元壁”既可以被用来表示区别二次元与三次元的媒介规定性，也可以被用来表示阻挡御宅族“真正地”进入二次元世界的物理和生理限定，例如，当一位宅男渴求与一位二次元的角色发生肢体上的亲密接触时，他就会哀叹“次元壁”导致这种愿望的不可能实现。

联系着“二次元”的第二种用法——指称ACG爱好者或者由ACG爱好者构成的亚文化社群，“次元壁”则经常被用来形容二次元与三次元之间交流沟通的障碍。这里的“三次元”指的是那些无法共享ACG文化经验的人群，尤其是对二次元抱有偏见而又占据着强势话语权的人群。这个意义上的“次元壁”，凸显了二次元文化在中国的亚文化特征与边缘处境。

不过，随着文化创意产业的发展，随着ACG爱好者日益成长为社会中坚力量的有机组成部分，二次元文化事实上正在逐渐摆脱原先那种边缘的处境，“二次元”这个词语也逐渐形成了第三种用法：那些涌入文化创意产业的资本力量与资讯提供商，常常用“二次元”或“二次元产业”来概称动画、漫画、电子游戏以及相关产业所形成的产业链条，用“二次元用户”或“二次元人群”来指代“二次元产业”的目标消费者，用“二次元市场”来概称这一潜力巨大的新兴文化消费市场。这种新用法倾向于突破二次元文化的亚文化定位，突破阻隔青少年亚文化与主流文化的“次元之壁”。

事实上，在媒介变革的大背景下，ACG文化已然深刻地塑造了当代中国一个数目颇为可观的文化消费群体的接受习惯和审美趣味，深刻地影响了当代中国的诸多新兴网络现象的文化样态和传播生态，由此也形成了一种宽泛意义上的“二次元”用法。新兴的文化消费群体不仅会在御宅族文化的延伸脉络上使用“二次元”，而且会用“二次元”来指认其他各种契合于他们的消费习惯和审美趣味的文化产品，例如，美国好莱坞的超级英雄电影，中国深受ACG文化影响的网络文学，等等。因而，如果从广义上使用“二次元”，它可以泛指受到ACG文化影响的各种网络文化，或者与ACG文化具有相似特征的各种流行文化。

例句：

- 谁能告诉我穿越到**二次元**的方法？
- 因为你不混**二次元**，所以你不知道……
- 感谢**二次元**带给我们的感动！
- 灵魂早已超越**次元之壁**的你，想必已抵达理想乡了吧。

有爱

“有爱”作为在网络部落文化中应用广泛的词语，既可以表达一种充满爱意的主体状态，也可以用来形容对象所具有的能够激发爱意的性质，还可以描述二次元爱好者为他们心中所爱而倾注心血的种种行为。

“有爱”在中国二次元圈的流行，源自一群二次元宅自发组成的中文字幕组（参见第二单元“字幕组”词条），对首播于2007年的日本动画片《幸运星》的主人公、超级御宅族泉此方在该动画第3集的一段著名台词的翻译，字幕组成员将“愛が足りないんだ……愛だ”这段台词，依据上下文语境创造性地意译为“你的爱不够啊……要有爱”。借助互联网的传播效应，“有爱”这个短语迅速在中国二次元宅的网络交流中流行开来，又由于用户的重叠，经由社交媒体，传播到了二次元圈之外的其他网络社群，成为一个广为流传的网络流行语。

在中国二次元宅的语用实践中，“有爱”已经固化为一个双音节词，它的词性具有相当大的灵活性，既可以作为动宾短语，在句子中充当谓语，用来表达一种充满爱意的主体状态，如“我对ACG很有爱”；也可以单独作为褒义形容词，在句子中充当谓语或定语，用来表示所指对象所具有的某种可爱的性质，这种性质能够戳中二次元宅的“萌点”，激发起二次元宅的爱意，令二次元宅愿意为之投入感情，如“《幸运星》好有爱啊”“泉此方太有爱了”等等。

此外，“有爱”还常常被用来描述二次元宅为他们心中所爱而倾注心血的种种行为，用来形容二次元宅那些富有情感热度的“同人”活动。例如：创作同人志，制作同人视频，设计同人周边，结成同人社团，编排Cosplay舞台剧、宅歌、宅舞等文艺节目，合作促成同人展、同人祭和各种社团联欢的举办。与此同时，二次元宅对同人文化的积极参与，又是与二次元宅的趣缘社交相辅相成、相得益彰的。那些人际关系的建立、集体活动的开展，对于生活在陌生人社会中的原子化个人来说，不失为一种宝贵的情感代偿，因而，许多御宅族会将由此形成的趣缘社群比喻为“有爱的大家庭”。

在这个意义上，或许可以用“有爱的经济学”来命名中国二次元领域的社群经济。一方面，“有爱的经济学”指的是二次

【萌】

“萌”这个词在汉语中原本是一个指称草木之芽的名词，或描述植物发芽或者事物开始发生的动词。而在如今的二次元宅文化中，“萌”主要用于表达二次元爱好者对ACGN中的角色或者事物所产生的强烈的喜爱之情，或者用来形容ACGN中的角色或者事物所具有的令人喜爱的特质。

“萌”的这种新用法来自日本御宅族对日文词语“萌え”（moe）的使用。而关于“萌え”的语源，获得最广泛接受的一套说法认为，“萌え”是由它的同音词“燃え”变化而来的。20世纪80年代，日本的御宅族会用“燃え”来形容自己因动漫游戏中的美少女角色而产生的爱欲充盈——“仿佛整个人都燃烧了起来”——的情感状态。由于日文电脑系统在输入片假名时会智能识别汉字，当使用者输入“もえ”（moe）的时候，系统排序会将“萌え”列在“燃え”之前，而很多御宅族也觉得“萌え”这个说

"萌え"在御宅族的交流中逐渐取代"燃え"，成为一个更为常用的词语，并且随着御宅族文化的流行，由日本传播到了世界各地，于是便有了二次元爱好者在中文语境下所使用的"萌"。

在"萌"刚刚开始流行时，这个词语更多地被用来描述男性御宅族对二次元美少女所产生的狂热情感，或者用来形容二次元美少女所具有的可爱特质。随着流行程度的提高，"萌"的意义也发生了泛化，其语义如今已大致相当于"喜爱"，在充当谓语动词的时候，几乎可以适用于各种各样的对象，而并不局限于某种特定的性别、年龄、物种。当一位宅男或腐女（参见第三单元"腐"词条）说"我萌××"的时候，这个"××"可能是可爱少女、英俊少年，也可能是强势女王、怪异大叔，既可能是角色CP、文本类型，也可能是自然生物、机械装备。

【萌属性/萌点】

当然，对于御宅族来说，最常成为所萌对象的，还是ACGN中的人物角色；而这些人物角色所具有的能够激发起"萌的感觉"的特征，就是御宅族所谓的"萌点"或者"萌属性"。基于ACGN的产业开发和御宅族消费的再创造，在二次元的网络部落文化中已经形成了庞大的萌属性词汇库。例如，ACG向网站“萌娘百科”就收录有数百个萌属性词条，如“傲娇”（表面上对陌生人/喜欢的人很冷淡或趾高气扬，即展现出“傲”的一面，而一旦关系突破某一好感度/耻度界限后，或者遭遇某种契机的时候，就会突然变得害羞、娇俏可人，即表现出“娇”的一面）、“天然呆”（既给人以迟钝笨拙之感，又带有纯真无邪的色彩，想法或行动往往会偏离一般意义上的常识，其本人却对此毫无察觉）、“电波系”（总是沉浸在不可思议的幻想中，言谈和举止令人感到难以理解，仿佛会发出奇怪的电波对人进行“有毒的洗脑”）、“腹黑”（表面与人为善，实则工于心计）、“双马尾”（左右两边各绑上对称马尾的发型）、“黑长直”（黑色的长发兼直发）、“呆毛”（头发翘起一缕或几缕，给人以呆而萌的感觉）、“口癖”（口语癖好，比如说话时添加特殊的语法后缀或前缀，发出某个奇特的拟声词）、“颜艺”（面部表情极度扭曲且带有喜感）、“猫耳”（人物角色因妖术、魔法、高科技等原因而拥有猫的耳朵，或者佩戴猫耳形的发饰，或者发型呈现出猫耳的形状）、“绝对领域”（女性角色在过膝袜和迷你裙之间露出的大腿肌肤），等等。

虽然我们其实并不能将二次元角色简单地量化为几个萌属

性的拼贴组合，因为角色的魅力还与不同故事情节对角色命运的展开、不同世界观设定赋予角色的意义价值相关联，但对于很多御宅族来说，在大多数情况下，这些萌属性也确实可以成为指认角色特征、定位角色类型的有效标签。正如日本宅文化研究者东浩纪所指出的，自20世纪90年代中期以来，很多新生代的御宅族并非单纯地消费ACG文本所叙述的故事，也不只是消费文本背后的世界观或者角色设定，真正驱动其消费的关键是在于深层的萌属性数据库。而ACG从业者和二次创作者可以从庞大的萌属性数据库中提取出萌属性，通过萌属性的分离、组合与再循环，生产出各式各样的萌系角色。例如，以首播于1995年的里程碑式动画《新世纪福音战士》的女主角之一明日香为标杆性人物的“傲娇双马尾大小姐”，是一种颇受欢迎而被广为采用的萌属性组合，问世于21世纪的*Fate/stay night*（日本知名美少女游戏，中译名为《命运/待夜临》或《命运长夜》）中的远坂凛和《命运石之门》中的秋叶留未穗，都具有“傲娇双马尾大小姐”的萌属性，而这组萌属性又分别与“黑丝”“绝对领域”“颜艺”“魔法少女”（远坂凛）或者“粉毛”“猫耳”“口癖”“女仆装”（秋叶留未穗）发生新的组合，形成新的萌系角色。

明日香

在描述一个萌系角色的特征时，“萌点”与“萌属性”基本上可作为同义词替换。但与此同时，“萌点”也可以用来描述御宅族的特定趣味或者说癖好，常与动词“戳”搭配例句，例如：“她身上的哪个萌属性戳中了你的萌点？”事实上，萌是一种相当主观的情感，不同御宅族的萌点也是各不相同，对御宅族A构成萌点的萌属性，在御宅族B看来可能完全无感，有的萌属性更是只对特别小众的人群才构成萌点。因此，不同的御宅族对同一个角色的萌属性往往会有不尽相同的识别和理解，

远坂凛

秋叶留未穗

并由此引发出千差万别的同人创作。

【萌化】

萌化是同人文化的一种常见玩法，指的是二次元爱好者运用各种媒介手段和表意技巧，为原先似乎并无萌点的种种事物，如国家、省份、学校、学科、食物、饮料、兵器、电器等，赋予戳人萌点的萌属性，正所谓“世间万物皆可萌化”。此外，萌化也可以指称为一点都不萌的真人赋予萌属性、设计萌形象的行为。最常见的萌化手法是拟人化，也就是依据事物的性质特征和相关典故，为它设计出与二次元人物相似的外形样貌和角色设定。而最主流的拟人化手法则是萌娘化，也就是为事物赋予女性的相貌、体型、性格等萌属性。不过，随着腐女文化的兴盛，将世间万物拟人化为男性的萌系角色，并为之建立各种CP关系，也正在变得越来越流行。

【卖萌】

如今，人们不仅会在二次元文化的领域使用“萌”，而且也会在三次元的语境中使用这个词语。然而，部分是由于少女、少年、萝莉、正太确实是三次元人群最常接触到的二次元形象，部分是由于中国主流舆论长期以来持有的“动漫意味着低幼”的刻板印象，“萌”作为一个源自二次元文化的社会流行语，在并不了解ACGN的三次元人士那里，更多时候是被用来形容小男孩、小女孩、小动物等幼小生命的可爱特质，在这个相对狭隘却又最为常见的意义上，“萌”可以说是日文词“可愛い”（かわいい，kawaii）的近义词。

“卖萌”是一个由这种大众化的“萌”衍生而来的词语，意思是刻意做出可爱的动作、扮出可爱的表情、发出可爱的声音、说出可爱的语言，从而彰显自身的萌。在特定的语境下，“卖萌”也可能带有贬义的意味，用来讽刺对方作秀到了犯傻的地步。

【萌萌哒】

2014年2月12日，豆瓣用户“髅髅宫歌留多”在豆瓣小组“我加了很多小组但我就是不进去说话”中发布了一篇帖子——“没吃药<（￣▽￣）>”。内容为：“今天出来没吃药<（￣▽￣）>感觉整个人都萌萌哒p（#￣▽￣#）o。”“萌萌哒”这个由萌系文化核心关键词“萌”与网络常用卖萌语气词“哒”结合而成的合成词，很快就在网络空间流行开来。2014

年5月，QQ用户“咩比”以《境界的彼方·偶像裁判》中的角色新堂爱为素材，制作了“我！今！天！没！吃！药！感！觉！自！己！萌！萌！哒！萌！萌！哒！”的GIF动态表情，戳中了很多网友的萌点，不少网友也随之制作起“萌萌哒”图片，由此衍生出一系列广为流传的“萌萌哒”表情包，成为许多网友在社交网络上的常用卖萌符号。

【燃】

作为“萌”的语源，“燃”这个词也随着御宅族文化传入了华语地区。不过，由于“燃”在汉语中并非“萌”的同音词，因此，“燃”与“萌”的同源相关性在中文语境下并没有得到凸显。在中国的二次元文化中，“燃”其实更多受到了“热血”的词义渗透，强调的是一种热血沸腾的情感状态，多与战斗/竞技的场面、激情澎湃的音乐、角色努力奋斗的情节、富有崇高感和正义感的行动逻辑相联系。在这个意义上，像《火影忍者》《海贼王》那样的“热血少年漫”可以说是典型的燃系动漫。但值得一提的是，也有很多以女性角色为主的作品将“萌”与“燃”成功地结合在一起，取得了相当良好的效果。例如，历史上获奖最多的日本电视动画《魔法少女小圆》，就是一部“又萌又燃”“超萌超燃”的萌燃动漫。

例句：

- 这部新番的女主好**萌**啊！我被她彻底**萌**到了！
- 我最**萌**的**萌属性**是黑长直！
- 傲娇双马尾大小姐简直太戳我的**萌点**了！
- 我对这个什么都能**萌化**的世界绝望了！
- 有一点要注意，**卖萌**的效果，与**卖萌**者的长相成正比哦！
- 《灌篮高手》的主题曲真是**燃**爆了！

控 萝莉/正太/御姐/大叔/控

萝莉、正太、御姐、大叔等，在二次元文化的语境中，特指日本动漫里的一系列经典人物类型。

【萝莉】

萝莉，即Lolita（洛丽塔，小说《洛丽塔》中女主角的名字），语源出自纳博科夫的同名小说，日语中简称为萝莉，指身材娇小的可爱女孩。虽然在《洛丽塔》原著中，洛丽塔是一名未成年少女，但在二次元文化中，萝莉这种人物类型的关键特征是外表的娇小可爱，对实际年龄范围并没有特别严格的规定（有时在设定上已经数百岁的妖怪，只要外表是娇小可爱的未成年少女，也可以被称作萝莉）。在二次元文化和日本的主流审美中，这类气质介于幼稚和成熟之间的女性往往具有特殊的魅力，日本古典名著《源氏物语》的女主角紫姬亦可被视为一个洛丽塔式的人物形象。当这种审美传统与萌文化、萌元素结合起来，萝莉这一人物类型便迅速生成了丰富的体系与脉络，并逐渐发展壮大，成为ACG作品中自成一派的形象系统。其中比较著名的人物形象包括《魔卡少女樱》中的木之本樱、*Fate/stay night*中的伊莉雅等。

萝莉这个词在传入中国之后，逐渐被推广运用到二次元文化圈之外，进入主流视野，其用法也渐渐变得宽泛起来。有时一些年龄明显还处在幼儿期的小女孩也被称作萝莉，这种用法其实是偏离原意的。

【正太】

正太这一称谓目前普遍认为出自漫画家横山光辉的《铁人28号》，这部作品的男主角名叫金田正太郎，是一名可爱的小男孩。取其中“正太”二字，用以形容与萝莉气质相似，却有着不同性别的可爱男孩。ACG作品中比较著名的正太形象有《名侦探柯南》中的江户川柯南、《死神》中的日番谷冬狮郎等。

【御姐】

御姐，是日语中对姐姐的敬称（御姉，おねえ，onee），指的是外形和气质都较为成熟、强势的姐姐型人物，恰好与娇小

木之本樱（《魔卡少女樱》）

可爱的萝莉相反。二次元作品中的著名御姐形象有《鲁邦三世》中的峰不二子、《新世纪福音战士》中的葛城美里、《全金属狂潮》中的梅丽莎·毛等。

【大叔】

大叔，指中年男性，与正太在气质上完全相反，是成熟的、可依赖的中年男子形象。二次元作品中的著名大叔有《钢之炼金术师》中的马斯·修斯、*Fate/Zero*（《命运前夜》，*Fate/stay night*的前传小说，曾被改编为动画）中的卫宫切嗣等。

【控】

以萝莉、正太、御姐等标签划分人物类型的分类方式，在ACG文化产品生产中的作用，是为了区分与吸引特定的受众群体。由此还可以延伸出另一个概念——控。这个词是日文コンプレックス（即英文单词Complex的片假名拼写，含意为情）的缩写コン（kon）的音译。在具体的应用中，洛丽塔情结（Lolita Complex）这个词组就可以缩写为ロリコン（ro ri kon），汉语音译“萝莉控”。指狂热喜爱萝莉这种人物类型的人。“控”可以作词缀，与其他名词组成合成词，如短发控，就是指热爱短发造型的人，大叔控则指热爱大叔这种人物类型的人。

例句：

- 你都一把年纪了，不要再装**萝莉**了。
- **萝莉控**跟我一起喊："**萝莉**赛高〔即日语最高（さいこう，saikō）的音译，意为最好、最棒〕！"
- 今天我看到一只小**正太**，长得好漂亮，这么可爱果然是男孩子。
- 她身材很**萝莉**，内心很**御姐**。
- 我们说的**大叔**是陈道明、唐国强那种一把年纪还风度翩翩的男神，不是随便找个上年纪的男人啊！
- 我是一个**大叔控**，不是大爷控。

羁绊

“羁绊”作为二次元文化的特定用语，指的是人与人之间深刻而强烈的情感连结。

“羁绊”一词在中国二次元圈的流行，源自字幕组或汉化组的二次元宅，参照中文词语的双音节惯例，对“绊”（きずな，kizuna）这个和制汉语名词所做的翻译。“绊”在中文表达的传统用法里，含有束缚、牵制、阻碍等负面意义；而它在日文里，则多用于表示人与人之间弥足珍贵的情感联结，强调的是这种情感联结的正面价值，以至于人们不忍断绝、难以割舍。

例如，在2011年日本遭遇“3·11大地震”以及由这场地震引发的海啸、福岛核危机等天灾人祸之后，面对世界各国的慷慨捐助，当时的日本首相菅直人曾以“绊”这个字作为标题，在国际媒体上刊发感谢信，感谢世界各国的援助之恩。而这封感谢信的汉语译文，则以《纽带》为标题发表在《人民日报》上，译者大概意识到“纽带”二字大概并不能完整准确地

传达“きずな”的含义，于是又在题目下面标注了一行小字“kizuna——情谊纽带”。

日本的许多ACG文本都会尝试以不同的方式去探讨人与人之间的友爱关系，其中的很多角色都会以情感主义的行动逻辑去对抗世界设定的残酷与冰冷。在这些ACG文本中，“羁绊”作为一个重要的文化符号，往往凝聚着理想爱情或理想友谊的美好价值。在不少燃系ACG的故事情节中，这种羁绊同时还承载着某种为“世界之意志”所选召的使命感，叠加有某种被“因缘的纽带”所牵引的命运感。在世界规模的巨大危机持续深化的过程中，人物之间的羁绊也不断受到近乎生离死别的威胁和考验。为了在极端情境下维系这份虽然脆弱但必须守护的羁绊，人物必须让“因缘的纽带”化作激发潜能的钥匙，从而经受住超乎常人的磨难和历练，释放出“内心小宇宙”的无穷能量，克服重重阻力，战胜种种挑战，在守护羁绊的同时拯救“外在的大宇宙”。

倘若视听媒介能够成功地营造出良好的“代入感”，倘若漫画读者、动画观众或游戏玩家能够真正地代入其间，那么，这种羁绊所可能达到的情感强度，将是二次元宅在庸常凡俗的三次元生活中极难体验到的。在这个意义上，二次元文化的羁绊具有相当可观的代偿作用，因而能够深深地打动许多有着强烈情感需求的二次元宅，进而在整个独生子女一代当中引发广泛的共鸣。

对那些受困于所谓“心之壁”的二次元宅而言，“羁绊”这个概念可能蕴含有不容忽视的伦理价值。“心之壁”的概念源自著名动画片《新世纪福音战士》，在二次元圈子中具有巨大的影响力，它指的是导致人与人之间无法相互沟通以至于陷入孤独境地的心灵壁障。而“羁绊”恰恰意味着突破这种孤独的生存状态的可能性。

随着二次元文化影响力的提升和二次元宅话语权的增大，“羁绊”的日式用法已经突破二次元的圈子，在更广大的范围获得运用。例如，欧美影视的字幕配置者会用“羁绊”来翻译“Bond”或“Connection”这样的概念，很多网文写手会用“羁绊”来构造标题或者添加标签，不少粉丝会用“羁绊”来描述偶像之间的CP关系，许多同好会在趣缘社交的过程中用“羁绊”来指称三次元的友爱情谊。如今，当“羁绊”这个词语出现在句子中时，既有可能仍是在表达中文传统用法里的负面意义，也有可能是在传递情感纽带的正面价值，需要根据具体的语境加以辨析。

例句：

- 看了这么多作品，我发现最能吸引我的果然还是人与人结成**羁绊**的过程。
- 大学只有四年，但是你们给我的回忆和**羁绊**，我会珍藏一辈子……
- 总会有不得已的离别，但是我相信，即便走到天涯海角，大家的**羁绊**都不会消失！

中二

中二病/中二

“中二病”指的是某种自我意识过剩的精神症状，这里的“中二”是“中学二年级”的简称。日本的“中学二年级”，对应于中国的“初中二年级”。虽然自命不凡、狂妄自大等精神症状的确多见于青春期的少年，但这个词其实更强调特定的精神状态，而非特定的年龄段，因而，只要一个人具有类似的症状，都可以将其称作“中二病患者”。

“中二病”这个概念最早是由日本艺人伊集院光在他主持的广播节目《伊集院光 深夜的马鹿力》(“马鹿”典出中文成语“指鹿为马”，在日文中常用来代指荒诞不经的事情和稀里糊涂的人物，也常以长鹿角的马头怪物的视觉形象出现在日本漫画中）里提出的。在1999年1月11日播出的节目上，伊集院光做了一番“我刚得了中二病”的发言，之后的节目又特别增加了名为“得了吗？中二病”的环节，向听众征集各种各样的“病例”。伊集院光自己举出的言谈例子有“因式分解有什么用啊？”“大人是肮脏的”，等等。“中二病”原先只是在这个节目的听众之间流传，到了2005年前后，经由御宅族在网络论坛2ch上的热烈讨论而广泛地流行开来。

随着使用范围的扩大，“中二病”也由一个带有自嘲和戏谑意味的称谓，演变为一种颇受特定群体欢迎的萌属性。具有“中二病”属性的二次元角色，往往具有如下症状：自认为能够看到常人无法看见的超自然事物、坚信自己体内潜藏着某种神秘而强大的超能力、相信世界受到黑暗势力的阴谋控制而自己则是极少数察觉真相并肩负着“拯救世界”使命的超级英雄，等等。具有代表性的二次元角色有《中二病也要谈恋爱》里的小鸟游六花、《命运石之门》里的冈部伦太郎等。

小鸟游六花是一位女高中生，她左手绑着绷带，右眼戴着眼罩，自称自己的右眼为“邪王真眼”，拥有看到“不可视境界线”的能力。她相信已故的父亲存在于“不可视境界线”的彼端，并锲而不舍地寻找“不可视境界线”。

冈部伦太郎是东京电机大学的一年级学生，他自称“狂气的Mad Scientist（疯狂科学家）凤凰院凶真”，将自己租的房子命名为“未来道具研究所”，在那里夜以继日地研发在常人看来荒诞不经的“未来道具”。他喜欢用“这是命运石之门的选择”来解释各种事情，时不时就会掏出手机与“某人”进行机密通

小鸟游六花（《中二病也要谈恋爱》）

话，说出“El Psy Congroo”这样的意义不明的暗语，并声称一个神秘而邪恶的组织“机关”正派遣特工追捕他。

如今，御宅族也常会去掉“病”这个容易引发贬义化解读的后缀，直接将“中二”作为一个中性的形容词，用来形容那些类似的性格特征。

由于燃系ACGN的世界观设定和角色设定，常常会令其中的主角得以拥有超凡脱俗的特异能力，作为超能力者在二次元世界中展开酣畅淋漓的冒险和战斗，而且，这种奇异冒险与超能战斗，往往会在故事情节的展开过程中被赋予某种联系着世界危急存亡的宏大意义。因此，宽泛意义上的“中二”，也会被用来形容那些深受燃系ACGN的精神影响、期望自己的行动能够对世界产生重要作用的人。从广义上说，《海贼王》里号称“我是要成为海贼王的男人”的“草帽小子”路飞、《火影忍者》里宣称“我要改变忍者世界”的“下忍”漩涡鸣人、《灌篮高手》里扬言“我要带领湘北篮球队称霸全国”的“一年级菜鸟”樱木花道，都可以称得上是“中二少年”。

例句：

- 你才是**中二病**，你全家都是**中二病**！
- 我是**中二病**我自豪！
- 你做过的最**中二**的事情是什么？

梗

梗/捏他

【梗】

“梗”在二次元文化中是指某些可以被反复引用或演绎的经典桥段、典故。

“梗”通常被认为是“哏”这个词的误用。“哏”作为一个相声艺术中的术语，指一段话中的笑料、漏洞、典故等。英语中也有含义相近的词语Gag（玩笑、俏皮话）。

【捏他】

在二次元文化的语境中，“梗”原本存在一个同义词ネタバレ（netabare）。ネタ原指话题，后来被引申为话题的重点、详情，バレ指暴露、揭发，连起来的引申义就是剧透。后来又被引申出“化用经典”“引用经典桥段、经典形象”的含义，中文直接缩写、音译为“捏他”。捏他作为一种表现手法，往往表现为恶搞经典作品，向经典桥段致敬，引用典故等。

捏他是御宅族文化的重要组成部分，不仅不同的动画、漫画作品之间会通过捏他形成互文、互相索引、互相致敬的复杂关系。御宅族群体之间，也往往通过一系列捏他行为（引用经典动漫台词、模仿经典动作等），塑造自己的生活方式或实现粉丝间的交流对话。

捏他手法被越来越广泛地运用之后，甚至出现了以捏他为卖点，通篇不断地进行恶搞、致敬的作品。如《幸运星》（漫画作品，亦有动画改编版本，描写四名女高中生的日常生活，由于女主角是个宅女，说话时常常引用动漫里的名言，因此成为经典的捏他系动画）、《旋风管家》（女主角是一名富家千金，同时也是宅女，生活中常常引用动漫名言）等。这些作品通常以御宅族作为主角，描述他们日常生活中的捏他行为，或在作品中直接捏他经典作品的桥段。这事实上意味着某种御宅族文化的元叙事。

捏他这个词在华语御宅族群体中也曾流行过一段时间，后来或许是因为词源过于复杂，不利于传播，渐渐被更加本土化的“梗”所取代。但这两个词在御宅族文化的语境中，无疑是可以通用的同义词。

在语义流变的过程中，梗这个词也常常成为合成词的后缀。在作为后缀使用时，梗有时候可以用于表示某种固定的套路、桥段，例如言情梗，就是指言情小说里常用的套路，比方说第三者插足、吃醋等都是经典的言情梗；有时是表示某种有具体来源的典故，如历史梗，就是指历史书、野史中的典故，地域梗则指某些有地方特色和地方文化内涵的典故。

在二次元文化中，也形成了一系列重要的梗或者捏他。例如，上学迟到的少女嘴里总会叼着一片切片面包，眼镜片忽然反光意味着在搞阴谋，主角永远坐在教室靠窗倒数几排的位置，等等。

例句：

- 这个剧用了一点《名侦探柯南》的**梗**。
- 这篇文虽然用的都是老**梗**，但用得巧，而且不错！
- 为什么说《琅琊榜》是耽美向的？因为它在用**言情梗**写兄弟情啊！

脑补

脑补/脑洞

【脑补】

“脑补”源自动漫领域的日语词“脳内補完”（のうないほかん，nou nai ho kan），意为在脑海中依据漫画、动画、小说等文艺作品已经提供的材料，将该作品中没有出现但有可能出现或自己主观希望出现的情节补充完整。“脳内補完”一词在日本的使用并不频繁，反而是与之意义相近的“妄想”（もうそう，mou sou，含义基本等同于中文中的“妄想”一词）使用率更高。

“脳内補完”一词大约在21世纪初进入中国并被缩写为双音节词“脑补”，随后才在中国的日本动漫爱好者间流行起来。比如，在2010年4月至9月放送的日本动漫《轻音少女》第二季第一集中，中野梓幻想了一下自己成为轻音部部长后的情形，被同部的学长们吐槽说“考えた”（想象了一下）、“ちょっと考えた（稍微想象了一下）”，这里的“考えた”就被字幕组翻译为“脑补了一下”，这一翻译相比于直译更为生动地展现了对话时的情景。

从积极的角度来讲，脑补是一部文艺作品在读者那里最终完成、产生意义的必要步骤，也是读者挖掘作品中隐而未写的多种可能性、进行二次创作的动力之源。但从消极的角度来讲，过度的脑补也可能罔顾作品原本的逻辑与内涵，成为单纯的妄想。“脑补”的这种消极内涵也扩展到现实生活层面，指在现实生活中妄想一些不可能发生的事件或人际关系。对于文艺作品而言，脑补是否过度是很难判定的，故而脑补的消极意义，以及“脑补过度”的说法实际上常常指向对现实的妄想。

意为对于现实妄想的“脑补”在动画、影视剧等作品中有相对程式化的表现方法，比如在人物头顶上方出现想象气泡，在气泡中呈现人物脑补的事件，或者在人物脸部特写后插入一段与正片色调/风格存在差异的影片展现人物脑海中想象的、非现实的场景，这些妄想很像是在人脑中上演的戏剧，因而被称为“脑内小剧场”。

【脑洞】

“脑洞”一词是从“脑补”衍生而来的。脑中有洞才需要补，所以脑洞越大，脑补越多。因而脑洞就是脑补的源头，是人的想象力与创造力。这个词最初同样产生于日本动漫爱好者之中，“脑洞大”通常是指作品设定新奇、情节展开出人意料，体现出作者丰富的想象力。后来“脑洞”一词逐渐流行起来，无论是在文艺创作、产品设计还是其他社会生活领域中，只要是富于创造力的人与作品，都可以被称赞为“脑洞大”。而进行作品构思，或者大家群策群力出主意、想办法进行创造性活动的过程，则可以被称为“开脑洞”。

“脑洞”一词在2014年左右才开始流行起来，2015年2月，一部名为《脑洞大开》的网络剧开始播出，“脑洞大开”一词于是频频亮相主流媒体，在大众文化领域得到了更广泛的传播，并入选《咬文嚼字》编辑部“2015年十大流行语”。

“脑洞”与“脑补”这两个词，在网络文学的创作与评论实践中发挥着重要的作用。对于“脑补”之普遍存在的肯定，颠覆了作者—作品—读者三者之间的秩序关系。作品必然要经过读者的脑补才能最终实现，而每个人脑补出的内涵与意义都可能有所不同，因而原作相比于二次创作不再具有绝对的权威性，作者也不再是作品解释权的唯一所有者。“脑洞”则被认为是一部小说诞生的源头。《十万个冷笑话2》大电影中有这样一段台词："宇宙在最初的时候是一个质量无穷大的点，我将它称之为笑点，笑点被神杖戳爆，发生了宇宙大爆炸，在爆炸中诞生了犯二能量和吐槽能量，当这两种能量混合在一起，就产生了梗。梗是所有物质的基础，小到蚂蚁大到星球，这个宇宙中的一切，都是梗组成的。后来我们发明了梗对撞机，进行了梗的对撞实验，我们发现，如果梗的质量太大，密度太高，就会形成一个质量和密度都无限大的脑洞，可以扭曲时空，也能吞噬一切，既能创造世界，也能毁灭宇宙"。这段台词固然是在解释故事中的世界的起源，但同时也是在隐喻这个故事世界被创作者创作出来的过程。按照这一段台词的说法，脑洞就是数量足以构成一部叙事作品的高质量的梗（此处更强调原创梗，包括新奇的世界设定、人物设定、有趣的核心情节等），具有创造故事世界的能力。脑洞是质量与密度足够大的梗，而梗则是犯二能量与吐槽（参见本单元"吐槽"词条）能量混合的产物，犯二能量与吐槽能量是从笑点中产生的。这意味着对于梗、脑洞，以及基于脑洞的小说而言，有趣是其非常重要的追求。这种说法与"脑洞"一词的一般用法是吻合的，特别是对于国轻（即与日本轻小说相对应的国产轻小说）、女性向的大纲文、同人文等网络文学类别而言，一个脑洞便常常足以支撑起一部小说，这些网络文学类别的创作者甚至会以“我有了一个新脑洞”来代称构思了一部新小说。

例句：

- 男一和男二在这部剧里根本没什么互动，CP粉纯靠**脑补**就各种高潮。
- 这部小说作者**脑洞**太大，全程神展开，到了结局才发现原来主人公们全都是机器人。
- 这张照片太有趣了，网友们**脑洞**大开用它做了好多表情包。

吐槽

“吐槽”是日语“突っ込み”（つっこみ，tsukkomi）的中译，来源于日本的一种艺术形式“漫才”（类似中国的对口相声）。在中文语境中，这是用于描述某种指出别人话里的错误、漏洞的行为，也可引申为抱怨、挖苦、找茬甚至讲段子等。

吐槽在日本漫才中有相对固定的用法。两个主演者的任务分配，与相声中的捧哏、逗哏有相似之处又有微妙的不同：一个人负责装傻犯蠢，另一个人负责指出他的愚蠢、错误或者拆穿他，在快节奏的词锋交错中利用谐音、误会、双关语制造笑料。表演过程中，那种指出错误、拆穿的行为，就被称作“突っ込み”。

在日本的动画、漫画作品中，也常常借鉴“漫才”的经验，使用这种手法制造笑料。伴随着动画、漫画叙事技巧的成熟和工业化程度的增加，甚至出现了专职吐槽的角色，例如《银魂》里的志村新八、《凉宫春日的忧郁》中的阿虚等。

中文里原本找不到可以用来翻译“突っ込み”的词语，后来台湾的御宅族借鉴了闽南方言里含义相近的“吐槽”，这个译法才逐渐在整个华语二次元爱好者圈子里流传开来。

在日文含义中，“吐槽”必须针对另一个人的“装傻”行为，必须确实能指出“装傻”者话中的愚蠢或错误之处，必须简短而且幽默。比如，A说：“据说明年高考卷子很难啊。”B（工作多年的成年人）接过话茬假装很忧虑地说：“糟了，我明年就要高考了怎么办？”A此时便可以吐槽：“小朋友你儿子几岁啦？”

在中国，由于弹幕视频网站和网络社交平台的兴起，“吐槽”这个词被逐渐发扬光大，同时含义也开始泛化。相比于日文原意，又增加了“挖苦”“抱怨”“找茬”等意味。有时随意发几句牢骚或者讲几个段子也被称为吐槽。

此外，在华语文化圈，由吐槽也引申出了一些新词语和新用法，如“槽点”“吐一个槽”等。这种用法是将“吐槽”这个词看作动宾结构，如果“吐”做动词，表示发牢骚之类的动作，那么“槽”就是名词做宾语，表示一些值得对其发牢骚、抱怨、找茬的地方。由此自然而然派生出“槽点”这个双音节合成词。而“吐一个槽”的用法也是对这一动宾结构的活用。

例句：

- 春晚能不能在B站看啊？那样就可以边看边**吐槽**了。
- 我今天倒霉透了，我要跟你**吐槽**一下。
- 现在回头再看《还珠格格》，简直满屏幕都是**槽点**。

弹幕

弹幕/空耳/玩梗/计数

弹幕，是指在提供即时评论功能的视频网站上，那些横向飘过视频画框或悬停在视频画面之上的文字评论。

弹幕原本是军事术语，指火炮密集射击时炮弹像是在天空中张开一张幕布的景象。因此弹幕中的“弹”字应读成“子

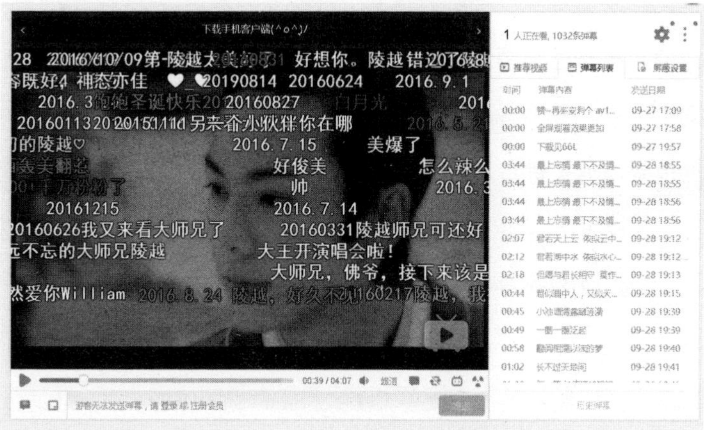

弹幕视频网站哔哩哔哩某视频页面截图

弹”的“弹”（dàn），而不是“弹性”的“弹”（tán）。后来，由于在动画导演富野由悠季的一系列动画作品，如《圣战士丹拜因》《机动战士Z高达》中，“左舷弹幕太薄了！”作为一句名台词反复出现，逐渐成为御宅族文化中的一个典故。“弹幕”也由一个专业的军事术语，变成了二次元流行词。

此后，在弹幕射击游戏（电子游戏的一种，玩家可以在虚拟情境中使用枪炮或飞机攻击目标）中，这个概念也成为一种常识。20世纪90年代中后期，一款现象级同人游戏《东方Project》开始在日本御宅族中流行起来。作为一款射击游戏，其一大特色就是攻击对象会发射出形状优美、色彩绚丽的弹幕，时而如满月，时而如花瓣。这些弹幕逐渐演化为玩家们观赏的对象，成为游戏的一大卖点。由于《东方Project》在日本御宅族中巨大的影响力，“弹幕”这个词在这一群体内部的认知度也变得越来越高。

2006年，世界上最早拥有即时评论功能的、主要用户由御宅族构成的视频网站niconico在日本开始运营。这类视频网站在播放视频时，允许文字评论从视频画框的一端飘向另一端，或在画框的固定位置悬停。这种文字评论叠加在视频画面之上，并且呈运动状态的奇异视觉效果，十分类似炮弹齐发的“弹幕”。“弹幕”

这个叫法的确切起源已不可考，但据niconico网站的百科页面记载，在网站运营初期，一个叫《レミオロメン“粉雪”》的视频里，就已经出现了以“弹幕”来形容即时评论中的字幕的用法。

由于弹幕比普通视频网站中附加在视频下方或边栏的评论区更具有即时性、交互性，也更富有视觉效果，并能很好地和二次元宅的同好交流结合起来，因此迅速流行开来。不仅影响到日本的大众流行文化，还辐射到东亚地区乃至全世界。

在中国大陆，最著名的弹幕视频网站是AcFun和哔哩哔哩（Bilibili），它们都可以被视作niconico的翻版。不仅复制了弹幕评论功能，主要用户也都是二次元宅。

【A站/AcFun】

AcFun简称A站，2007年成立。最初主要进行动画连载，2008年3月开始模仿niconico，建立即时评论系统。此后A站越发倾向于鼓励原创作品，题材也不仅仅局限于ACG作品，在弹幕功能的催化下，很快形成了独特的网站生态和网站文化。

【B站/Bilibili】

哔哩哔哩（Bilibili）简称B站，其前身为视频分享网站

Mikufans，2010年正式更名哔哩哔哩。B站拥有比其他弹幕网站更为复杂的弹幕管理系统和权限设置，最初以搬运日本动画和各国电视剧、纪录片为主，后来也出现大量原创视频。近年来网络视频版权管理越发严格，B站也积极购买了一些正版动画、电视剧版权，继续发挥其弹幕文化的优势。

所谓的弹幕文化，跟二次元文化同根同源，因此也具备了许多二次元文化的特色。常见的经典弹幕文化与行为包括：吐槽、空耳、玩梗、计数等。

常见的吐槽弹幕不仅包括严格意义上的日本漫才式吐槽，更多的时候是指某种抖机灵或讲段子的行为。例如，《甄嬛传》在B站播放时，每当妃子被毯子裹着送进皇帝寝宫时，就会出现弹幕“您点的老北京鸡肉卷到了！”

【空耳】

空耳指故意听错歌词或台词，扭曲其原意。经典用法是将一些外语句子和词语错听成汉语（或任何一国的母语）。如某印度歌曲里的歌词被空耳成“我在东北玩泥巴”；日本动漫里常见的句子“愛してる”（aishiteru，我爱你）则常常被空耳成“阿姨洗铁路”；电影《帝国的毁灭》中希特勒的半句台词“Und doch habe ich allein”（而我仅以一人之力……）被空耳成“我到河北省来”。如这些例子所展示的那样，空耳行为有时会产生很好的娱乐效果。

【玩梗】

玩梗则意味着对经典的二次元文化、流行文化典故的创造性运用。例如，如果正在播放的视频将在几秒之后出现一段令人惊讶的情节或画面时，A站、B站的视频中通常会开始大量出现“前方高能反应”或“前方高能反应，非战斗人员迅速撤退”之类的弹幕。这个梗一般被认为来源于动画《机动战士高达》系列。由于宇宙舰队在太空中行军，必须时刻侦测前方敌情，遇到有高能量反应时，能够及时展开预警。而常用的预警用语，就是“前方高能反应”。这个梗在这里被创造性地运用于视频播放的情境之中。

【计数】

计数这个行为来自对游戏里数据记录系统的模拟。例如某个电视剧里某人物说：“我给你磕一百个响头。”弹幕里就会立刻开始计数“响头 ×1”“响头 ×2”……以此类推，往往最后磕头数目不到一百个，弹幕就会纷纷表示数目不够继续磕。除了这种有目的性的计数，有时二次元宅们也会进行毫无意义的计数。

由此可以看出，在二次元文化的熏陶下，弹幕文化不仅和二次元文化中的典故、桥段有着深刻复杂的联系，并且二次元宅这个群体也往往能展现出创造性的思维，在使用弹幕的过程中有意识地勾连二次元文化中的既有资源和当前播放视频的具体内容，开展有机的互动。

因此，二次元文化和二次元宅的存在才是弹幕所展现的魅力的源泉。近年来，弹幕也逐渐进入主流文化。很多大型视频网站如优酷、爱奇艺等也纷纷引入弹幕功能。然而，弹幕的精髓并不在功能，而在内容。这意味着，就算主流视频网站学习了这个功能，如果无法聚集真正能将弹幕文化演绎得风生水起的趣缘群体，也就算不上真正的弹幕网站。主流视频网站的用户要开发出一套类似的文化和机制，还需要一定时间的积累。

弹幕视频的出现在时间维度上改变了视频观赏的状态。由于弹幕一旦发出，就会长时间地存留在固定的位置，保持固定的状态，因此在同一帧画框中出现的弹幕，最初发布的时间可能完全不同。这就造成了某种假性的共时，时间维度被挤压在同一个画框中。例如，某些动画片、电视剧结束或开始的时候，弹幕中会出现“××年××月××日打卡”等弹幕。这些弹幕里标注的时间往往相隔好几年。此外，前面提到的“前方高能反应”这类弹幕，事实上是弹幕发布者已经看到了后面的剧情，却又特地回到剧情发生之前的时间轴发出这一条弹幕。这也是对时间维度的线性、不可逆性的突破。

此外，弹幕对观片者的视觉经验也有极大改变。从前我们观赏电影、电视剧时，只需要注意画面本身，最多分神观看下方一行的字幕。而弹幕视频的到来意味着在同一帧画面中，观众所需要捕捉的信息量成倍增加，除了底层的视频本身、字幕，还包括漂浮其上的来自四面八方的各种弹幕，并且还可以随时发弹幕，真正是“眼观六路，耳听八方”。弹幕视频从方方面面改变了视频观赏这个行为的存在状态和意义，进而改变了观片者的“感官比率”。

例句：

- 我要去**B站**发一条**弹幕**。
- 《富春山居图》是一部必须开**弹幕**才看得下去的电影！
- 他说的话漏洞百出，我满脑子都是**弹幕**。
- 现在的年轻人都是开着**弹幕**看春晚的。

鬼畜

“鬼畜”目前最广为使用的含义是指一种将相同视频、音频素材反复、快速循环组合的视频剪辑流派。也可引申为形容词，含义是指这类视频所具有的洗脑、爆笑的风格，并可用于形容具备此类风格的事物。

鬼畜（きちく，kichiku）是一个日文词语，来源于佛教，是六道轮回中饿鬼道和畜生道的合称。在日本ACG作品中的含义，是指某一类以施虐、受虐为题材的作品，这类作品被统称为鬼畜系。后来鬼畜的概念逐渐泛化，有时只是略微重口味的作品也会被称为鬼畜。

但在二次元文化中，目前对鬼畜最主流的用法，是指一种原创视频类型。这类视频往往将同一段视频、音频素材以极快的速度反复循环剪辑，并配合节奏感极强的背景音乐拼贴而成。作为素材的视频、音频与背景音乐往往在速率、节拍或内容上高度同步，以达到一种洗脑或爆笑的效果。

最早的鬼畜视频通常被认为是《最終鬼畜道化師ドナルドール・M》(中译名《最终鬼畜蓝蓝路》)。该视频发布于2008年，素材来源于麦当劳在日本地区播放的广告。在这个广告中，麦当劳叔叔不仅说了许多莫名其妙的台词，还反复重复一套莫名其妙的手势。整套动作包括：第一步，两手交叉拍肩(同时喊：蓝！)；第二步，在胸前拍手(再喊：蓝！)；第三步，紧接着向上方伸直(大声喊：路！)。这套莫名其妙的动作虽然据考证可能来源于足球赛事欧锦赛中的“文明观赛助威手势”，但无论是广告中还是麦当劳官方，均未给出明确的解释。

很快，这段极具洗脑潜质的广告被配上同人音乐名作《最終鬼畜妹フランドール・S》(中文译名《最终鬼畜》)的旋律，剪辑成视频《最终鬼畜蓝蓝路》，投放到日本弹幕视频网站niconico。该视频开创了鬼畜这个新的视频剪辑流派，鬼畜视频所应具备的特征，例如视频、音频素材反复循环、高速快节奏剪辑等，在这个视频中都得到了淋漓尽致的展现。该视频迅速成为现象级的热门视频，迄今为止播放次数已破千万。

鬼畜视频传入中国之后，很快在二次元宅中间流行开来，并结合本土的流行文化，创作出了一大批中国特色的鬼畜视频。例如，取材自《情深深雨蒙蒙》中王雪琴挑衅傅文佩这一桥段的《你有本事开门啊》，将小米科技CEO雷军的英文演讲作为素材的《跟着雷总摇起来！ Are you OK？》，以及用成龙洗发水广告作为素材的《成龙：我的洗发液》等。

除此之外，著名的鬼畜素材还包括央视版《三国演义》电视剧中的诸葛亮怒斥王朗、电视广告《金坷垃》、音乐视频《我的滑板鞋》、著名配音演员葛平（即“葛炮”）的音频，等等。

例句：

- 我把昨天你摔跤的录像做成了**鬼畜**视频。
- 你今天吃错药了吗？笑声怎么如此**鬼畜**！
- 谁能想到，曾经的少女偶像尔康，如今竟变成一代**鬼畜**天王！

“二次元·宅文化”单元会话

暖巨巨：咦，你的头像……这不是B**站**那个著名的**鬼畜**视频吗！？

正太林：哎呀！你get到这个**梗**啦！嗯嗯~正是诸葛亮舌战王朗~我超**萌**这对**CP**的！⊙▽⊙

暖巨巨：我也是！“我从未见过如此厚颜无耻之人”——这个**梗**现在超流行！我看到B站好多弹幕都在刷！这么说你也是个**二次元宅**？

呆毛狼：哦哦！你们在讨论丞相吗？我可**萌**丞相了！就控这种智慧型**大叔**！

正太林：同好握手~~~不过我最**萌**的属性果然还是黑长直大**御姐**呢！~(*·.·*)~

暖巨巨：要我说，还是**萝莉**赛高！我最**萌**《中二病也要谈恋爱》里的小鸟游六花，她和勇太之间的**羁绊**真是超**有爱**！

暖巨巨：[图片]

暖巨巨：看，我的手机壳上就是她！

呆毛狼：咦？这不是那个**脑洞**特别大的**同人大手**@破壁哨的图吗？

暖巨巨：是呀，就是她画的六花**同人**图！

正太林：画得真好！六花酱激**萌**~~~**中二萝莉**真是超戳萌点啊！~\(≧▽≦)/~

莫非你也有中二属性？（☆_☆）

暖巨巨：不要**吐槽**我……

呆毛狼：话说最近学校的**ACG**社团刚好要出《**中二病**》的**cosplay**，我们组团去围观吧！

正太林：好啊好啊！让我们一起打破次元之壁吧！O(∩_∩)O

2

第二单元

逛展子、买本子、混圈子的幸福生活

同人·粉丝文化

同人

同人/AU/paro/RPS

当代中文网络社群中的“同人”一词，意为建立在已经成型的文本（一般是流行文化文本）基础上，借用原文本已有的人物形象、人物关系、基本故事情节和世界观设定所做的二次创作。同人作品采取的形式有小说、绘画、视频剪辑、歌曲、游戏等，而同人作品对原文本的忠实程度并没有定例，随各衍生文本而定。

“同人”（同人，どうじん，dōjin）一词来自日语，原意为志趣相投的人。在日本，自明治维新始，就有志趣相投的人聚在一起以非正式的形式出版刊物、登载自己的创作的传统。这种非正式出版物被称作“同人志”（どうじんし，dōjinshi）。早先以文学爱好者的文学出版物为主，二战后逐渐开始有漫画同人志。和现在常用意义不同，这里的同人并不特指二次创作的作品，原创的作品以非正式形式出版也叫作同人。如日本的同人界三大奇迹：《东方Project》《月姬》《寒蝉鸣泣之时》，就是三款在同人展贩售的非正式发行的游戏作品，且都不是二次创作（后来因为广受好评，《月姬》和《寒蝉》系列都陆续走向商业化道路）。日本ACGN亚文化中的同人志文化一般可以追溯到20世纪60年代末70年代初，标志性时间点是1975年第一届Comic Market（コミックマーケット，同人志即卖会）同人展的举办，这是日本历史最长规模最大的同人展。很多著名的女性漫画家（如《绝爱1989》的作者尾崎南）和女性漫画家团体，都是从出版漫画同人志起步进入职业创作领域的。不过，如今日语日常中语境下的同人志也从“非正式出版”的意义偏向“二次创作”的意义了。

“同人”一词在20世纪初便被引进中国，早期“五四”文坛也有将志趣相投的人合出的刊物称作同人刊物的。现在这个词的意义已经发生变化，2006年第五版《现代汉语词典》将其解释为“称在同一单位工作的人或同行业的人。也作同仁”。受到日本影响，20世纪末的中国网络同人文化重新引入了“同人”一词，其意义大致等同于二次创作。仍有业余写作者或者画手将自己原创的作品以非正式出版物形式印刷成书，同样称为同人志，但相对少见。

同人并没有对题材和内容的严格要求。下面以同人小说为例，简要介绍一下同人的创作方式。同人创作可以从（但不限于）以下几个向度展开：可以拓宽原作品中的时间线，描述原作的人物在原作情节之前或之后的经历；可以摘取原作品中一个没有详述的细节，进行详细的断片式写作，补完人物的心理活动和动机；还能关注原作中没有受到重视的配角，想象他/她的经历和心路历程；可以颠倒或扭曲原作品中的道德和价值观系统，以原本的反派为视角人物重写原作；同样可以将喜爱的人物从原作的背景中抽离出来，放置于全新的环境和世界观中，开始全新的故事（这种写作方式一般称为“架空”，英文Alternate Universe，简写为AU），例如将《水浒传》中的几个主要人物设定为当代黑社会里的人并由此展开故事；相对于这种意义的架空，还有另一种，将原作中的情节修改掉一部分（尤其常见的是将原文悲剧的死亡结局强行修改成皆大欢喜的），以满足粉丝们的愿望；同人小说中还包含混合同人等创作方式，将来自两个或多个不同原作的人物放在同一个宇宙观中写故事，例如英国的很多间谍片和侦探片（《007》系列电影、《神探夏洛克》《王牌特工》《军情五处》等）的主角常出现在同一个同人故事中；当然，同人写作中还会出现将作者本人或其熟悉环境代入的情况，过度自我代入的同人被称为“玛丽苏”（参见第四单元“玛丽苏”词条)。

虽然异性配对的同人小说(早期对应于“耽美”,称作“良识”,现在已没有常用汉语词语来指代这类作品,相对于BL,即Boys Love,同人圈会用BG,即Boy-Girl配对来指称异性配对)也很多,但是在当下中国的同人创作中,同性,尤其是男性同性配对的同人小说占大部分。这类写作会将原作中一般默认为异性恋的男性角色配对成同性恋人,称作耽美同人,专门写他们的关系发生和发展的故事。

现今中国网络同人文化是在日本同人文化的直接影响下产生的。英语文化圈的作品,如好莱坞电影、英国电视剧、美国电视剧和一些流行小说的影响同样存在,但一直呈支流状态。中国同人圈曾有“世纪初三大同人圈”的说法,指的就是三部日本ACGN作品的同人圈:《灌篮高手》《圣斗士星矢》和《银河英雄传说》。[1]和英语地区以及日本的情况略有不同的是,中国的同人圈创作中,至少到目前为止,本国作品的同人并不占优势,一开始就呈现出一种多元文化融合的形态。

虽然同人文化并没有详细界定原作的范围,但是通常情况

1　可参见王铮:《同人的世界:对一种小众文化的研究》,北京:新华出版社,2008年。

下，同人创作是以流行文化为文本基础的。这里所谓流行，并不意味着粉丝所热爱的作品在主流高雅文化看来都上不得台面，而是指其粉丝会以消费流行文化的方式来消费它。中国古典名著如《三国演义》，外国名著如《悲惨世界》，就都是同人文化的重要关注点，尽管在文学史中它们一般都被列为“经典”而非“流行”。

除了文学和媒体的叙事文本之外，同人还常常建立在非传统封闭虚构叙事文本的基础上。比如说争议性很大的真人同人，就是以真实存在的人（一般是名人）为主角，以他们在媒体上的表现为想象基础而创作同人作品。中文粉丝圈流行的历史同人也同样是建立在真实存在的人基础之上的，在英语文化圈通常也归入真人同人范畴，但在中国已发展出一种独特的同人创作传统。

一般认为同人文化是女性向的文化，但男性向的同人文化同样存在。在中国，男性向同人主要以文字为主要表现形式，依托文学网站进行创作与传播，处于商业与非商业的边界地带。国内的男性向同人最初以武侠同人为主，其后逐渐转向日系动漫与美国漫画的同人写作。男性向同人较为注重作者与读者的自身代入，常常将主角设置为现实世界穿越到原作中的新人物，或者灵魂附身到某个原作人物身上，对原作剧情进行较强的介入，改变剧情走向与人物命运。在单一作品的同人之外，男性向同人还常常使用“无限流”的框架，这一框架由网文作品《无限恐怖》(作者 zhttty，2007 年开始在起点中文网连载）确立，借鉴了日本漫画《杀戮都市》，设定了某种系统（通常被命名为“主神”）将人从现实中召唤至独立空间并派往不同的动漫、游戏和电影世界中影响剧情、完成任务（参见第四单元“无限流”词条)。“无限流”在男性向网文中影响较大，使得科幻、奇幻、武侠等类型的网文中往往也会带有同人元素。在价值观与性取向上，男性向同人较为保守传统，甚至存在大量“后宫”“种马”情节，但也有一部分同人会描写男性穿越为女性后与原作女性角色的同性情感关系。

同人的创作方式其实在很多二次创作中都可以看到，例如明清小说的大量续书（如《水浒后传》)，清末民初的“拟旧小说”或“翻新小说”(如《新石头记》)，以及“五四”时期大量作家对域外和古典小说的戏仿（如《故事新编》)，同样的现象在国外的经典文学中也一样常见。因此，同人的定义多基于其社群基础和身份认同，而非写作方式和文字表征。

【AU】

AU是英文词语Alternate Universe的首字母缩写词，通常翻译为“平行宇宙”，是一种常见的二次创作方式。最常见的AU是保留人物形象性格和基本人物关系，而改变原作中背景设定或者情节走向。但实际上，所有在写作中对原作一些重要人物、情节和设定的改变都构成AU。对于AU写作有很多种区分方式，但是没有一种能获得普遍认可。粗略说来，AU有三种最常见的创作方式：改变人物形象或性格；改变原作重要情节点或时间线；改变原作品世界观，将其他设定完备的世界观或具体情节模式套用到原作人物身上。

以下简单举例说明：改变人物形象或性格，则可以更改人物性格，将原作中脾气温和随性的人写成脾气火爆蛮横，甚至性格阴暗狠毒（“黑化AU”），可以改变性别，如将原来的女性人物改成男性人物（“性转AU”），可以改变原作中人物的年龄、身份等，如将原本成年的人物改成少年或者童年（“童年AU”）。

改变原作品重要情节点或时间线，而不更改原作的基本宇宙观架构，可能发生在很多情况下。比如，当粉丝对原作中喜爱人物死去感到不甘时，可以写“大团圆AU”，假想人物没有死去时会有怎样的后续；或者假设原作的某个改变人物生活轨迹的事情没有发生/提前发生/推后发生，例如《哈利·波特》中假设哈利在见到罗恩之前先见到了马尔福会怎样，又例如假设《神探夏洛克》中华生提早从军队退役，见到了尚未戒毒的夏洛克又会怎样。

改变原作品世界观是最典型也最丰富多样的AU，其下主要有三种可能的设定更改：一、将其他作品的世界观/时代代入原作中，例如将《悲惨世界》中的青年学生写成当代大学生（“现代AU”），或将他们假设为《哈利·波特》中魔法学校霍格沃茨的学生（“HP AU”）。二、将其他常见的世界观设定代入原作中。例如，将《梅林传奇》中的亚瑟王骑士们放入蒸汽朋克的世界中（“蒸汽朋克AU”），或者将《星球大战》的人物放入吸血鬼和狼人的世界中（“吸血鬼AU”），或者将任何故事的人物放入ABO世界观（“ABO AU”）中。三、将一些不涉及整个宇宙架构的具体情节/人物模式代入原作中。例如，“咖啡馆AU”就是专门写原作人物如果是咖啡馆的店员/老板/顾客的话会发生怎样的故事的AU。或者，对一些成人后才认识的人物写“青梅竹马AU”，假设人物如果从小一起长大会怎样。

以上分类并不严谨，很可能也不完备，只作参考和举例用。但从这些例子已经可以看到，AU的基本功用是将人物放入和原作情节或情境不同的世界观和架构中，研究人物性格和形象，探讨人物在不同的背景下会有怎样的反应。当然，也有纯粹为了满足读者愿望，解开读者心结的AU写作，例如扭转悲剧结局的“大团圆AU”或“转世AU”等。

AU的创作方式不仅出现在同人文学的写作中，也出现在同人画和同人视频中。同人视频尤其擅用同一个演员演绎的不同角色，通过剪辑来造成与原作不同的世界观的效果。

【paro】

关于AU，在中文同人圈还有一个较为常见的近义词“paro”。这个词是日语中的英语借词“Parody”的缩写，日文用片假名写作パロディ。在日文的语境中，指的就是二次创作，而且通常指的是偏恶搞的戏仿之作，即对某个已经成型的作品以嘲讽、游戏为目的的模仿行为。现在中文同人圈的语境中，paro通常指的是将已成型的其他作品的世界观套入原作背景的写作方式。在这种情况下，paro和AU可以混用，如“HP AU”也可以写作“HP paro”。但总体而言，paro一词在同人圈中并未达成共识，使用情况较为混乱。

【RPS】

RPS是Real Person Slash的首字母缩写，意即“真人耽美同人”。以真人的形象为出发进行的同人写作一般称作RPF，Real Person Fiction，即“真人同人”。RPS和RPF的重要区别，是RPS通常描写的是同性人物之间的互动和感情，而RPF并没有对人物性别和性向的规定，但通常来说，RPS在RPF中所占比例相当可观。RPS在同人圈中早就存在，但在粉丝研究中一直有保留。如果说同人小说在进入主流视野时需要特别顾忌对版权的侵犯导致的问题的话，那么真人同人最需要顾忌的是因为对人物关系的想象而惹怒涉及到的真人，并进一步引发侵害名誉的案件。另外，因为RPS在同人圈中有很强的禁忌性和争议性，因此写作和阅读RPS的粉丝在粉丝圈中通常地位也较为边缘。亨利·詹金斯曾将真人同人称作粉丝圈“黑暗的小秘密”，并称在他的粉丝研究重要著作《文本盗猎者》中，受很多粉丝所托，特意回避了RPS这一现象。

广义的RPF通常以名人在公众媒体中的互动，以及出现在报道和访谈中的信息，来想象两人之间的关系，并在此基础上构造虚构内容，创作小说，并在粉丝圈中流传。这种同人通常以演员、歌手、其他偶像明星、体育运动员最为常见，也有想象政治人物、学者和其他文化名人的。在中文语境中，以古代历史人物为同人构造对象的真人同人通常称为历史同人，独立于RPF，但在英文中仍然属于RPF的范畴。

排除掉基于史书的一些历史同人，RPF与其他同人小说有明显的区别——RPF并不基于一个传统意义上已经固定的，有作者的虚构文本，而是首先基于同人写作者对真实人物的观察和理解，也就是说，原文本通常是同人写作者本人通过综合大量真人的舞台表演、媒体采访信息和其他小道消息建构出来的。但从另一个角度来说，RPF的粉丝对于真人在现实生活中的表现和关系也并不是特别在乎；如果是两个同性人物的CP，两人即使都已经结婚生子也不妨碍RPF粉的想象，因为归根结底，粉丝们在乎的通常只是这个通过各种（筛选过的）信息建构出来的文本，而非事实。在这套话语中，RPF的想象和涉及其中的真实世界的人物有着明显的区隔，故事写作和真实世界中的“蒸主”（是“正主”的同音词，有时也写作“蒸煮”，但极少写成原词）没有直接关联，写作不能打扰蒸主，而对RPF的圈内攻击也不能转移到对现实人物身上，即不能“上升蒸主”。

作为耽美同人，RPS通常依托于对明星偶像的粉丝圈存在，在娱乐明星，常见的是偶像团体内部人员的CP，在体育明星，则多见于需要团体合作，特别是双人合作的体育项目中。另一种常见的可能性，是原媒体文本中虚构人物的CP被套用在扮演者身上，即RPS和作品中的CP并行存在，且互有映衬。

现如今，一方面RPS的禁忌性依然很强，另一方面，也存在娱乐公司专门用这类娱乐消费方式来诱导粉丝的情况，即“官方卖腐”，提供一些可以理解为亲密关系的互动的材料以诱发粉丝对二人关系的想象和推崇。这类“官方卖腐”在日韩偶像工业中很常见，如今中国大陆的一些偶像团体也采用了这种营销策略。

例句：

- **同人**的存在，其实就是为了满足大家在原作中没有达成的愿望啊！
- 写**同人**比写原创容易的地方在于，你不用自己设定人物和背景了，这就使得写得好的**同人**比原创更容易出彩，但是写糟糕了那可就是原创拍马也赶不上的雷……
- 这年头的**同人**全是耽美，好不容易萌对BG的CP都不知道到哪里找文看。

- 虽然现在**同人本**一般都是二次创作，但是也有不少大大会出原创作品的**同人本**。我就买过不少**同人画手**的原创本。
- **同人圈**嘛，冷还是热是说不好的，太多偶然因素了，有时候一两个高产的**同人大手**就能把一整个圈子带热。
- **RPS**粉就躲到角落里自己玩自己的就好了，千万记得不要去骚扰真人，会引发众怒的。

OOC

OOC，意为“角色性格走形”，是英语短语“Out of Character”的首字母缩写。这个词是同人圈内最常用的判断同人小说质量的标准之一，通常指同人（有时候也指原作的后续情节）塑造人物不符合连贯性原则，让人物的个性与他们在原作中（或在之前的情节中）展现出来的性格不符合。在英文同人圈中OOC有时也可称为“角色强奸”，可见其严重程度。与之相反的概念“IC”，是“In Character”的首字母缩写，意为角色性格到位。

这个词作为常用的同人作品衡量标准，本身具有很大争议性。通常公认的OOC只出现在作品中人物言行和原作直接抵触，且没有正当理由的场合下。其他种类的同人改写是否OOC则完全见仁见智，依照读者的不同喜好和接受度，几乎任何同人都可能被指责为OOC。指出某篇小说OOC通常被认为是很严厉的指控，但同样也有人认为，所有的同人都是OOC，所以OOC无关紧要。

关于某些情节和文字是否OOC的争议，其出发点多在于对角色性格的理解。对于同人作者和读者而言，作品人物形象并不是单纯从原作中总结出来的，其中也包含读者的想象补完。粉丝通常将人物看作在自己的世界中过着普通生活的活生生的人，而原作的作者则不可能面面俱到地一一写来。一旦出现空白，就可以填上读者根据原作想象出来的内容。这些想象因人而异，但通常需要符合文本内部逻辑以及常识。由于同人是一种严重依赖社群存在的写作形式，因此文本逻辑和常识的判定需涉及社群共同认知。

因此，虽然判断同人作品是否OOC是主观过程，往往因人而异，但通常被很多人公开指责为OOC的作品，其中人物的言行举止都和同人社群的主流判断有极大出入。

OOC一词虽然很常用，但一般只用于同人圈内。有时连载中的作品中人物性格无理由突变，虽是官方行为，也会被指责为OOC。当然，这一词语有时也可以用来描述现实生活中的人言语行为一反常态。

例句：

- 这篇同人把诸葛亮写成渣男了，OOC成这样，真是是可忍孰不可忍。
- OOC是指性格和为人处事跟原著里的相比走了形，跟性取向没什么直接关系，什么“写耽美同人本来就OOC”的说法真是好笑。
- 美国队长怎么可能是九头蛇的人！怎么可能！官方你们玩得这么OOC，对得起史蒂夫吗！
- 你今天怎么这么喜欢跟人掐架啊？有点OOC哦。平时这种场合你都不说话的。

周边

周边/通贩/场贩/痛车

“周边”一般指从ACG作品中抽取元素（如人物形象等）加工而成的实物产品，在国外统称为hobby（原意为“业余爱好”），是ACG文化产业链的重要组成部分。周边的主要形式是玩具、饰品等实物，但广义上的周边也包括音乐、图像、书籍等衍生文化产品。

【通贩/场贩】

周边有通贩和场贩两种销售方式。通贩（通販，つうはん，tsūhan）一词源自日语，是“通信販売（つうしんはんばい）”的缩写，即邮购之意，在中国，通常将在淘宝等网站上销售周边产品的方式称为通贩。场贩则指在漫展现场直接销售周边产品。

【硬周边/软周边】

硬周边（Core Hobby）指仅供收藏、观赏的周边，扭蛋、手办（人物模型）等均属此类；软周边（Light Hobby）指具有一定实用性的周边，如包含ACG元素的钥匙扣、手机链、手机壳、T恤衫、明信片等。相比于软周边，硬周边的价格更高，因而热衷于收藏硬周边的往往是忠实度更高的御宅族。

【官方周边/同人周边】

官方周边是由拥有该ACG产品版权的公司（或由该公司授权其他公司）生产销售的周边；而同人周边是由ACG爱好者自行生产出售的周边。由于资本实力和技术水平的差异，官方周边往往比同人周边生产规模更大，制作更为精良，但由于互联网革命所带来的技术普及，这一差距正在迅速缩小。

国内的周边概念起源于ACG文化圈，二次元宅将购买周边、生产同人周边的习惯带入了更为广泛的文化产业领域。随后，国产动漫、游戏、影视剧、网络小说、流行明星、偶像团体都开始进行官方周边生产，将周边产销纳入IP（Intellectual Property，知识产权）运作之中，使得官方周边生产开始初步成为文化产业链中的一个环节。

以国产网游《剑侠情缘网络版叁》为例，其制作方金山软件西山居工作室出品的小苍手办属于官方硬周边，全门派人物形象抱枕属于官方软周边，而人气画手KraceZ设计制作的门派主题手镯则属于同人软周边。西山居工作室还鼓励和吸纳了部分同人周边的生产，如汐音社出品的《剑三》同人歌曲专辑《千里丹心万里路》便获得了西山居的授权，具有半官方性质。

【痛车】

痛车（源自日语词“痛車”，いたしゃ，itasya）是同人周边的一种。一些ACGN文化的爱好者将自己喜爱的动漫人物、角色名、动漫制作公司名等图文绘制在自己的汽车、摩托车或自行车等交通工具上，这样带有喷绘的车辆就被称为痛车。一些ACGN爱好者还会通过集资等方式将地铁、公共汽车甚至飞机等公共交通工具变为“痛车”，以展示自己喜爱的作品和人物。

痛车文化源自日本，其名称来源有多种说法，比如有人认为给车喷绘相当于给人文身，给人文身会痛，所以被喷绘的车自然就是痛车；也有人认为大面积喷绘的车身会造成令人震惊的视觉效果，使人“視線が痛い”（看起来不舒服，就好像眼睛疼一样），所以叫痛车；也有人认为制作痛车成本很高，需要花费大量金钱而心疼，所以叫作痛车。

目前，“痛车”的“痛”字在汉语中也发展出了动词用法，出现了“把车痛一下”等用例。此外，“痛”的对象也扩展到了“痛贴”（以ACGN形象装饰的手机外壳贴纸）、“痛吉他”等其他物品上，只要有爱，无物不可“痛”。由于相关法规与高昂成本的限制，痛车在中国仍旧是相当小众的爱好，但用心爱的ACGN形象去装饰自己身边的常用物品却正在成为越来越多御宅族们的习惯。

例句：

- 《K》（日本动漫）又要出新**周边**了，这一次好像是人物主题香水诶，好想入一套。
- TFBOYS（中国偶像团体）的淘宝官方**周边**店开张了，作为一个阿姨饭，我必须要去买买买！
- 我喜欢的画手大大又出了一套《剑三》（指《剑侠情缘网络版叁》）的明信片，我当初就是因为喜欢她出的各种《剑三》**周边**才入了《剑三》的坑。
- 她是一个以收集硬**周边**为乐的狂热动漫宅，家里摆满了各式各样的正版动漫手办。

- 在2011年《岚学》（日本偶像团体岚的综艺活动《嵐のワクワク学校》）的**周边**贩卖现场，当天早晨6点钟便已有约500人开始排队了。哎，排**周边**也真是个体力活啊！

漫展

漫展是以日本动画、漫画为核心的二次元文化同好的线下会展集会活动，也称为展子。漫展往往包含周边/同人产品发售，Cosplay摄影或比赛，现场歌舞演出，以及二次元画手、Coser（Cosplayer的简称，指进行角色扮演的人）、作者的见面会、签售会、访谈会等项目。

非官方（“官方”指政府或商业公司）主办的漫展也可称为同人展或同人祭（在日本则称为“同人志即売会”，Doujin Fair）。漫展中除主办方的官方摊位外，其余摊位一般由主办方出租（非营利性质漫展则无偿出借）给符合资质的同人社团或个人摊主，这些同人社团及个人摊主依照事先提交且通过审核的产品目录进行贩售。在漫展中直接发售同人志称为场贩或直参场贩（直接参加漫展现场贩售）；仅能在漫展现场买到的同人/周边产品称为限定、漫展限定或会场限定；在漫展中免费赠送的产品（一般为糖果零食及ACG相关的书签、明信片、

卡贴等）称为无料（無料，むりょう，muryō，原意为免费）；在漫展上身着Cosplay服装为同人社团看管摊位的女性称为看板娘（看板娘，かんばんむすめ，kanbanmusume，原意是为店铺招徕顾客的女服务生）。一些漫展还会专门设计绘制有爱的人物形象作为漫展的标识形象，这类形象有时也称为看板娘。

漫展缘起于1939年开始举办的世界科幻大会。20世纪60年代，科幻大会活动在美国兴盛，日本科幻圈效仿美国的科幻大会，也开始举办科幻主题集会，这种集会形式为动漫爱好者所借鉴，就形成了漫展。目前仍在举办中的、最古老的、同时也是世界上规模最大的漫展是1975年起在日本举办的Comic Market（コミックマーケット）。Comic Market属于同人展，以贩卖同人志为主要活动。随后，漫展的形式逐渐多样化，这一类活动在日本统称为Event（イベント，原意为活动）。20世纪70年代，美国也开始产生以动漫为中心的会展活动，1970年起举办的圣迭戈国际漫展（San Diego International Comic-Con）是美国规模最大的漫展。这类以圣迭戈国际漫展为代表的展会主要展出美国本土的动漫及其他大众流行文化作品，称为Comic Convention（动漫展会）。而以日本动漫为主要展出对象的漫展则称为Anime Convention（日本动漫展会）。美国的漫展活动更具有官方性质，往往会有很多美、日流行文化厂商及主创团队到场宣传，而日本的漫展则更具有同人性质，是同人创作最重要的交流场所。

1995年左右，漫展文化开始由美、日两国传播到欧洲、亚洲等其他地区，如1998年起举办的Comic World 香港（香港同人志展销会，中国香港），2002年起举办的开拓动漫祭Fancy Frontier（开拓动漫祭，中国台湾），都是较有影响力的漫展。21世纪初，漫展经港澳台地区传入上海等地，2007年11月11日在上海复旦大学光华楼举办的ComiCon1111好人祭（上海同人展）开大陆漫展之先河，也是大陆第一个纯同人性质的线下交流活动。除ComiCon以外，2007年起举办的魔都同人祭（ComiCup，简称CP，上海），2008年起举办的北京原创同人交流会（ComicDive，简称CD，北京）等均是目前国内较有影响力的漫展。近年来，国内漫展的种类日益丰富，规模日益扩大。据漫展网的统计，仅2015年，北京、上海等80余座城市便举办漫展共计有200余场。

【Only/专场】

Only/专场，指的是在常规的游戏动漫综展之外，仅以某一类作品、某一单一作品、某一大热CP甚至某一真人偶像为主题的漫展，如2016年初举办的北京国产FAN MEETING（原意为粉丝见面会）仅展出国产小说、动漫、游戏及影视剧的周边/同人作品；2016年秋季在“魔都”上海举办的arsonly（ARASHI Only的缩写，ARASHI为日本偶像团体“岚”的名称日文读音あらし的罗马音拼写，也是该团体的官方英文名），仅限于展出与日本偶像团体ARASHI相关的同人创作。除此之外，《火影忍者》等日本ACG作品、《哈利波特》等欧美流行文化作品、《剑侠情缘网络版叁》等国产游戏、《全职高手》等网络小说、国产电视剧《琅琊榜》以及国产动画电影《大圣归来》都有相应的专场展，此外还有古风（参见本单元“古风”词条）、美漫、国漫、子供（子供，こども，kodomo，意为儿童）向、JUMP系列（指在日本漫画杂志《周刊少年JUMP》上连载的作品，Jump一词有跳跃、上升等意）、Clamp（日本著名漫画家团体的笔名）作品、漫威公司作品、Slash和百合向的专题展，以及“真遥”（日本动漫作品《FREE！男子游泳部》中的腐向CP）等以CP为限定的Only。

目前，国内漫展展出内容不仅包含日本ACG文化相关内容，也包含国漫、国产游戏、网络小说，网络原创音乐，欧美及国产影视剧等题材的周边/同人作品及Cosplay等。漫展不仅是各种同人作品的集散地，也是二次元同好聚会的重要场所。二次元宅在漫展中通过出售、购买同人/周边产品，出Cos（Cosplay的简称）等方式表达自身对于ACG文化的喜爱，并在与同好的交流之中获得集体归属感。

例句：

- 昨天**漫展**上有个小哥出了小黄鸡（指游戏《剑侠情缘网络版叁》中的门派藏剑）的Cos，特别帅，我去勾搭了一下。
- 哪天一起去**漫展**吧？最近想入楼诚（指电视剧《伪装者》中的腐向CP明楼×明诚）的本子。
- 昨天没有抢到河图（古风圈著名歌手）大大的新专辑，还好下周**漫展**有场贩，我一定要早早去排队。
- 之前在**展子**上看到了B站著名唱见（在视频网站上投稿翻唱作品的业余歌手）祈inory（日文词“祈り”的罗马

音拼写，含义为“祈祷”）的live（现场演出），果然人美歌好。

- 她在**漫展**上摆摊卖自己做的Cos用手工发饰，顺便还送大白兔奶糖当**无料**。

Cosplay 场照/正片

Cosplay是英语词组Costume Play（角色扮演）的缩写，指一种模仿ACG、影视作品中某个角色或其他知名人物形象的衣着、饰物、发型，将自己装扮成这个角色的行为，多见于以ACG文化为中心的同人展、视觉系乐队的演唱会等场合。

同人文化领域的Cosplay，起源于20世纪60年代以来在美国兴起的科幻大会，当时参与大会的科幻迷们热衷于将自己装扮成《星际迷航》等科幻作品中的人物，甚至为此举行了专门的变装聚会。这一时期的日本科幻圈效仿美国，开始举办日本科幻大会，并继承了变装聚会这一文化，20世纪70年代中期开始，变装逐渐成为大会的固定环节。

日本ACG圈的Cosplay文化正是受到日本科幻大会的影响，于20世纪70年代末期发展起来的。当时在日本最大的同人展Comic Market上，已经开始零星有同人作者和社团装扮成ACG作品中的人物形象。到了20世纪90年代，日本ACG文化在青少年群体中日趋流行，Cosplay也迎来了一次大发展，不仅Coser（扮演者）的人数激增，也开始出现专门贩卖Cosplay道具和成衣的商家。Cosplay活动也从科幻大会、同人展的副产品，发展到可以举办专场的Cosplay大会。

伴随着日本ACG文化在东亚的传播，Cosplay在香港等地流行起来。早期的Cosplay行为是同人志贩售活动的一部分，如香港最早的Cosplay活动之一，就是1993年一个名为“四百尺”的香港同人社团，在一个文化展览会上租用摊位贩卖团员创作的漫画，并穿上《银河英雄传说》中同盟军的制服吸引注意力。直到1999年前后，Cosplay才逐渐与同人志分开，成为独立的同人活动。Cosplay的对象除日本漫画人物、偶像歌星、电影及电视剧角色外，也开始出现本土的漫画角色。

相对而言，内地的Cosplay活动出现得稍晚一些。2000年，内地举办了第一届Cosplay大赛，在此之前，只有一些零星的个人自发Cosplay行为。现在，随着漫展文化的普及，Cosplay也在中国的二次元宅中流行起来。一些大型的漫展和动漫节有时会同时举办Cosplay大赛，或邀请著名Coser到现场进行Cosplay表演。

国内的Coser群体，既有完全草根性质的粉丝个人扮演，也有较为专业的Cosplay社团，较为著名的有杭州304社团、成都黑天工作室、厦门神魔井COS社团等（其中304和黑天已经成立了文化公司）。

【场照/正片】

Cosplay的实体形式包括场照和正片。场照意为会展的现场扮演，正片则指在专门的场景（棚拍或外拍）下拍摄并进行后期修图的正式作品。这些作品往往也会做成彩色印刷品的形式，以与同人志相同的方式进行售卖。一些社团会与原作的官方进行合作，推出官方的Cosplay作品（如304文化与南派三叔合作，推出的《盗墓笔记COSPLAY集：七星鲁王宫》，2014年由长江文艺出版社出版）。

“Cosplay”一词中的“Cos”，除了作为Cosplay的简称，有时也会被单独用作动词，表示“模仿”的意思。如“语C”（“语言Cos”的简称），就是指一种以文字进行的角色扮演游戏，游戏玩家与其他玩家搭档，各自模仿一位小说、漫画、影视剧中的人物，形成对话或完整的文字段落。这种模仿游戏多在QQ（腾讯公司开发的一款即时通信软件）群、贴吧、微博等平台进行，是一种圈子化非常严重的戏仿行为。

元火动漫社成员Cos的元火动漫社拟人形象“元火姐妹”

例句：

- 在漫展上看到喜欢的**Cosplay**活动不要贸然举起相机哦，拍照前取得对方同意是对**Coser**最基本的礼貌。
- 昨天的ComicDive你去了吗？我拍到了好几个**Coser**大大，还要到了签名海报！**场照**跟**正片**一样美啊！
- 听说《古剑奇谭》要拍真人电视剧了啊，我心目中的屠苏永远是黄靖翔！他的**Cos**还原度超高，非常经典！

- 不要把Coser和演员相提并论啊！ Cosplay主要是看脸和后期修图，拍成视频说不定就幻灭了。
- 你们玩过语C吗？我最近进了一个《红楼梦》的语C群，Cos了两天贾宝玉，现在见到妹子就想说：“这个妹妹我见过的！”

同人志

同人志/个人志/商业志/定制

【同人志】

同人志（或同人本）一词源自日语（どうじんし，dōjinshi），在亚文化语境中，指的是不走商业出版途径的自制印刷品。在日本，同人志不仅包括同人二次创作的自制出版物，也包括写手或漫画作者原创内容但不通过出版社渠道发行的作品。日本的同人志一般以作者个人或社团的名义发行，主要的贩售渠道有三种：一是场贩；二是通贩，也就是通过邮局寄售的方式邮购（网络在日本普及之后，通贩也指各种网络贩售途径）；三是专门出售同人志的实体书店，如“虎の穴”（虎之穴）等书店。

20世纪80、90年代，随着同人文化的传入，中国的同人志也逐渐发展起来。由于时代背景的差异，中国与日本、欧美的同人文化不同，没有经历纸质同人本出版、通信邮寄、定期展会的粉丝群构建和沟通方式，从一开始就进入了全盘网络化、非地域化、即时通信化的阶段。日本、欧美早期的同人志是同人作品创作和传播的主要载体，而在中国，同人志的意义则更多地在于满足同人爱好者的收藏癖、恋纸癖。同时，部分同人作者在网络上只连载一部分内容、剩余部分专门在实体同人志中发表，也是读者选择收藏同人志的因素之一。

在中国，不经过出版社、没有书号的同人志不属于合法出版物的范畴，只能作为少量发行的印刷品存在。因此，中国的同人志无法在任何实体书店中购买，只有场贩和通贩（国内的通贩一般通过淘宝等电商渠道）两种形式，也有通过网络通贩购买、再在漫展“场取”（现场取货）这样两者结合的形式。

由于同人志生产、消费的大量需求，除了作者之外，在同人志生产链条的各个环节上，如设计、校对、排版、印刷、宣传、售卖，都出现了专业的个人、团体或网站。例如2008年建立的“天窗联盟”网站，就是同人志贩售信息较为集中的发布平台之一。

【个人志】

中国大陆早期的同人志作品以小说为主，且篇幅较短，按作者数量出现了“个人志”“双人志”“多人志/合志”的分类。

与此同时，中国网络上出现的一些原创小说作品也开始以类似同人志的方式印制、售卖，尤其是女性向的耽美作品，与同人作品一样在正常出版渠道上面临着重重阻碍。因此，原创内容的同人志以耽美为主，由于这些作品一般是以单个作者的名义发表的，“个人志”渐渐更加倾向于指称原创耽美作品，简称“个志”或“原耽（原创耽美）个志”，以与同人作品的“同人志”说法相区分。如今网络上使用的“个人志/个志”一词，如果没有冠以“同人”的前缀，一般指的就是原创耽美小说的自制印刷品。

【商业志】

商业志，与同人志对应，指的是走商业出版渠道的出版物。在日本，商业志也包括官方编辑同人作品，然后以官方名义出版的同人本。中国同人作品一般无法进入正常的商业出版流程，因此中国的商业志，主要指原创网络小说的商业出版物。

考虑到网络小说的篇幅和内容题材等特征，商业出版社一般会对文本进行一些修订和删改。尤其是耽美作品，为了出版的需求，很多时候甚至需要完全去除耽美的感情线，改成“正常向”作品。因此，耽美小说的商业志通常是与网络连载完全不同的版本，“商业志”一词也就往往有了“正常向”、多删改等隐含意义。

另外，大陆的耽美小说还可以在台湾地区的出版社获得正式出版的机会。20世纪90年代以来，大量的大陆耽美作品通过台湾的威向文化等出版公司实体出版，其中一部分作品是主要面向台湾读者的，作者的创作策略也会相应地针对台湾读者的阅读趣味、购买习惯进行调整（如将书拆分为几部，每一部的篇幅控制得与台湾畅销书系列一册书的篇幅相仿）。另一部分作品是主要面向大陆读者的，只是在台湾地区完成了生产过程，往往能更加完整地保留作品网络连载时的面貌，这部分作品虽然走的是商业出版途径，通常仍被看作在台湾生产的“个志”。

【定制】

定制，即晋江文学城推出的“定制印刷”功能，也被称作“晋江定制”。它是晋江作为商业网站发行的“印刷品”而非“出版物”，仍属于同人志的范畴。与作者或作品爱好者印制的同人志相比，晋江定制有着成本低、价格低、生产周期短等优势，但同时也因设计、装帧工艺的粗糙而遭到读者的诟病。

由于晋江的定制印刷功能主要依托与网站合作的、具有低成本快印能力的印刷厂，厂商的不稳定因素导致这一功能2008年推出后曾数次中止，直到2010年之后才逐渐成熟。2014年7月2日，中央电视台《新闻联播》栏目报道了全国“扫黄打非”办公室通报的“打击网上淫秽色情信息专项行动第五批案件案情”，其中包括晋江作者因制作淫秽出版物并通过淘宝网店进行销售被刑事拘留的案件，引起网络文学及同人志圈的恐慌。受到这一事件的影响，同年7月底晋江原本的印刷厂商终止了与网站的相关合作，定制印刷功能暂停，至今没有重新启动。

例句：

- 哎呀，这个**本子**我刚在淘宝上拍了，就发现过两天的漫展上有**场贩**啊！我得问问店主**通贩**能不能改**场取**！
- 非天夜翔的《二〇一三》什么时候才能出**个志**啊？当初的晋江定制我没赶上，现在二手都炒到天价了！之后台湾和**商志**的两个版本我都收了，台版竖排繁体读着太累，**商志**删了感情线还改名叫《末日曙光》，怎么都感觉不太对。赶紧出**个志**吧，它已经成了我的执念啦！
- 最近的**个志**市场好恐怖啊，好多没听过的作者销量都轻松破千，**同人志**的话能破千的都是大大了！果然同人还是比原耽更圈子化。不过现在二手行情这么混乱，也不排除把买**个志**当投资等升值的行为，我个人是只买真爱本的。

大大

大大/巨巨/大手/大触

大大/巨巨指的是某方面才华卓著的高手、能人。大手偏向于指代创作（如插画、小说、视频剪辑）方面的人才；大触则更为狭窄，专指在电脑绘画方面出色的人。

【大大/巨巨】

大大这一称呼，最初应是来源于网络时代早期，台湾地区动漫论坛对论坛中有专门才能、值得仰慕的人称呼“××大人”的传统。这里的“大人”，是对常出现于日本动漫作品中的表示尊敬的人称接尾词“様”（さま，sama，大人）的翻译。后来，“大人”简化为更加亲切的“大大”（北方方言中有将父亲或伯父称为大大的用法，但网络环境下的大大与这一词源无关），又因为“巨”比“大”的程度等级更高，大大这一词语又演化出了基本同义的巨巨、菊苣、聚聚（但这三个异名有时带有嘲讽色彩）等异称，以及多用于称呼女性的太太。在粉圈中，大大与小透明是一对相对的概念。以才能而受到尊敬、有一定名气的人被称为大大，他们拥有知名度和号召力，在粉圈中占有更多的资源和话语权；而尚无知名度、缺乏存在感的人则被统称为小透明。目前，大大一词也可以泛用于粉圈之外的网络语境，如鲁迅也可被称为“鲁迅大大”。

【大手】

“大手”（おおて，oote）是日源词，原意为大公司、大企业，引申转义为在绘画、写作、视频剪辑等同人创作方面具有才能的人。

【大触】

大触的来源则是电脑绘画中需要用到手绘板、触感笔等专业设备，而能以这些专业设备画出精彩画作的人，则被称为大触，有时也被戏称为角虫（角虫二字合起来即为“触”）。大触的另一个来源，可能是2011年日本动漫《侵略！乌贼娘》中，主角乌贼娘以触手作画能够妙笔生花的设定。总体而言，大触的用法多局限在绘画领域。

例句：

- 我这种扔到人群里就找不到的**小透明**，今天居然被心爱的**大大**回复啦！
- 中学的时候虽然很讨厌课本里的鲁迅作品，但长大了就发现鲁迅**大大**真是字字如金啊。
- 你不知道暖**巨巨**可就太可惜啦，她可是我圈知名**大手**哦。
- 他至今都感谢那位**大触**，就是她的画带他入了《全职高手》的坑。

面基

面基/版聚/奔现

“面基”一词的广泛使用约始于2011年，一般指网络中结识的二次元同好在线下会面，其含义可基本对应于英文词“Offline Meeting”（线下聚会）。有时面基也指线上同性交友的线下会面，但这种用法不是主流。

“面”指当面、面对面、线下会面；“基”指基友（参见第三单元“基”词条）。“基友”一词最初指具有恋爱关系的男同性恋者，在应用中词义逐渐扩大，先是用于指称关系亲密的男性好友，后又突破性别的限制，成了“好友”的同义词。在“面基”一词中，“基友”主要指通过网络结识的二次元同好，随着网络二次元亚文化的发展，在网络亚文化圈中结识素未谋面的朋友已经成了二次元同好社交的重要组成部分。在二次元网络社群中熟识的朋友线下聚会，就称为“面基”，成功的面基可以使在网络中产生的友谊延伸到线下生活之中。

在“面基”一词出现以前，网络中表达类似含义的词语还有

“见网友”和“版聚”等。“见网友”一词出现得最早，主要指在QQ等即时通信工具中结识的网恋双方的线下聚会，在“见网友”一词流行的时代，网恋及网友见面活动往往被认为是相当危险的，并且很有可能“见光死”（线下见面时心理落差过大直接导致网恋结束)。1999年痞子蔡创作的小说《第一次亲密接触》便以网恋和见网友为题材，展现了20世纪末社会对于网恋及见网友行为的主流看法。“版聚”一词兴起于以论坛为平台的网络亚文化社区，往往指论坛中发起的多人线下聚会，其含义与面基更为接近。随着“面基”一词的兴起，“见网友”及“版聚”等词就逐渐不被使用了。相比于见网友，面基往往基于面基者之间更加充分的网络互动，以及更为全面的相互了解，漫展等二次元线下活动也为面基提供了相对安全的场所，这种具有充分安全性考量的谨慎面基，正在被越来越多的年轻人认可和接受，成为一种正常的社交活动，“见网友”一词中的负面内涵已经基本消失，这是网络社交技术及网络社交文化共同发展的结果。

相比于动漫、单机游戏等可以独自享受的文化产品，需要人际互动的网络游戏更容易促成玩家面基。对于《天下3》《剑侠情缘网络版叁》等国产网游而言，“亲友（源自日语词‘親友’，本意指死党、挚友，在国内被泛化使用，基本等同于朋友，多应用于二次元语境中）面基”“师徒面基”“情缘面基”等玩家间的会面交流已经成为其游戏文化的重要组成部分。游戏中结识的朋友通过面基发展出现实中的恋爱、婚姻关系称为“奔现”。“奔现”一词起源于网络交友，却因为在《天下3》官方论坛（特别是冰心堂门派版块）的广泛使用而流行起来，《天下3》官方甚至曾为奔现玩家举行集体婚礼。《剑侠情缘网络版叁》同样以奔现率高而著称，甚至被玩家戏称为“世纪佳缘3”（“世纪佳缘”是一家著名婚恋中介网站）。

除去纯粹私人的约见以外，一些线下二次元活动——如漫展及各种百度贴吧线下活动——也是面基的好场合。在“面基”一词的最初用例中，“面基”便常常与“漫展”“贴吧”等关键词同时出现，漫展面基是非常重要的一种面基方式，而百度贴吧则是召集、组织面基活动，记录、分享面基体验的重要平台。

例句：

- **面基**面到老板肿么破？（公子如兰在晋江文学城连载的小说名）

- 祝贺百度沧月吧第一次同城**面基**大成功。
- 我在贴吧成功征集到了二次元亲友一起去漫展**面基**。
- **面基**有风险，**面基**需谨慎。
- 我昨天和《剑三》中的亲传师父**面基**了，师父还带了他的好基友一只小黄鸡（指《剑三》中的藏剑门派）一起来，师父全程都特别羞涩，一点都不像游戏里那个欢脱的糙汉子。

爱豆 本命/爱豆

本命（ほんめい，honmei），指在粉丝心中占据最爱地位的偶像、作品、人物、CP等；爱豆（idol）则指代在大众面前以自身魅力为卖点、不一定有特殊专长但可能样样略通的年轻偶像，是一种职业。这两个词的词义很不相同，但当使用者强调某一个爱豆在他/她心中最为重要，最受他/她的喜爱时，“他是我爱豆”犹言“他是我本命”。

【本命】

本命是一个日源词，其日文原意是“赛马、赛车等比赛项目中最有可能获得优胜者”，后引申为“最喜爱的、最受到重视的”。这一义项的典型用法，如日本的情人节里年轻女性送给心仪男性的巧克力，就被称为“本命巧克力”（送给其他男性友人的巧克力则被称为“义理巧克力”，以与唯一的“本命巧克力”区别开来）。本命一词扩散到粉丝文化中，便引申为对某个偶像、作品、人物、CP等的极致的喜爱，在二次元的ACGN圈和三次元的偶像圈均可看到这一词语的应用。一般来说，一位粉丝在一个时间段内的本命是唯一的，但也有可能出现“双本命”（即对两个事物的喜爱程度不相上下、难以取舍）的情况。给多个本命排序，依喜好程度称呼各位本命为“大本命”“二本命”的，也并不鲜见。另外，本命也可作为词缀使用，以表示对某一事物的特殊喜爱，用法如“二次元本命”“本命CP”等。

【爱豆】

爱豆的词源是英文词idol，意为偶像。idol一词传入日韩后，分别写成アイドル（aidoru）和아이돌（aidor），后经日韩传入我国，音译为“爱豆”。日语语境下的アイドル首次大量出现于1977年，被用来指称因电视选秀节目《Star诞生》（Star意为明星）闻名日本的三位形象清纯、有亲和力的女艺人（其中一位是20世纪80年代在中国亦非常有名的山口百惠），韩语语境下的아이돌概念则约兴起于20世纪90年代偶像团体H.O.T大热前后。此后，这一词慢慢固定下来，成为这类形象健康向上，未必在演艺、歌唱等领域有所专长，但在各个领域涉猎广泛、适

应性良好的艺人的代称，与idol的原意已有所不同。爱豆与偶像一词的不同在于，偶像的使用范围较大，人们有时会将自己崇拜的运动员、科学家等也一并称为偶像，爱豆则是现代娱乐产业体制之下职业化的偶像明星，是一种特殊称谓和职业。典型爱豆团体有日本的岚（ARASHI）、AKB48，韩国的东方神起、Super Junior等。

爱豆的兴起与日韩发达的娱乐产业有关。日韩存在一整套用于陪养偶像明星的严苛体制，比如演艺公司（事务所）的练习生制度、选秀制度等。在这套制度下，作为普通人的粉丝可以从爱豆出道之前的练习生新秀时期即对爱豆有所关注，并目睹其成长过程。他们组成极其有组织有纪律的后援会，为爱豆组织应援，建立爱豆相关的粉丝论坛等。粉丝与爱豆之间的关系相当密切，且多数抱有“爱豆的造神过程有我们一份”的想法，而爱豆也多被教导“粉丝即上帝”的理念，“违逆粉丝就意味着背叛”这一爱豆与粉丝组成的情感共同体。目前，日韩式的爱豆体制已进入我国，很多新生代的小鲜肉粉们也开始称呼自己的偶像为爱豆。

例句：

- 所有人都知道，女王王是无可救药的A团（即日本偶像团体岚）**本命**。
- 我大**本命**就要来北京开演唱会啦！
- 小朋友们不要出去给你们家**爱豆**招黑啦，毕竟“粉丝行为，**爱豆**买单”哦。
- 什么？她家**爱豆**要出新专辑了？看来她的腰包又要瘪下去了。
- 那个**爱豆**团体TFBOYS不是她的**本命**吗？

糊

糊/Flop

Flop一词最早广泛使用于欧美国家，其英语原意有“砸锅”“失败”等，而后逐渐引申为“过时”“不受欢迎”。在传入中国后，百度Oricon贴吧的日本音乐爱好者基于其日式发音（フロップ，furoppu）以“胡萝卜”称之。因谐音字“糊”拥有“某物经火变得黄黑发焦”的意思，且不当的炒作行为本身也有“炒着炒着就糊了”的评价，“糊”的用法逐步衍生出来，并广为流传。

“糊”与Flop的含义大体相同，均用以形容明星在某些方面状态下滑，如“颜值糊了”“人气Flop”等，是当代娱乐工业的产物。在作为娱乐圈用语之余，“糊”和Flop也可以被用于日常生活中的某些情境，其含义大致为“过时”“无人问津”，如“帖子糊了”，“博客Flop了”等。

在使用过程中，粉丝社群围绕“糊”创造了一系列固定搭配，常见的有“糊穿地心”“糊B(参见第六单元“B格”词条)”

等。“糊穿地心”意指某明星形象完全崩塌，已经无法东山再起。“糊B”是“糊穿地心”的明星的代称，其中“糊”的词性有所拓展，由动词转换为形容词。在这些固定搭配中，“糊”具有鲜明的贬义，是粉丝对战时一方拥趸用来攻击对家的惯用词。与“糊”相比，Flop的程度更轻，主要指明星相对于自己以往的辉煌时刻，如今暂时处于低迷状态，但以后仍有机会再次崛起。Flop更多被路人群众使用，它相对客观中性，且会在部分语境中带有惋惜的情感色彩。

例句：

- 你家**糊B**爱豆已经**糊穿地心**了你知道吗？
- 她年少成名，可惜一手好牌打烂，慢慢就**Flop**了。
- 木村拓哉的人气太高了，所以即使因为结婚**Flop**也依然很红。

粉

粉/黑/路人

粉，即粉丝（即英文词fans的音译）的简称，指对一个明星、一部作品、一对CP或是其他大众文化现象有着特殊喜好的群体。黑是粉的反义词，指的是厌恶这一人物或文化现象的人群。路人，指对这一现象不了解，或略知一二但没有特殊好恶的人群。

一个典型的粉具有以下几个特征：1. 对一个文本/人物主动而狂热地进行“过度阅读”；2. 能够组成一个特殊的爱好共同体；3. 具有高参与性和生产性。fans还另有饭、迷这两个译名，不过，饭专指迷恋明星的粉丝，迷的概念相对粉、饭则更宽泛，被使用的年代也更长。

【迷妹/迷弟】

2016年左右，迷妹/迷弟成为对于粉丝的最流行的称谓。迷妹/迷弟最初是对英语词fangirl和fanboy的直译，只在欧美圈小范围使用。在中国，迷妹/迷弟称谓的流行，始于台湾地区摇滚乐团五月天（Mayday）的粉丝群体，迷妹与“迷May”发音相近，故这个词曾一度成为五月天粉丝群体内部的专有称呼，与之对应的男粉丝则称为迷弟。2016年左右，迷妹/迷弟的称谓才从五月天粉丝圈迅速扩展到了整个真人偶像粉丝圈，最初略含贬义，指极为狂热的粉丝，后来逐渐中性化，成了忠诚粉丝的代称。

因为某种契机而成为某个爱豆、真人偶像团体或作品的粉丝，这一过程称为被圈饭，或入圈、入坑，不再喜爱该爱豆、真人偶像团体或作品，脱离饭圈则称为脱饭、退圈、出坑、脱坑或毕业。

具体到真人偶像的粉丝，又可以分为CP粉/饭、唯粉/饭、团饭等。相比于不同真人偶像或偶像团体粉丝间的冲突、粉与黑之间的冲突，同一真人偶像团体内部团饭、CP饭与唯饭间的冲突反而可能更加激烈和尖锐。此外，粉丝亦可根据入坑原因被划分为声饭/粉、颜饭/粉、剧饭/粉、综艺饭/粉等，根据其与偶像的想象性关系划分为姐姐饭/粉、女友饭/粉、阿姨饭/粉、亲妈饭/粉等。

【CP粉/饭】

CP粉/饭是指特别喜欢某一对真人偶像CP的粉丝，也可以称为××党。如岚成员二宫和也和相叶雅纪的CP称为竹马，喜欢这一CP的粉丝就是竹马CP粉，也称为竹马党，国内的胡霍CP（胡歌/霍建华）亦拥有大量CP粉。影视、动漫等文艺作品中的CP也有各自的CP粉，这一类CP粉通常仅使用“××党”这一称谓，如日本轻小说作品《无头骑士异闻录》(亦有同名电视动画）中，喜欢平和岛静雄与折原临也CP的粉丝称为“静临党”。“××党”这一称谓，与掐CP（因支持的CP不同而形成对立阵营，彼此间发生激烈的争执）的传统密切相关，一旦出现所站CP立场冲突的情况，××党便会立刻成为一个一致对外的共同体。仍以《无头骑士异闻录》为例，静临党与静瓦党（支持平和岛静雄与瓦罗娜CP的粉丝）便曾在《无头骑士异闻录》的动画视频弹幕中掐CP。

【唯粉/饭】

唯粉/饭是指在某一真人偶像团体中只喜欢某一个成员，对其他成员则仅是路人，甚至是黑的粉丝。需要注意的是，一般而言唯饭仅指了解该爱豆所属的真人偶像团体及其成员基本情况的粉丝。如很多人因为综艺节目《我们相爱吧》而喜欢参演艺人崔始源，但并不知道崔始源属于韩国偶像团体Super Junior，这样的粉丝一般不被称为唯饭。但如果知道崔始源属于Super Junior，并对该团体有所了解，但仍旧仅喜欢崔始源一人，而不喜欢甚至通过言语攻击Super Junior中其他艺人，就会被称为唯饭。总体而言，唯饭非常容易受到同一真人偶像团体中其他粉丝的排斥。如果唯饭以蔑视、侮辱真人偶像团体中的其他成员或者其他艺人的方式维护、夸奖自家爱豆，这样的唯饭就被称为“毒唯饭”或“毒唯”（“毒”字具有“毒”与“独”的双关含义）。唯饭（特别是毒唯）少，则被视为一个真人偶像团体具有良好的团感和团爱的重要标志。

【团饭】

团饭指喜欢某一真人偶像团体中所有成员，且高度认可团体间“成员爱”的粉丝。团饭与唯饭是对立的，团饭与毒唯的战争更是每一个粉丝圈内经久不息的战争。不过，团饭并不排斥对于团体中某一成员格外喜爱的情况，在日饭圈，这种拥有团爱，同时又突出喜爱团体中某一成员的情况称为“×担”。

【担/担当】

担即日语担当（担當，たんとう，tantō）的简写，意为负责，×担意味喜爱某个偶像，将他当作自己的责任，这一用法最初产生于日本杰尼斯事务所粉丝圈，后来在整个日饭圈中都有使用。如岚中大野智的应援色（参见本单元“应援”词条）为蓝色，格外喜欢大野智的岚饭便称为“蓝担”，粉丝一般将自己“担当”的偶像称为“我担”。如果同时喜欢两个偶像，则称为“双担”，如在岚中同时喜欢二宫和也和相叶雅纪，则可以按二人应援色称为“黄（二宫和也应援色）绿（相叶雅纪应援色）双担”，或按二人CP称为“竹马双担”。双担也可以指同时处于两个不同的（往往是彼此处于竞争、敌对、鄙视关系中的）饭圈中，如日韩双担（同时饭日圈和韩圈）和J家（日本杰尼斯事务所）、AKB48（日本大型女子偶像组合）双担等。在这种用法中，双担往往是同时被其所担的两个饭圈嫌弃的小众群体，特别是日韩双担，历来在日饭圈中极受争议。需要注意的是“担当”一词在韩饭圈往往指艺人在其所处的真人偶像团体中的职能分工，如舞蹈担当（跳舞水平最高的）等，与在日饭圈中意义不同。

【黑】

黑指的是对一部作品、一个人物等怀有轻视、嘲讽、厌恶情绪的人。而当一个黑对自己不喜欢的大众文化形象发表负面言论时，她/他也可以被称为“黑子”。粉是黑的对立面，但粉和黑在粉丝圈内也往往是一体两面的。与“自家”的黑在网络空间中的论战，甚至是黑所谓的“对家”（即与己方粉的CP、作品或是偶像有利益冲突的一方），这些看似狂热而无理性的行为，是在舔屏、花痴、生产同人或是参加官方活动之外，粉丝们借以确证己方存在的主体性与“合法性”，大量制造同仇敌忾情绪，最终达到巩固己方粉圈自我认同与群体归属感的重要行为。黑有时也被称为Anti（也称“Anti饭”或“Anti粉”，anti原意为反对的、反对者）。中国的Anti概念来源于韩饭圈，指因看不惯某明星而对其进行诋毁、恶搞的人。

另外，网络上还存在着“黑粉”“黑到深处自然粉”的说法。“黑粉”指的是那些像粉丝一样强烈关注一个偶像、CP、作品等的动向，但会持续、甚至是习惯性地对这一现象发表黑的言论的人。而“粉到深处自然黑”或是“黑到深处自然粉”，意味着粉和黑这两种强烈情感状态之间在一定条件下可能发生偏移。前者是指粉丝在粉到一定程度之后，可能主动甚至热衷于“嘲讽”自己心爱的角色、人物等，当然，这些看起来类似于黑的戏谑行为背后仍旧是粉丝的热爱；后者是指在黑习惯性地对自己黑的对象投放大量关注和强烈感情之后，也可能开始与粉丝一样极其在意这一对象，甚至反而产生好感。网民一般将粉、黑、路人这三种情感形态的转换称为“× 转 ×”，如从喜欢日本动漫《黑子的篮球》到厌恶《黑子的篮球》，便可以称为“黑篮（《黑子的篮球》简称）粉转黑”。

【路人】

路人指的是那些没有深入粉丝圈，无论是否消费过这一大众文化产品，都对这个文化产品及其衍生出来的粉丝文化不感兴趣或兴趣不深的人。相对于粉和黑，路人才是数量最多的一群，他们没有深入粉丝圈，多数情况下不带有特殊好恶。

围绕着粉、黑、路人这三个词，网民们生产出了一大套描述人与文化现象关系的关联词，如用来表示粉丝极度狂热失去理智（但后来也被粉丝用来自称，以表达自己的热爱程度）的“脑残粉”，与之相对的是同样失去理智的“无脑黑”。对某一文化抱有真切热爱的粉丝被称为“真爱粉”，刻意戏仿粉丝言论以达到黑的目的的则被称为“高级黑”，等等。与粉、黑两个词相比，路人不能作为动词使用。粉、黑作为词缀时一般为后缀，而路人则多作为前缀出现，如“路人粉”一词即意味着对这一大众文化现象有所了解并心有好感，但并不会如纯粹的粉一样狂热而深陷其中。

例句：

- 每一代《仙剑奇侠传》的游戏光碟我都入了正版，谁能说我不是《仙剑奇侠传》的**真爱粉**呢？
- 小明很容易**粉**上像富坚义博那样才华横溢然而经常休刊的少年漫画家。
- 她把**黑**黄子韬当成了毕生事业。
- 那个明星的**路人缘**很好。
- 一个**脑残粉**，顶得上十个**高级黑**。
- —听说你有一个小伙伴对你家爱豆**路转粉**，然后又**粉转黑**了？

  —没关系，她那是**粉到深处自然黑**，其实内心深处还是个**粉**。
- 成为一个明星的**路人粉**或是**路人黑**，有时全凭第一印象。

白嫖

白嫖/bp

白嫖，本义指嫖娼不给钱，2008年前后被真人偶像粉丝圈借用，用来指宣称喜欢某位爱豆或某个爱豆团体，但只观看免费或盗版资源，不为该爱豆/爱豆团体花钱的行为，也可以缩写为“bp”。有这种行为的粉丝被称为“白嫖（bp）粉/饭/党”。这个词在2013年左右开始流行，随后进入了电子游戏等其他领域。在电子游戏领域，白嫖党通常是指不购买正版游戏而寻求免费盗版、破解版的玩家。白嫖有时也写作“白瞟”，更强调免费观看付费资源这个方面，但流传不广。

2008年左右，晋江文学城晋江小粉红论坛闲情版块用户闪亮晶首先在“饭爱豆不花钱”的意义上使用了“白嫖”一词。闪亮晶本人是日本杰尼斯事务所的粉丝（j家饭），于晋江文学城等处发表过多篇相关同人文，在圈内小有名气。她使用“白嫖”一词也是针对j家饭而言的，所以这个词首先在j家粉丝圈中获得了最广泛的流行。

“爱他/她就为他/她花钱”，这本身就是日韩偶像工业的生产机制所创造的游戏规则，而j家又是这套偶像工业体系中最具代表性的事务所之一，所以“白嫖”一词首先产生于j家粉丝圈是在情理之中的。这种花钱饭爱豆的观念经由日韩真人偶像粉丝圈进入中国后，恰好迎合了IP运营对于强化版权管理的需求，以及各个亚文化圈商业化的需求，便开始在国内各个网络亚文化圈间共享，逐渐改变了中国网络亚文化空间中对于文化资源免费共享的既有态度，对于版权的高度重视开始成为各个网络亚文化圈的共识，对于白嫖日益激烈的反对态度也是在这样的条件下应运而生的。

尽管反盗版、反抄袭已然成为几乎所有网络亚文化圈的共同关切，但不同的网络亚文化圈，对于白嫖行为的界定，以及反对的激烈程度仍旧存在差异。对于日本真人偶像粉丝圈而言，“花钱投票”是支持爱豆的唯一方式，爱豆是否能够获得优质资源、是否可以常常出现在镜头前，几乎完全取决于粉丝的购买力。此外，日本的版权制度本就极其严格，而这也影响了日饭对于版权问题的敏感性。因而，日本真人偶像粉丝圈对于“白嫖”的抵制是最坚决的，“白嫖不是粉”“白嫖没人权”等说法也多出自日本真人偶像粉丝圈。但在韩饭圈以及受韩饭圈影响更大的国内饭圈，除粉丝消费力外，流量、话题、榜单等大数据同样可以为爱豆带来资源，在这些圈子里，虽然也会声讨“白嫖”，但相对要缓和得多，不为爱豆花钱，但是积极打榜、刷话题的粉丝往往也是可以被接受的。

同人文创作、Cosplay等圈子本身就具有比较明显的二次创作性质，所以反白嫖的呼声并不高；而以网络文学为代表的商业化程度较高的圈子就会对版权问题有着更加严格的自我监管，特别是在女性向网络文学的作者与读者间，甚至出现了“不订阅正版就没有资格评论”的舆论倾向。

“白嫖”一词的流行，体现出以资本为主导的版权制已然高度内化于各个网络亚文化圈中，这一词语是受到日韩偶像工业影响而产生的，其流行也迎合了各个网络亚文化圈主流化、商业化的诉求。对于版权的重视，固然有利于保护创作者的利益、刺激创作活力，但也确实在客观上限制了文化作品的传播范围，日饭圈在国内长期处于小众、孤立的状态中与此不无关系。此外，一旦“花钱投票”彻底代替“用爱发电”，成为粉丝圈中的“政治正确”，那么粉丝便会因其经济实力被划分为三六九等，现实社会中的资本力量与阶层差异便有可能取代圈子中自主生成的其他文化资本，直接主导粉丝圈中的权力结构，其结果是，缺乏经济能力的粉丝无论是否具有二次创作能力，都会被排斥到粉丝圈的边缘，失去发声资格，而粉丝圈也会因其同质化而丧失很多可能的发展方向。

例句：

- 花钱投票才有资格发言，**白嫖党**请圈地自萌、安静如鸡。
- **白嫖党**与正版党永远是敌人。
- **bp**不是粉，爱他/她请为他/她花钱。

应援

应援/打call

【应援】

应援（応援，おうえん，ōen）一词来源于日语，是加油的意思。在粉丝文化领域，这个词指的是在偶像的表演现场加油鼓劲的行为，及规范这种行为的一套制度与文化。后来又引申为所有支持偶像的行为，如投票、集资、为偶像的工作团队提供食物等。

日语中“应援团”这个词，就是拉拉队的意思。在日本的学校和企业中，为了支持代表学校和企业出战的体育团队，往往会成立非常专业的应援团负责应援，也就是加油助威等工作。这种应援行为被一套仪式化的规则所规范，包括着装、道具（旗帜、乐器等）、应援手势等，各个社团都有明确而具体的规定。

这种传统后来被沿用到歌手、偶像的演唱会上。粉丝们被组织起来，统一着装（通常为粉丝会员服），发放统一的道

图为韩国偶像组合“东方神起”的演唱会应援现场，东方神起的应援色为红色，粉丝手举红色应援物为爱豆应援，场面壮观，被称为“红海”

具（即应援物，通常为发光的灯牌等），手持统一颜色（即应援色，每个偶像、歌手或组合通常都有固定的应援色）的荧光棒。例如韩国组合BIGBANG的应援色就是黄色，应援物为皇冠形状的灯牌。

【打call】

有时，粉丝们也会配合具体的歌曲，做出统一的动作，例如挥舞应援道具（荧光棒、毛巾等）、呼喊应援口号等，与台上偶像的表演形成互动，这种行为就是“打call”。日语中一般直接简写为コール（即call这个英文单词的片假名写法，中文译法的“打call”来源于“コールを打つ”这一表述）。这类打call动作大多较为简单，但也存在一种升级版的打call形式，即“ヲタ芸”(无对应译法，中文里有时写作“wota艺”)，动作繁复且幅度极大，只有少部分狂热粉丝才能坚持完成。打call这一应援文化来源于日本20世纪七八十年代的少女偶像组合粉丝群，后来伴随着一批新兴少女偶像组合及虚拟偶像组合的流行而传入中国，并于2017年忽然成为中文互联网中的热词，取其“狂热支持某人”的含义，甚至频频被官媒引用。又因为各种有意无意的误读而衍生出了“打电话”“打尻”等用法。

ACG圈的应援行为，开始于一系列动漫歌曲演唱会〔如animelo summer live，即夏季动漫音乐演唱会，animelo为anime melody（动漫音乐）的缩写〕和偶像声优（配音演员）举办的演唱会（在日本，偶像宅事实上也是二次元宅的一个分支，但这两个群体之间的交集最初并不太大）。在这些演唱会上，二次元宅们借鉴了三次元偶像演唱会的应援行为，为自己喜爱的歌手和声优助威。近年来，伴随一系列二次元偶像及组合的诞生

（如初音未来、μ's等），二次元宅的应援行为也更加花样翻新、发扬光大（如μ's的九名成员各自拥有应援色，因此粉丝必须在适当的时候及时更换相应颜色的荧光棒，应援手势和互动方式也更加复杂）。

中国的娱乐工业体系远不如韩国和日本发达，经纪公司的粉丝组织能力和意识也比较欠缺，因此在很长一段时间内，应援文化并未在中国普及开来。但在日韩流行文化的影响下，应援行为也从中国的韩国、日本明星粉丝圈开始，逐渐影响到国内明星的粉丝圈。从超女等选秀明星到新近崛起的一批小鲜肉，都陆续拥有了规范组织的粉丝群体和应援规则。

而中国ACG圈的应援文化，也因为各种动漫歌曲演唱会和声优演唱会的召开（大部分都是日本的演出团队来中国演出）而逐渐普及。

例句：

- 每个组合和歌手的**应援色**都有独特的含义，是不可以互相混淆的。
- 动漫演唱会最好看的根本不是唱歌而是**应援**啊，整齐划一的动作和台上台下的互动都太精彩了！

- 今天某某演员的粉丝团体又为剧组提供了**应援**，包括160份盒饭、大量水果和礼品包裹等。

安利

安利，也称“卖安利”，指向他人强烈推荐自己所喜欢的文艺作品（多指ACG及其他大众文化作品），或作品中的某个CP、Coser、爱豆等。被安利成功叫作“吃安利”，也可以说成“吃了这颗安利”。

“安利”一词源自一家名为安利（Amway）的直销公司。安利公司的推销员往往以“你听说过安利吗？”为推销开场白，这一句式曾一度成为社会流行语，衍生出了许多以此为梗的笑话。“安利”一词后来为二次元所借用，用以表达“强烈推荐”之意，包含着“非常希望被安利方接受”的内涵。后来，安利的词义逐渐扩大，可供安利的对象从ACG文化产品扩展至所有文化产品、偶像明星，乃至于B站up主（在哔哩哔哩弹幕网上传视频的用户）、微博账号、淘宝小店、手机APP、零食、化妆品、餐馆……凡有所爱，皆可安利。

将自己深爱的作品、大大或爱豆安利给更多的人是身为粉丝的责任，通过相互卖安利找到感兴趣的作品则是二次元人社交的重要话题。安利既可以在与好友面对面、一对一的直接交流中进行，也可以通过微博、贴吧等社交平台发布。如何适当地安利是一项需要学习的技能，因而成功地卖出一份安利也就能够使自身获得不小的成就感。

例句：

- 她每次遇到喜欢的网文就有给别人**安利**的冲动，甚至为此专门建了一个微博账号，不定期**安利**各种有爱的文。
- 作为一个A团黄担（指日本偶像团体“岚”中的二宫和也的粉丝），我始终致力于将自家爱豆**安利**出去，可惜总是**安利**失败。
- 这部作品简直太有趣了，这个**安利**不能只有我一个人吃！
- 我最近看到一部网剧，雷萌雷萌的，就跟你说说，不算**安利**。

字幕组

字幕组/汉化组

字幕组和汉化组指以非营利的义务劳动将外语的媒体作品翻译为本国语言，并和本国的观众分享的非专业媒体作品爱好者组成的民间组织。字幕组一般翻译的是影音作品，而汉化组则多翻译漫画、小说和游戏等文本。两者的工作范围有重叠，称呼也常有混淆。

民间汉化并不是从网络时代开始的，但到了网络时代，原先相当麻烦的字幕制作，技术门槛急剧降低。字幕组的主要作用是补足官方媒体作品进口的不足，很多外国影视媒体作品并未经过官方引进，这种情况下，民间字幕组就成了带领观众跨越语言壁垒的不可或缺的媒介。同时，民间制作字幕的粉丝不只翻译了文字，还为观众在海量的信息中筛选出了有用的资料，使粉丝翻译日渐成为粉丝圈的核心，占据权威地位。对于设定复杂的作品的爱好者来说，有外语能力的粉丝常常会比中文官方更有威信和发言权。

字幕组常见职位有：片源、翻译、校对、时间轴、特效、压制、发布等。通常情况下必需的是“翻译”和“时间轴”。“片源”负责搜寻影视作品原文件（由于原文件一般源自网络且不难获取，所以负责片源的并不一定是固定的职位），未经翻译的原文件网上通常称为“生肉”。“翻译”负责第一遍从原文翻成中文。“校对”是至关紧要的职务，决定着字幕最终的质量和效果，但人手不够时可由其他人兼任。字幕组的翻译行文全靠校对把关。“时间轴”掌控哪个时间段出现怎样的文字。“特效”负责将字幕做出华丽的效果。“压制”指做内嵌字幕的字幕组把字幕压制到视频文件里的工作。一般电影和欧美剧作多出外挂字幕，日本动漫以及其他一些媒体翻译，如综艺视频，则多见内嵌字幕。有了制作完备的翻译字幕之后，视频文件就从“生肉”变成了“熟肉”。“发布”，负责把压好的视频或者做好的字幕上传到网站，一般都是兼职的。时间轴、特效、压制、发布有时候统称“后期”。

汉化组的职务安排与字幕组稍有区别，但一般步骤与字幕组一样都需要先翻译，再校对，然后用技术手段将翻译好的中文文本和原作品拼合起来。漫画的汉化涉及修改原图像，所以需要图像处理软件如PhotoShop，而游戏汉化类似影视字幕，需要适时在需要的位置加上中文字幕。

字幕组是中国粉丝所创造出来的衍生现象中最早被注意到的现象之一，2006年《三联生活周刊》就详细报道了《越狱》相关的粉丝字幕[1]，《纽约时报》也注意到了这个现象。粉丝们的民间义务劳动不仅没有随着正版影视作品的增多而减少，反而越来越多，这侧面反映了中国观众对境外媒体产品的需求之大。互联网技术日新月异的发展使得准入门槛降低，也是字幕组发展壮大的重要原因。

中国的字幕组数量庞大，分工则极为多样化，很多字幕组已经做出了规模和品牌。老牌英美影视字幕组有伊甸园、磐灵风软等，较新的有专译英剧的破烂熊等。人人影视早先也是以英文影视出名，如今翻译杂且广，近年频触争议性话题，因此受关注度较高。还有一些专门的字幕组，比如专门做BBC纪录片的夏末秋字幕组。日剧方面，日菁是老牌，专项字幕组有翻译历史题材的琵琶行字幕组等。翻译动画的字幕组，有极影、华盟、漫游等。很多媒体作品还会有自己专门的字幕组，比如美剧《权力的游戏》的衣柜军团字幕组。近两年还多见以明星为核心的小字幕组，它们专攻这个明星相关的影视作品访谈节

1　参见陈赛、刘宇：《〈越狱〉的中国隐秘流行》，《三联生活周刊》，2006年12月。

目，有时依托粉丝论坛，有时只是一个微博账号加一个优酷或者B站账号的草台班子。但规模小不代表做得不好，很多小字幕组译制水平相当高。

中国不是唯一有字幕组的国家。英语世界里最出名的是日本动画和漫画的粉丝翻译，也有对其他国家的文艺和媒体作品（包括中国影视作品）进行引介的民间翻译，但日韩流行文化依旧是英语世界中粉丝翻译的主流。中国的字幕组和民间翻译的庞大数量在世界范围内都是极为突出的。这一方面是因为中国人口基数大，外语人才多，乐于从事无偿翻译的自然也多；另一方面是由于中国的影视娱乐产业尚不能完全满足观众对娱乐产品的需求。从国际比较来说，属于文化产品的低地，文化高地如欧美日韩媒体产品很容易就能顺流而下。还有一个极为重要的原因是，从清末以来“师夷长技以自强”和“五四”以来启蒙思想对外来文化的传教式推崇和接受，这尤其体现在对纪录片、公开课等内容的民间自主翻译，以及科普、女权、同性恋平权等话题专门字幕组的层面上。

字幕组和汉化组都是游走在版权灰色地带的文化现象。《中华人民共和国著作权法》中存在若是为了交流学习的目的，在网络上分享翻译不属于违法的相关条款，很多字幕组都利用了这个条款，并在翻译中按此写出免责声明。由于粉丝字幕可以为某些无法进入本国市场的媒体作品扩大影响，有些版权所有者采取睁一只眼闭一只眼的态度，但也有版权所有者对字幕组极度不满，甚至动用法律手段制约字幕组。然而对于这种民间纯靠兴趣支撑的翻译，用罚款、强令关闭等通常手段制裁，其成效并不显著。

例句：

- 片源才出来不到24小时就有**熟肉**了啊！感谢**字幕组**的辛勤劳动！
- 我看片子很挑**字幕组**的，有些只求快、整天玩噱头的**字幕组**才不要看呢。
- 漫画汉化版最靠谱的还是全粉丝的**汉化组**翻译制作的，如果爱不够的话，即使是大牌**汉化组**也会出错。如果是漫威的漫画，我只专心等SL**OM**O的汉化版。
- 看一个外国明星在中国粉丝圈里火起来了没有，只要看他/她有没有专门的**字幕组**就知道了。
- 我前一阵子加入了一个专门翻译女权视频和资料的**字幕组**，你有没有兴趣来当校对？校对这个职位需要英文和中文都特别棒，对你来说正合适。

古风

古风音乐/古风/古风歌曲/古风圈

古风音乐是一种诞生于网络的二次元音乐类型，发轫于2004年，以唯美、古典为主要审美风格。古风音乐以古风歌曲为主要形式，也包含一些古风纯音乐，由古风音乐人与古风音乐爱好者组成的网络亚文化圈称为古风圈。目前，古风圈以5SING中国原创基地为最重要的音乐作品创作传播平台。

古风歌曲脱胎于对《仙剑奇侠传》（1995年起由中国台湾大宇资讯股份有限公司旗下发行的系列电脑游戏）、《霹雳布袋戏》（中国台湾霹雳国际多媒体股份有限公司出品的长篇连载布袋戏系列剧集，20世纪80年代起连载至今）等作品背景音乐的填词翻唱，在吸收借鉴仙侠风游戏配乐、日本和风音乐以及中国风流行音乐特征的基础上形成了自己的独特审美风格：在词、曲、配器、演唱等方面都追求古典的审美意境，情感表现含蓄委婉，多寓情于事，少直接抒情，遣词造句力求典雅，作曲常用五声音阶，模仿雅乐、古乐风格，配器多用古琴、二胡、箫、古筝等民族乐器。

二次元古风音乐与中国风流行音乐均使用大量的古典意象和古典修辞，采用民族乐器伴奏，但两者之间仍有较为明显的区别，主要体现在如下三个方面：

首先，中国风流行音乐是大众流行音乐体制下的产物，以广播、电视等大众传媒和唱片产业为主要的传播方式，以营利为目的，由娱乐产业体制之中的专业音乐人进行创作。中国风只是流行音乐中的一个亚类型，不能构成一个具有文化共识的文化圈。而古风音乐则具有明显的网络二次元同人文化特征，在网络中免费传播，作为实物出售的专辑、歌词本及其他周边产品则按照同人志的方式进行制作，通过众筹、淘宝预售及漫展场贩等方式发售。古风专辑往往包含绘有古风插图的、装帧精美的大开本歌词本，以及明信片、书签等其他周边产品，专辑中的歌曲往往围绕统一主题或故事创作，甚至与广播剧（参见本单元“广播剧”词条）、小说相结合，构成“音乐小说”的形式。古风音乐人以业余音乐爱好者的身份进行古风音乐创作，按照一定的音乐理念组成古风音乐社团，这些音乐人、音乐社团及其他古风音乐爱好者共同构成了古风圈这样一个网络二次元亚文化圈，拥有共同审美偏好和创作标准。古风圈深植于整个二次元文化生态之中，并与广播剧圈、Cos圈、汉服圈等其他网络亚文化圈有着广泛的互动。例如，古风专辑常采用网络预售与漫展场贩相结合的方式发售；很多漫展Live上都会出现古风歌曲。古风专辑往往会邀请知名画手为专辑绘制插图，邀请广播剧圈CV（配音演员）为歌曲念白配音，或邀请Coser按照专辑中的人物、情节出Cos；古风音乐人也会受邀为动漫、游戏、广播剧等其他二次元文化产品创作主题曲和配乐。

其次，中国风流行音乐以大众为目标受众，需要照顾主流观众的接受习惯和文化水平，歌词虽会使用一些古典意象和文言词，但仍以现代汉语普通话为主，旋律与配器则要兼顾古典与流行，往往拥有一个反复演唱、旋律感极强的副歌便于歌曲传唱。古风歌曲则以热爱古典文化的古风爱好者为目标受众，歌词可以使用更多典故、生僻字词和较为纯粹的文言句法，旋律和配器上也会以还原古乐遗风为目标进行更多探索，如使用雅乐音阶、古琴伴奏等，从这个角度讲，古风音乐及古风圈具有一定的精英倾向。

最后，相比于中国风流行歌曲，古风歌曲有更强的叙事冲动。一方面，古风歌曲是从叙事作品的同人歌发展起来，后来才逐渐转向原创的。目前的古风歌曲中仍有很大比重的同人歌，同人歌将原作中的人物、事件引入歌曲之中的传统深刻影响了古风歌曲写人物、讲故事的独特风格。另一方面，古风歌曲的歌词普遍较长，并常常加入文案、念白等辅助叙事的要素，这就使得一首古风歌往往要比一首流行歌曲更容易叙述一个相对完整、清晰的故事。

在古风圈产生初期，古风圈人往往将中国风流行音乐追认为古风音乐的前身，但随着古风圈的发展壮大，为了明确自身的审美标准和文化价值，古风开始与中国风分道扬镳，古风与中国风的区别曾一度成为古风圈内的热点话题。2014年以来，为了便于圈外人理解和接受，古风音乐人有时也会策略性地使用“中国风”这一概念自指，如2015年的“结绳记古风音乐会”开场视频就以“中国风”一词指代古风。

根据古风圈的追述，古风歌曲肇始于2004年，早期代表人物包括心然、清响等。2007年“墨明棋妙”原创音乐团队成立，作为第一个也是目前为止规模最大的古风原创音乐团队，“墨明棋妙”的成立标志着古风圈的发展开始步入正轨，大量的古风原创音乐团队随之出现。2010年古风圈著名歌手河图的首张个人专辑《风起天阑》预售，标志着古风圈线上免费收听下载、线下有偿出售专辑及周边产品的商业模式成型。2012年12月31日"墨明棋妙"首次现场歌友会（六周年Live）于北京麻雀瓦舍成功举办，自此以后，线下古风音乐会日益频繁，规模不断扩大，2015年5月9日在人民大会堂举行的"结绳记古风音乐会"，以及2016年9月16日在鸟巢举行的"心时纪国风主题演唱会"更成为古风圈的盛事。

一般而言，古风在二次元圈中特指古风歌曲，但有时也会指向一种特定的风格元素，并与一些艺术形式的名称连用，形成诸如"古风插画""古风广播剧""古风小说"等词组。这些以"古风"为风格的作品往往以中国古代社会为背景，与古风圈、汉服圈共同构成了二次元圈中的复古潮流，追寻古典中国的审美意趣。

例句：

- 最近**古风圈**的大大们又出了什么新歌？
- 我喜欢用**古风**插画做手机屏保。
- 墨村（对"墨明棋妙"原创音乐团队的昵称）的很多**古风**歌都融合了流行、嘻哈、摇滚、爵士等音乐元素，这就是“万有引力向古风”（“墨明棋妙”原创音乐团队提出的口号）吧。

- 她是一个特别**古风**的妹子，平时喜欢穿汉服、弹古琴、品茶、读诗、观棋。
- **古风圈**网站不仅介绍、盘点古风歌，也推广古风小说、古风游戏、古风广播剧和汉服文化。

广播剧

广播剧/Drama CD

广播剧是指配音演员用声音表演的戏剧，通常在广播电台等平台播出，或通过发售CD（Compact Disc的缩写，意为激光唱片）、网络下载、在线收听等渠道传播。

流行于中国的同人文化意义上的广播剧，起源于日本的Drama CD（ドラマCD，Drama指广播剧）。这种drama CD通常是漫画、游戏、动画的衍生作品，发行这种drama CD，则是ACG作品跨媒介（Mediamix）开发的一部分，有时起到补充原作世界观的作用。除此之外，一些轻小说、耽美小说也常常被改编为Drama CD发售。而耽美题材的Drama CD（包括耽美ACG作品衍生品和耽美小说改编作），在日本非常流行，这部分作品也被称为BLCD。

为Drama CD配音的演员，在日本称之为声优（声優，せいゆう，seiyū）。声优是日本非常发达的一个职业群体，其中为ACG作品和Drama CD配音的声优数量最为庞大，也形成了一套独特的配音风格。由于ACG产业的兴盛和声优职业体系的发达，日本的Drama CD，往往以公开发售的商业作品为主，同时也存在一定数量的同人社团自制的同人Drama CD。

【中抓/中配】

Drama CD随日本ACG文化传入中国之后，受其影响，一些国内的同人社团也效仿Drama CD，开始制作中文广播剧，内容以改编女频网络小说为主，又称为“中抓”（“中文Drama”的谐音简称）。中抓虽然有时会配上少量插图做成视频形式，但主体仍是声音，而非图像、视频；与此相区分，给日本漫画、动画作品配的网络版（不是官方出的中文版）中译配音，被称作“中配”（“中文配音”的简称），例如网络版中文配音的日本电视动画《银魂》称作“中配《银魂》”。

【网配】

与日本的Drama CD不同的是，中文广播剧缺乏公开发售的商业途径，以广播剧爱好者带有同人性质的业余创作为主，他们在网络上集结，以团队合作的形式完成最终的广播剧作品，再在网络上免费发布，因此又被称作“网配”（网络配音）。

2000年至2003年，最早的中文广播剧作品和社团出现，网配圈初具雏形。此后，星之声中文配音组、决意同人组、优声由色原创广播剧社团、翼之声中文配音社团、剪刀广播剧团等网配圈最具代表性的社团相继成立，吸引了众多广播剧爱好者，并生产出大量作品。

这一时期的广播剧，主要的改编对象都是耽美小说（包括原创耽美小说和耽美同人小说），决意同人组、剪刀剧团等主要社团也是专门的耽美广播剧社团。随着广播剧作品的增多，汇集了耽美读者和广播剧爱好者的晋江论坛，专门开辟了“优声由色”版块，建立起中抓最权威、最全面的发布平台，基本上所有中文广播剧都会在这里发布剧帖，一般包括CAST（出演阵容），STAFF（职员表）、宣传海报、在线收听地址、下载地址等信息。为了与“优声由色”社团区分，此论坛后来被统一称呼为“YSYS”（简称YS）。后来逐渐出现了BG（言情）和全年龄（无CP或男频作品）小说的改编，晋江论坛又单独开辟了“留声花园”（简称LS）版块，专门发布BG广播剧，耽美和全年龄广播剧则仍由“优声由色”发布。正因为中文广播剧作品以女频小说，尤其是耽美小说改编为主，形成了网配圈男CV多女CV少、男CV比女CV易成名、配耽美比配BG更易成名的现状，粉丝以女性听众为主，幕后的STAFF也以女性为主。

分段为一期的广播剧称为“全一期”，多于一期的称为“长篇”，核心参与人员属于某一个特定社团的广播剧称为“社团剧”，由一个或多个策划以个人名义发起、有多个社团的成员参与的称为“个人剧”。

【CV】

为了与日本配音演员声优的称谓作区分，中国的网配配音演员一般称为CV（Character Voice的简称，在日本动画里配音演员表常常写成“角色名 CV声优名”，CV一词于是被误用为声优的同义词，保留至今）。在一个广播剧剧组中，负责配音的爱好者称为CV，CV的演员表则称为CAST/卡司，负责策划、编剧、导演、后期、美工、宣传等幕后工作人员称为STAFF/士大夫。

【商配】

在网配发展过程中，一些给商业译制片、国产影视剧、国产动漫等配音的专业力量也开始加入进来。他们从事的商业配音活动被称作“商配”，为了与网配的CV相区分，他们被称作

“配音演员”或“商配演员”，如由北京电影学院录音系毕业的专业配音演员姜广涛创办的“光合积木”配音组，就是一个与网配圈关系十分密切的商配团体。

网配圈的一个显著特点，就是对商业化的极端排斥，这是网配区分于商配的标志，也是中文广播剧与日本Drama CD的最大不同。任何将广播剧商业化、甚至是CV通过网络配音成名后借此谋求商业利益的行为，都会遭到网配粉丝的谴责。商配演员无偿地参与网配作品是被欢迎的，网配CV正式宣告从网配转为商配也是被允许的，但这一身份的转换是不可逆的。不过，网配CV可以通过参与古风歌曲、古风专辑的商业制作，获得相应的经济报酬，这并不会影响到他的网配身份。

例句：

- 你听过古风歌《风华录》吗？里面有**网配圈**好多男神**CV**的念白！还有**商配**大大披**网配**马甲参与哦！
- 快去看YS，我追了好久的那个长篇剧终于完结了！**卡司**超级华丽！两个主役（主演）都是我最爱的**CV**！强推！
- 我一般只听耽美**广播剧**，不听BG，看剧帖先看**CAST**，

STAFF一般只扫一眼策划和后期，而且我偏爱追长篇，感觉全一期的剧总是不如长篇有诚意呢。

- 决意同人社团十周年纪念活动的现场录音你听了吗？来了好多元老级的**CV**！哎，不知不觉，**中抓**已经发展十多年了啊！
- 跟日本声优比起来，中国**商配**演员收入和地位真是太低了。**网配CV**更加只能当个业余爱好，要是出名之后敢学“网红”开个淘宝店什么的，又要被黑粉骂死了。

“粉丝·同人文化”单元会话

女王王：下周末一起去**漫展**吧，Comic Dive的动漫游戏综合展。我要去买苏靖的**本子**，最近超爱《琅琊榜》，苏哥哥**本命**！

暖巨巨：什么时候《琅琊榜》开个**only**就好了。

呆毛狼：这次CD（Comic Dive是简称）是哪天啊？好快啊，不知道我喜欢的那个**同人大手**能不能及时赶完稿。

忠犬乔：就在下周日！我家的大大不走**通贩**，只开**场贩**，所以我只能去**展子**上排队买**同人志**了。

御姐肖：什么什么？CD是下周日吗？这次CD有妖气的**官方**摊位卖**限定周边**，我一定要去！而且我喜欢的**Coser**熊祁**大大**会去巡场啊！他这次出的是工藤新一！

女王王：就是上次你和我说过的那个**Coser**吗？我现在也好喜欢他啊。现在还有人出《柯南》的Cos啊！顺带一提，《柯南》你们**站**哪个**CP**？我是坚定的柯哀党。

忠犬乔：我也是柯哀**本命**！

御姐肖：新兰党！

呆毛狼：我也站新兰！但我也喜欢小哀！

暖巨巨：别提小哀了，最近被插刀插得要死，能不能**撒点糖**了？

忠犬乔：我对兰姐经历了**粉转黑**，**黑转路人**的复杂心路历程……

女王王：说得我都想重温《柯南》了，小时候都是在电视上看的，求柯南死忠粉忠犬乔科普一下哪家字幕做得最良心啊。

呆毛狼：现在**字幕组**好多求快不求质的，翻译得一塌糊涂，整天不干正事乱吐槽。按理说，是要柯南家**粉丝**自己做的字幕比较好吧？

忠犬乔：去看APTX4869（日本动漫作品《名侦探柯南》中男主角柯南被迫服用的药物名称）**字幕组**的《柯南》吧！这个**字幕组**的成员都是《柯南》**粉**，翻译得又清楚又准确。如果想看漫画的话，推荐看米花学园**汉化组**的。

女王王：**这颗安利我吃了**！

忠犬乔：我再给你安利一个我圈知名大手破壁哨吧！她

的同人图产量超高，而且听说这一次**漫展**就有她的**同人周边**要卖呀！

御姐肖：我也喜欢破壁哨的画！好期待这次CD啊，我有好多**周边**想买~咦，等等，是下周日吗？要死要死，周六是我家**爱豆**的con（concert的缩写，意为演唱会）！

暖巨巨：莫非是东方神起的那场con？我也要去的！我连**应援服**都买好啦~

御姐肖：哇，你居然也是韩**饭**！我是东方神起的真爱**粉**啊！自报属性：五人团**饭**，在中**本命**，允在**CP饭**~为五位小哥哥**打call**！

暖巨巨：我是他们家**路人粉**Y(^_^)Y，会买单曲和专那种，拒绝**bp**，从我做起。

忠犬乔：前两天刚看了一篇允在**RPS**，黑化AU的，前面特别虐，结尾特别甜！

御姐肖：太棒了！那周六的con一起去吧~周日我刚跟《剑三》游戏里的**亲友**约了**面基**：-P

女王王：原来你也在玩《剑三》啊！我们可以相约共战江湖了。

暖巨巨：感觉《剑三》都快**糊**了，不过**同人歌**都挺好听的，比如说《依山观澜》，我最近一直单曲循环，**安利**一下。

忠犬乔：是**古风歌**吗？哪位大大的？

女王王：是河图14年的歌，河图是我最喜欢的**古风圈**歌手。

忠犬乔：哦，原来是河图的，我很喜欢他的声音。不过相比之下果然老妖才是**本命**呀。他的《业火苍云歌》也是《剑三》**同人歌**，炒鸡好听啊啊啊！

御姐肖：哦哦，你说那首歌啊，里面有很多我喜欢的**CV**配的**念白**！

女王王：对呀，对呀，像阿册、相爷，还有**商配**的杰大、宝木大大和季冠霖女神都有参与！

御姐肖：说到阿册，你们知道他前阵子退圈了吗？YS论坛有好几个帖子在**黑**他，现在他貌似已经不接**广播剧**，**网配**转**商配**了！哎，**中抓圈**水好深，一个**脑残粉**抵十个**黑**啊……

呆毛狼：唉唉，不说这些烦心事了，那CD一起去？赶紧买票去吧~

3

第三单元

宅腐双修

女性向·耽美

女性向

女性向/男性向/女频/男频

“女性向”一词来自日语，指的是以女性为受众群体和消费主体的文学和文艺作品分类；进入互联网时代后，中国女性有了自己的独立空间，女性向开始与互联网舆论场中的女性主义文化相结合，是女性逃离男性目光后，以满足女性的欲望和意志为目的，用女性自身话语进行创作的一种写作趋势。

日语中的“女性向”一词写作“女性向け”，意为“面向女性的”“针对女性的”。在日本，这个词诞生于二战后的20世纪50年代。1953年，日本漫画大师手冢治虫开始在《少女组》（又名《少女俱乐部》）上连载第一部少女漫画《蓝宝石王子》（又名《缎带骑士》），并提出要有“面向女孩子”的漫画。

20世纪60年代后半期，日本漫画完成市场细分，“少女向”“女性向”这样的漫画分类方式正式确立起来。20世纪70年代，随着女性向漫画的发展壮大，女性向动画也随之兴起，同一时期新兴的“少年爱”耽美漫画也被纳入女性向漫画的范

《蓝宝石王子》，它被公认为是第一部少女漫画，其造型特征和叙述方式后来也成为少女漫画的通用基础，如眼珠子“一个大黑丸，里面还有星星。眼睛往上吊，细细的；有刘海儿，脸长长的、平平的”，手冢治虫认为这种造型是日本女性向往的类型

畴。1994年，日本光荣公司推出第一款女性向游戏《安琪莉可》，成功调动了女性玩家的游戏热情，后来又发展出“乙女游戏”和“BL游戏”两大脉络。随着女性市场的壮大和固定化，女性向逐渐成为日本ACGN文化产业的重要分类标签之一，后来逐渐进入大众语境，用作更为广泛的商品分类。除此之外，还有“男性向”（面向男性的）、“子供向”（面向儿童的）等分类标签。

20世纪末，日本ACGN文化进入中国，女性向分类标签也随之引入。除了日本ACGN作品的汉化版，后来出现的中文原创作品也开始采用这种分类。中文的女性向漫画与日本相似，也细分为少女漫画和耽美漫画；女性向游戏则以逆后宫式的恋爱游戏为主，也包括诸如《暖暖环游世界》这样的换装游戏。中文动画则很少采用女性向标签，从当前的产业发展状况来看，这些动画作品大多数可以算作子供向，暂时没有作更进一步的细分。

“女性向”这个词与网络文学结合后，出现了女性向网络文学的分类方法，指针对女性读者创作的网络小说，主要类型有言情、耽美、同人等。女性向的作者群体虽然以女性为主，也不排除少量的男性作者。

在网络文学内部，性别差异是划分阅读趣味和阅读平台的重要标准，女性向的出现，也反身定义了男性向。这种区分方式蕴含着商业化的消费主义逻辑，是商业文学网站定位目标群体的重要参考。有些网站选择其中一方进行重点培养，如晋江文学城、红袖添香小说网、潇湘书院、云起书城等最具代表性的女性向网站，其女性用户占绝大多数。也有将二者分开培养的，在网站内部分化出“男生频道”和“女生频道”，如起点中文网分化出的起点女生网。因此，比起“男性向”和“女性向”，“男频”和“女频”是网文圈内更为通行的分类说法，从

目前国内最大的网络文学业务平台阅文集团，其旗下的网络文学网站既有男频的代表网站起点中文网和创世中文网，也有女频的代表网站起点女生网、红袖添香、潇湘书院和言情小说吧，以及其他综合平台

性别上划分出文学网站商业版图的两大阵营。

当代中国的女性读者，接受的是与男性相同的教育和阅读训练，因此许多男性向作品也拥有大量的女性读者。如南派三叔的《盗墓笔记》和蝴蝶蓝的《全职高手》，都是男频文成为女性向热门作品的典型例子，作者甚至会因此在作品中加入一些服务于女性读者的元素。但极少有女性向作品能受到男性读者的关注，因此也可以说“男频的也是女频的，女频的还是女频的”。

女性向的区分法，在女频网站的商业逻辑之外，还产生了一种蕴含着女性主义性别革命精神的追求和趋势，在这种语境中，“女性向”无法简单地用“女频”替代。网络平台的低门槛设置，使千千万万的女性作者得到了群体性话语表达的机会，而网络媒介的隐秘性和区隔性，又起到了很好的隔离作用。在男性世界里一直努力扮演符合男权中心的审美标准和价值判断的“好女人”的中国女性，长久以来不被认可、不被允许的欲望想象和对另类可能性的追寻，终于找到了一个疏解和释放的空间。因此，这种女性向书写所投射的，是只从女性自身出发的欲望和诉求，不仅不需要考虑大众和男性对文学的审美趣味和价值标准，甚至就是要打破刻板印象，对这些固有想象进行反叛和颠覆。正是网络的出现，使女性终于有了一个自己的公共空间，可以不再顾忌男人的眼色，关起门来YY（“意淫”的拼音首字母合写，在网络语境中泛指一切超越现实的幻想，参见第四单元“YY”词条），以爽为目的，释放欲望、疏解焦虑、自我疗愈。另外，在网络的公共空间中，网络一代的女性还同时进行着“网络女性主义”的实践，实时针对在网络上传播的一桩桩具体的性别歧视事件或女性的生存困境（如婚姻问题、财产问题等）迅速发表看法，并形成一定规模的深度讨论，以造成指向现实的舆论影响力。这种实践与女性向的网络文学共同改变着新一代中国女性的性别意识。

在这样的界定下，女性向网络小说与传统女性言情的书写模式之间，存在大面积的过渡阶段、灰色地带。女作者在写作时，如果还想着“男读者能不能接受、会不会喜欢”而不敢冒犯男权中心的条条框框，止步于陈旧的性别想象，其作品则很难被看作是女性向的。相对而言，最具性别革命意义的女尊和耽美往往包含着最激进的女性向趋势，而“霸道总裁爱上我”模式就要相对保守一些。一些作者也能在看似传统的类型、题材创作中，进行革命性鲜明的女性主义实验。

例句：

- 男生一般不看**女性向**小说，但是很多女生爱看**男性向**小说呢！
- 天呐，男朋友昨天看了我手机里的**女频**小说，居然很感兴趣的样子……现在问题来了，他让我给他推荐看文的网站，我应该推起点还是晋江？
- 《全职高手》完全可以算作是**女性向**嘛，不管蝴蝶蓝（作者）承不承认。
- 这篇**女频**文怎么这么直男癌啊，我拒绝说它是**女性向**！

耽美

耽美/BL/Slash

耽美/BL/Slash三个词分别指代中文、日语和英语中相似的文学和文化现象。这三个词都代表女性作者写作的、以女性读者为预设接受群体的、以女性欲望为导向的、主要关于男性同性之间的爱情或情色故事，一般在流行文化领域内流通。三种写作和文化传统有显著区别，但也存在相关之处。三种传统都包括了文学写作、图画、广播剧、视频等很多种业余或商业作品。

“耽美”一词在中文中所指涉的内容，即女性向的男性同性爱情故事，在日语中表达相同意义的词花样繁多，主要有“yaoi”“BL”（日式英语“Boys Love”的缩写，Boys Love语法正确的形式应为Boys’ Love，但在日本前者是更常见的写法）“JUNE”“少年爱”等。这几个词所指文本互有差别。在日本，最早出现的一个词是“少年爱”，这个词在广义上指美少年之爱，即世界范围内前现代时期年长男性与年轻美貌少年之间的爱与性。在少女漫画的狭义场合下，指20世纪70年代中期开

“少年爱”漫画的代表作《风与木之诗》,20世纪90年代传入中国后得到广泛接受,被部分中国读者追认作第一部耽美漫画。

始的一种描写美少年之间情感的漫画作品，代表人物为“花之二十四年组”（几位都在70年代出道的漫画家，因为她们都生于1949年，即日本昭和二十四年左右，因此称为二十四年组）的萩尾望都（代表作《托马的心脏》）和竹宫惠子（代表作《风与木之诗》）等。

《JUNE》是20世纪70年代到80年代专门登载此类漫画的一本少女漫画杂志，因此也用作类型代称。BL一般定义为20世纪80、90年代以后商业化的该类漫画和小说作品，区别于更早的少年爱作品，注重快乐的大团圆结局，开始高度符号化和程式化的商业类型写作。而yaoi是个来自同人圈的词，最早被用来游戏性地称呼带有男性同性情色内容的戏仿二次创作。yaoi这个词语是三个词组的首音节缩写：やまなし，おちなし、意味なし（yama nashi，ochi nashi，imi nashi），意思是“无高潮，无结局，无意义”，用以描述没有故事情节发展、专门画情色内容的同人。yaoi在日语中一般用片假名写作ヤオイ，有时候用日语数字的谐音写作801。日本研究者普遍认为作为同人的yaoi晚于少年爱，在20世纪80年代才出现。但后来在日常使用中，yaoi的外延越来越广，渐渐被用于指称所有带有男性同性恋爱内容的女性向作品，不论同人还是原创，小说还是漫画。yaoi

和BL是日本该类作品最常见的总括名称，其中yaoi是日本本土用得最多的，而在海外，BL的知名度更高一些。相较中文圈的耽美和欧美的Slash，日本的yaoi文化商业化得最为彻底。虽然业余且非营利的yaoi同人作品仍然存在，但原创的yaoi，从漫画到小说到动画、广播剧和游戏，已经形成了完备的产业链和销售市场。

Slash一词源自美国粉丝圈，指斜线符号“/”，在英文同人圈用于连接两个人名表示二者间的（同性）恋人关系。这种写法早先多用于同性情侣，现在也用于异性情侣。“Slash Fiction”指运用流行文本中的角色二次创作的女性向同性恋爱故事。Slash最早来自美国20世纪70年代的科幻影视同人圈。20世纪60年代的电视剧《星际迷航：原初》是最重要的同人作品来源，Slash这个词正来源于描述剧中两个男主角柯克舰长和斯波克之间可能的同性爱情关系的写作，Kirk/Spock（柯克/斯波克），简写为K/S。同时期也有其他的同人圈和耽美同人配对，但都不及K/S影响深远。如今Slash涉及的范围则从少量美国科幻和间谍相关作品，扩大到几乎包罗万象。

中文的“耽美”一词源出英文词Aestheticism的日语译名，即19世纪末20世纪初流行于欧洲文坛的唯美主义文学。因为

《星际迷航：原初》剧照，柯克舰长由威廉·夏特纳扮演，斯波克由伦纳德·尼莫伊扮演

70年代日本叙写男性少年间爱情的漫画追求唯美风格，这个词曾短期被日本出版商用于指代如今一般称作BL的类型。“耽美”一词在日语中严格说来和这个类型关系不大，但却成了这个文类从日语进入中文后最常用的文类名称。日本本土的唯美主义写作确实有时会写到“美少年之爱”，但唯美化的同性之爱并非唯美主义写作的唯一表达。在日本提到“耽美”，一般指的是比yaoi或BL更趋主流和高雅的文学写作，耽美圈中常

用的例子是常写年长男性与美少年之间爱情的日本女作家森茉莉。如今中文语境的“耽美”，其同样义项在日语中已经非常罕见了。

耽美文化最早传到中国的台湾和香港，20世纪末有大量带有同性暧昧因素的非耽美动画、漫画和小说以及耽美漫画和动画以地下渠道的形式从中国台湾传入大陆。其中一部结局悲惨的带有虐恋情节的漫画尾崎南的《绝爱1989》，是影响了一代中国同人女审美和叙事的名作。

中文的耽美创作一开始就以网络为基地，早期的中国大陆耽美网站上多有台湾地区和日本的耽美作品转载，之后大陆自己的原创才渐渐跟上脚步。最早一批耽美网站以同人为主，但较大的同人网站（例如桑桑学院）起初并不会区分同人中的耽美和良识（即“正常向”异性恋或无明显恋爱内容），但这些同人网站耽美同人的比例极高，以至于造成耽美和同人二词在使用上的混淆。21世纪最初几年，有数不胜数的耽美小论坛分散于“乐趣园”“西陆”等社区网站，多以专门的人物配对、作品和作者为核心。需要注册考核的“露西弗俱乐部”是世纪之交最重要的耽美论坛之一，有极强精英色彩。另一个论坛“玻璃乌托邦”，最早是日系BL爱好者建立的耽美论坛，也曾相当有影响力。相比而言，“晋江原创网”（2010年更名“晋江文学城”）虽然比这些论坛起步稍晚，但很快便成为中文网络上最著名的女性向文学网站和最重要的耽美写作集散地。在2014年的“净网”行动中，“晋江文学城”的耽美和同人版块改名为“纯爱”和“衍生”，不仅隐匿了耽美的关键词，还强调了耽美对主流经典文学价值的重视。现在耽美的创作平台更加多元，“晋江”等较为公开的网站被整顿之后，很多耽美作者转移到私密论坛或文库上发布作品，“Lofter（网易轻博客乐乎）”等博客平台也意外地成为耽美同人的发布平台。

英语文化圈中的Slash和日本的yaoi、中国的耽美最主要的区别在于Slash严格指一种同人写作，而yaoi和耽美都同时包括同人写作和原创故事。英语中原不存在“原创耽美”的对应物，如今有人开始仿照日本BL小说的类型创作英文的BL小说，完全照搬日本BL写作的套路和程式。当然，这也许是因为美国的大众文化里已经存在类似女性写作的男性同性恋爱故事，但并不会单列为一种类型的缘故。例如玛丽·瑞瑙特的“亚历山大三部曲”，就是著名的受到主流承认的描写男性同性爱情的小说，但这三部小说在主流市场上一般被归类于历史小说。

Slash和yaoi以及耽美的第二个区别在于Slash指同性之间的

配对，而不特指男性之间的配对。女性角色配对的同人在英文中也叫Slash，有时候为了区分，写成Fem-Slash。而yaoi和耽美严格都指男性同性之间爱情故事。女性同性之间的爱情故事在日本和中国被称为“百合”或GL（Girls' Love，参见本单元“百合”词条）。

第三个区别是Slash不存在严格的攻受区分，尤其缺乏yaoi写作传统中已经极其系统化的攻受文化符号体系，因此在写作中较少受到角色扮演的限制。但这并不表示英语的Slash中双方的关系比yaoi中更加平等——Slash只是没有一套定型的符号系统，然而平等往往并不是由这套系统定义的，最终决定的力量还是来自用符号写作的作者。

严格说来Slash Fiction和yaoi在风格来源题材上都有细微的差别，在英语国家和日本语境中这两个词很少对译。中国耽美写作的主要影响来源是日本，却和日本有细节上的不同，而欧美同人写作对中国同人圈的影响不仅晚近而且一直呈支流状态。但在中文语境中，中国的耽美文类同时受两者的影响，而自我也有独特的新发展。因此中文的“耽美”、日语的“yaoi”和英语的“Slash”，三者间在多大程度上可以画等号很值得再商榷。

如今耽美在中文网络上已经非常显赫，而且也不再完全不可出版，但仍然处在边缘状态。耽美写作在不断进入大众主流视野的同时，也在不断被蚕食写作成果和文化产品，例如，很多耽美小说都必须将恋爱双方的一方变成女性才能得到主流文字的传播。

例句：

- 一入**耽美**深似海，从此**良识**是路人。
- 中文同人圈里“**Slash**”的意思变化很有意思，先是专门指欧美作品的**耽美**同人，现在出来一个国产圈，论坛名里也带了个**Slash**……不过我觉得啊，先别把攻受次序看得跟命一样重要再叫**Slash**比较好。
- 现在日本的**BL**漫画和小说大部分都是大团圆结局了，跟十几年前流行的风格很不一样。
- **耽美**小说如果要寻求出版常常要把同性恋爱戏份砍了，似乎这样就变成“纯爱”了。

腐

腐女/腐向/卖腐

“腐女”一词来自日语，指对耽美文化有特别爱好的女性。

日文中的“腐女”写作“腐女子”（ふじょし，fujoshi），和“妇女”（婦女子，ふじょし，fujoshi）读音一模一样，是日语中常见的谐音游戏。和中文中的“腐”一样，日语中的“腐”有“腐坏”和“不可救药”的意思，这个称呼是腐女群体自嘲性质的玩笑，主要在社群内部使用。在日本，外界人士直接管别人叫腐女，有时会被认作不礼貌的行为。

“腐女子”开始以现在的意义使用，始于2000年后在日本网络论坛“2 channel”（第二频道，又缩写为2CH）上。2004年的网络小说《电车男》风靡一时之后，小说中叙及的腐女及其文化开始大规模进入主流媒体视野。此后相关媒体报道多了起来，包括动画和电视剧在内的主流作品也开始表现这个群体的生活。于是在日本，“腐女子”成为和“宅男”相对的称呼。当这样应用的时候，“腐女”一词也覆盖了女性御宅族、“宅女”

的群体。在中文早期同人圈，“同人女”相对应的称呼是“良识男”。随着日本渐渐将腐女视作御宅族的女性，宅男和腐女的对举和对立关系也被带入了中文语境。但中文中“腐女”和“女性御宅族”较少混为一谈。

网友制作的“腐女子生态图”

主流媒体对腐女普遍存在的一些刻板印象，常常与“干物女”等粗暴归纳出来的宅女形象混为一谈，带有许多贬义性质的偏见。近年来耽美文化越来越多地进入中国大众的视野，网民对腐女的误解也随之消减。

在中文同人圈中，对于喜爱耽美的女性，早先称呼为“同人女”。另一个称呼“耽美娘”则被认为是“同人女”的高级进阶形式。这是由于最早中文的耽美写作是从同人开始的，且同人写作中耽美所占比例相当大，因此喜欢同人的女性往往喜欢耽美。“同人女”的这个用法常导致两种误解，一是认为同人全都是耽美同人，二是“同人”的“同”会被误解为“同志”“同性恋”的意思——虽然两者毫无关系。所以“腐女”一词渐渐取代了“同人女”成为群体性身份的称呼。

和御宅族身份类似，腐女的身份是一种地下身份，一般不会轻易拿出来和非本社群的人交流，内部通用一套非常复杂的社群“方言”。腐女一般对社群有着极强的归属感和身份认同。在中国耽美文化的早期阶段，很多同人女以归属于这个对同性恋更加宽容且更加国际化的群体而感到自豪，耽美论坛“露西弗俱乐部”流传着“同人女有义务比别人更有文化”的口号。这种自诩的精英性质使得早期耽美写作有一种明显的追求完美的趋势。

一般认为耽美是一种纯粹女性向的文类。虽然也有男性喜爱并阅读耽美，但是总体来说，女性审美和身份统御着这类写作的外观，社群中少量的男性也往往会以女性的假名和身份在网络上活动。喜爱耽美的男性以前被称作“同人男”，最近也称作“腐男”。早先有说法认为腐男的性取向都不是传统异性恋，但事实上和腐女一样，腐男的性取向并不单一，异性恋、同性恋和其他性取向的人士都存在。

随着“腐女”一词的流行，“腐”成为“耽美”的近义词，并由此衍生出许多派生词。“腐向”和“女性向”的构词方式一致，原词在日语作“腐向け”，是“面向腐女”的意思，即作品中含有男男恋情的内容。这个词多出现在日语二次元网站（如图片网站pixiv和视频网站niconico）的标签中，表示作品内容属性，并也随之进入中文语境，成为中文网站的常用标签。“腐”指代男男恋情时，并不具备“耽美”的严肃唯美的指涉，因此更加中性随意，并微带自我贬抑以自嘲和防御的意义。腐女通常作为一个社群身份或者个人身份使用。但是“腐”也可以单作为形容词使用，形容某种情节非常像男男恋情，或者形容某人的思维特别善于联想这类情节。在某些特殊语境中，腐也可以作为动词使用，指创作男男恋情故事的行为。

有一个特殊的衍生词语“卖腐”，对应英文词语为Queerbaiting，描述在腐女文化、CP文化流行的背景下，利用耽美写作和配CP的惯例和套路，表现基情以吸引腐女观众，创造关注度的行为。这些行为的实施者可能是电视剧、电影、动漫等媒体作品的创作者，也可能是明星偶像等名人，有时也可能是生活中的朋友。然而在卖腐的同时，几乎没有卖腐的人会承认其暗示的同性情愫有落到实处的可能。例如在某些电视剧中，会出现两个男主角像关系未挑明的情侣一样行事（如互相凝视，肢体上看似自然却略有躲闪的碰触，说一些暧昧的类似示爱的言语等），但这些角色从不会真正出柜，有的会和异性结婚生子。

例句：

- 我是资深**腐女**，看**耽美**已经有十几年历史了。
- 《神探夏洛克》实在是太**腐**了！全剧所有人都在对他们俩高声喊着：“你们快去结婚吧！”**卖腐**卖得有点厉害啊。
- **腐**眼看人基，从我**腐女**的角度看来，这两个人物就是完美的相爱相杀关系。

- “**腐向**同人”就是“**耽美**同人”嘛，一个意思。
- 直男**卖腐**什么的，最讨厌了，摆明了就是想骗**腐女**的钱和注意力。

攻受

攻和受是耽美文学中对恋爱双方之间的角色划分，主动方为攻，被动方为受。在日本yaoi文化影响下的耽美写作中，攻和受并不代表双方之间的权力等级，也不是单纯地将同性爱情进行异性恋想象，而是通过不断的创作和流传，所形成的极为复杂的符号和表征系统。

攻和受这两个词都来自日语，分别写作攻め（读作seme）和受け（读作uke），原意即进攻方和接受方。很多研究日本yaoi文化的学者都认为攻和受的区分是yaoi文化中最重要的特点，直接区分于其他同性情色写作。还有学者认为，攻和受作为一种符号系统的区分是在yaoi同人开始大规模兴起时才出现的——即在20世纪80年代——晚于“少年爱”漫画。他们认为，yaoi同人将原文本中并非同性恋情关系的两个人解读为一对，并分别赋予攻和受的身份的时候，才出现了越来越详细的系统性解读方式。

攻和受的区分和现实生活中的男性同性恋经验很少有事实上的联系，主要仍是女性想象中的男性之间的关系。不管是攻受两个角色的区分，还是对于性爱的具有象征意味的极度重视，都不是男性同性恋生活中必然存在的事实，更多是yaoi类型的要求。有关攻与受的形象有一些较传统的模式化特征：攻身材高大，皮肤黝黑，性格外向主动，长相更加阳刚，年长，有保护欲；受则长相纤秀柔美，皮肤白皙，身材较瘦小，性格内敛，年轻。这些刻板印象不仅出现在文字描写和表现中，也同样出现在漫画、动画的图像表现中。在视听相关的媒体作品和改编中，一般给攻配音的声优会找声音浑厚有力的，而配受的则更常见声音清脆如少年的。这种模式化的形象当然不能涵盖全部情况，还存在大量和这些刻板印象完全不同的形象和模式，但是整体而言，攻和受分别代表着一系列形象和行为特征，这些模式化特征导致腐女会在非耽美阅读写作的场合中，也用这套特征来从形象或者行为判别“攻”和“受”的属性。

这套系统的规定非常严格，因此在社群中，耽美文本中攻受身份的理解表达和情节以及人物形象息息相关。在东亚的耽美爱好者粉丝圈中，攻受区分被贯彻执行得非常彻底，比如说一个配对写作AB，意为“A是攻，B是受”；而写作BA，则意

在日本BL漫画家中村春菊的作品中，所有的攻都是高个子、长眼、方下巴，而所有的受都是矮个子、圆眼、尖下巴，按照下巴的形状就完全可以判别人物在故事中是攻还是受，因此被读者戏称为“下巴分攻受”

为“B是攻，A是受”；还有写作ABA的，意为“A和B没有明显的攻受区分”，也可以写作“AB无差”。这三种写法本质上是三个完全不同的配对，因为攻和受的区分代表了不同的写作规则和套路。在耽美圈中，AB和BA互为逆CP，A和B分别与其他人的配对属于AB的拆CP。耽美圈中的礼仪规定同人文必须标明CP，以防不喜欢这个CP的粉丝感觉受到冒犯，而无论是原创还是同人，耽美写作中出现“逆CP”和“拆CP”都必须在章前给出警告。同人圈中甚至存在不少人认为“CP可拆不可逆”，可见攻受角色对于耽美整体认知的重要影响。

有些学者和媒体文章倾向于将“攻”理解为同性恋情侣中男性化的一方，“受”则是女性化的一方。这种说法虽常见，但极有误导性，因为本质上攻和受的性质和表现可以在双方间自由流动交换；除了攻和受在性关系中的角色之外，其他属性更类似数据库式的拼贴组合，与攻受角色并没有本质联系。这种自由流动组合使得爱情和男性性向（Sexuality）的表达获得了空前的多样性。诚然有“霸道攻”和“温柔受”的存在，但也有“忠犬攻”和“女王受”；既然有“腹黑攻”和“天然受”，自然也就有“木讷攻”和“诱受”。有趣的是，由于日语对尊卑秩序极度敏感，因此即使攻受双方的地位基本是平等的，仍然会有些许年龄、年资等差异，而这就会导致称呼上的变化。这种无法避免的尊卑秩序反而为攻和受的关系提供了更多游戏的可能性，出现了“年下攻”（即攻比受的年纪小，所以主动方一直会对被动方说敬语）等特殊的攻受模式。

英语同人圈中的Slash Fiction中没有严格的攻受区分，但很多文章的描写中也存在类似的将恋爱中双方套入各种刻板印象和套路中的做法，也有默认将双方分为主动者和被动者的倾向，由于理解不同，也会因此产生粉丝内部的争吵。由此也可以说明，攻受系统的存在与角色套路类型写作并无必然联系。

中国的耽美文化受到了日本yaoi文化直接影响，因此也有同样一套严格的符号系统来规定攻受。这使得在日语和英语语境下分得非常清晰的Slash和yaoi在中国语境中合流了。很多中国腐女会误认为Slash的斜线符号“/”前后代表攻受，但在英语同人圈的实际操作中并没有这个规定。

除了表达两个人物之间的关系，攻和受也用于描述一群人中相对性格的差异。总攻和总受的说法通常用于人物较多的作品。在作品粉丝圈的各种CP中，经常有一个特别强势，在所有和他/她相关的CP中都处在攻这个位置上的人物，称为“总攻”，反之，称为“总受”。

例句：

- “**强攻**”的反义词是什么？如果你的第一反应不是“智取”而

是“**弱受**”的话，恭喜你，你一定是一个腐女啦！

- 你萌“清北”还是“北清”？我觉得还是北大比较**攻**，**元气攻**对**书呆子受**配对美极了。
- 我特别喜欢日本声优井上和彦的声音，很温柔，但是很**攻**！
- “爱他就要让他当**受**”嘛！很多喜欢**受**的都是亲妈粉。

CP

CP是Coupling（配对）的简写（另有说法是Character Pairing的简写），在日语中写作カップリング（读作kappuringu），或简称カプ（kapu），泛指读者将虚构故事中人物配对的行为。在网络的通俗用法中，很多人将“CP”理解为“Couple”（意为一对、配偶），但事实上，这个词强调的是观众/读者将人物配对的行为和过程；CP本身描述的不一定是客观现实，且必然带有观众的主观观点和解读。

通常，配对双方会被解释成情侣，有恋爱关系。这对情侣的爱情或在原文本中有具体明确的描述，或有暗示，或字面上没有明确提及，但二人相处方式很符合情侣的感觉。但CP有时候也指一种暧昧的、界限不清晰的羁绊和情谊（即基情），可能包含友情或爱情，或在两者之间。CP也可以描述不是两人互动的感情，即单方面的暗恋。这个概念最早在漫画的耽美同人圈中专门用于男性同性配对，后来渐渐扩展开来，现在也用于异性恋配对和女性同性配对；应用范围也从日本二次元文化扩展到其他媒体和文学作品，甚至扩展到真实世界的人身上。一般认为真人CP其实是一种真人同人，即将真实名人在媒体上的发言和行为作为原文本展开衍生和想象。所以说真人CP所牵涉的双方并不需要是情侣或者有暧昧关系，萌CP的人一般将CP作为想象内容看待，并不会由于真人的爱情和婚姻生活有违CP而有破灭之感。

CP这个词是日语中使用的英语外来词，英语同人圈不使用这个词，而用它的近义词Shipping。Ship来自Relationship（关系），指女性向同人作品中将两个人物写在一起表现他们之间人物关系的行为。除了两个人物配对以外，还有三人或三人以上的配对。

如今在网络同人创作中，主要人物配对也是同人重要的分类标准之一。对同一个媒体作品的爱好者来说，喜爱的人物配对也部分决定了粉丝在社群中的立场。一个粉丝的本命CP决定了这个粉丝在同人圈内阅读、写作和结交他人的出发点，很多时候粉丝喜爱一部作品只是因为喜欢其中的一对CP。

CP的划分范畴主要有同性/异性、CP包含的人物以及CP的攻受关系等。同性或者异性决定了BL向或GL向和BG向（即

Boy&Girl，也称为“正常向”）作者/读者的区别，CP包含的人物区别了对同一部作品中感兴趣的人物的差别，而CP的攻受关系则表现了对人物的不同解读。因为对CP的解读直接决定了对人物的解读，所以出现拆CP和逆CP的状况时，往往是双方对人物性格和行为理解产生了分歧，即双方的兴趣不能良好相容。这种情况下有时会在消费解读原作的时候造成双方的矛盾冲突，并产生“对家”的说法。“对家”并不一定互为逆CP，通常指敌对关系特别明显，且一般势力旗鼓相当的同一个粉丝圈中的不同分支圈子，但拆、逆CP导致的“对家”尤其多且典型。

CP的写法在中文同人圈一般有下列几种写法。以《七侠五义》中展昭与白玉堂的配对为例，因二人的绰号分别为“御猫”与“锦毛鼠”，故把CP简写为“猫鼠”或者“鼠猫”。另一种写法是在两人名字中间加上“×”，写作“展昭×白玉堂”或者“白玉堂×展昭”。这两种写法人物名字顺序表示攻受，放在前面的名字是攻，后面的是受，绝对不能反过来写。表示两人之间关系并未坐实为恋爱感情的，有时会将名字之间的“×”改成“+”，如“展昭+白玉堂”。

在英语名字的场合下，中文同人圈和英文里略有区别，表现为中文对攻受更加敏感。以《福尔摩斯探案》中的福尔摩斯和华生为例，他们的CP除了和中文名字一样处理以外，还可以用名字的首字母写作HW或者WH，字母先后表示攻受顺序。若是遵从英语同人圈惯例，则可写作Holmes/Watson（福尔摩斯/华生），在中文同人圈需要声明斜线是否代表攻受。英文同人圈的另一种做法是将CP双方的名字缩写成一个词，比如将Sherlock（夏洛克）和John（约翰）缩写成Johnlock，在中文同人圈中也有应用。这种情况下两者没有攻受区分。

CP细化后，还有在CP名称后加上“无差”以表示攻受顺序没有清楚表达出来的，加“互攻”则表示双方都可以为攻。如果配对不止两个人，可以在两个人物之后继续加“×”或“/”，表示多人配对关系。这种时候也要遵循攻受关系，将总受写在最后一个。

配CP的行为不仅出现在最常见的同人文写作中，也同样出现在同人画和同人视频剪辑中，在网络时代，PhotoShop也是常见的服务CP文化的重要手段。

CP一词用法并不复杂。在网络实际应用中有时候会转写成音相近的汉字写法“西皮”。通常这个词只做名词用，有时做动词用，即“配CP”的意思。衍生用法还有“CP感”，即描述人物之间互动的关系让人觉得他们可以配成CP。在二次元社群中，也多有人将和自己互相关系都特别好的朋友称为自己的CP。这种将所喜爱人物之间的感情转化为粉丝之间感情，在圈子中展现女性间羁绊的情况屡见不鲜。

例句：

- 你不觉得《琅琊榜》里的男主和女主根本没有CP感吗？女主中间掉线十几集之多啊！反而男主和男二CP感好强啊，男二简直是错拿了女主的剧本！
- 三国里你萌哪个CP？我萌策瑜，就是孙策和周瑜。我不接受任何丞相相关的CP！尤其是玄亮（刘备和诸葛亮）！
- 我萌CP的原则是可逆不可拆。
- 我家CP跟我一样喜欢《三国无双》诶，喜欢的CP倒跟我是对家……我喜欢策瑜，她喜欢权瑜（孙权和周瑜）。

基

基/搅基/基友/基情

“基”一词是粤语对“Gay”（同性恋，男性同性恋者）这一英语词的音译，是一个俗语词。和这个词同义的“基佬”说法则有明显贬义。“Gay”一词于19世纪开始在英文中使用，20世纪逐渐取代“Homosexual”（同性恋者）等医学词语成为大众场合对同性恋人群的指代。这个词在英文中如今可泛指所有同性恋人群，但作为其音译，“基”和“基佬”在中文中现在仍然特指男性同性恋者。由于中文中缺乏“Gay”这样的非医学词语以指称同性恋人群，所以“同志”和“基”这样的词语就被内地人士从香港借用来（“同志”一词最早于1988年被香港同性恋人群用以指代自身，后渐为内地广泛应用）。比之“同志”这类如今在同性恋人群中较为严肃正式，但在内地仍有相当歧义的词，“基”的使用更加随便，但往往显得不够尊重。“基”进入内地的途径主要有香港电影和香港漫画等渠道，港漫这一渠道对于此词在二次元人群中的流行尤为重要。

“搅基”或称“搞基”，是“基”的衍生用法，指的是同性恋男性人群参与的性活动。该说法也较为粗俗随便，不够尊重。但随着“基友”一词的兴起，“搅基”的意义也产生变迁，现在指的是志同道合的朋友们聚在一起从事喜爱的活动。“面基”一词也来自相似的语源。

“基友”是一个较新的词，大概2011年左右才开始大规模使用，最早应为“基”和“基佬”的引申用法，指代男同性恋者之间的关系，但很快被网络群体重新定义，并经历了从“关系暧昧的同性友人”，“一起萌二次元等小众爱好的友人”，再到“志同道合爱好相近的朋友”的语义变迁，以至于最近被更广泛的人群用于指称特别好的朋友。由于“基友”中“基”的男性意义，该词有花样繁复的衍生词，如“姬友”，用于女性友人之间。值得注意的是，虽然对于同样的友人我们可以用“哥们儿”“好友”“死党”“闺密”等许多较为传统的方式称呼，但是一旦我们称他们为“基友”，就自然带上了一些暧昧的情感意味。也就是说，基友之间都有“基情”，并不是所有友人都可以称作基友。应用在描述文学和媒体作品中的虚拟人物的关系时，也遵循同样的规则。

“基情”一词并没有特别严格的定义，但一般用于指称一种高于友情，未及恋情的同性羁绊，介于两者之间，含糊暧昧。在这个意义上“基情”和英语中如今风行的新词“Bromance”完美对应。按照伊芙·塞吉维克在《男人之间》中提出的“同性社交”理论，同性之间的关系从友情到同性恋情之间有一段连续的区间。在西方近代文化中，对于男性，这个连续区间中存在明显的区隔，在普通的男性同性社交和男性同性恋之间有一道不可逾越的高墙。因此，在英语文学中描述男性同性情谊的作品中，都存在这种对同性友情和同性恋情之间的区隔。如今“基情”这个词的出现，便是试图在男性友情和爱情之间建立一块连续的定义模糊的区间，而身处其中的人以及观众便可以随意解读这种情谊，看它究竟更像普通社交还是排他的爱情。[1]

无论中外，如今的媒体作品都已惯于在“基情”的表现上打擦边球。很多所谓“卖腐”的作品，其实都是以模糊同性人物之间感情的属性来获得腐女对人物配对的青睐和解读的乐趣。这也是因为当代社会对于人的性取向定义不再非此即彼，而允许更多表达空间。但同时，也有很多人认为“基情”本身就是异性恋属性，只有异性恋的同性之间、友情以上的感情才

1 可参见Jenkins, Henry. *Textual Poachers: Television Fans & Participatory Culture*（New York: Routledge, 2012），第六章中对耽美同人的解读。

能叫“基情”，这里不采用此观点。

例句：

- 《蝙蝠侠大战超人》这部电影拍得真是**基情**四溢，里面两个男主人公的互动里那满满的暧昧哟！
- 这个太太是我的好**基友**，我们是一起萌楼诚的时候认识的，萌点雷点各种相似，感情深厚堪比剧中的楼诚！不过我们三次元里并没有见过，不能算是死党。
- 什么时候去漫展啊？最近三次元各种伐开心，需要跟好**基友**们**搅搅基**回一下蓝。
- 其实这个人物在原来的故事中不能算严格的**基佬**，他只是和不少同性人物都有深厚的**基情**罢了。

百合

百合/GL/拉拉/蕾丝边

百合、GL、拉拉、蕾丝边都是用于指称女性之间亲密关系的流行语，但彼此存在微妙的差异。百合与GL流行于二次元文化，前者更偏重于精神恋爱或者情感羁绊，而GL更侧重于肉体情欲，拉拉和蕾丝边则是指涉现实生活中的女同性恋。

以“百合”一词来指称女性之间的亲密关系的用法，起源于20世纪70年代的日本。1971年，日本历史上第一份面向同性恋者的商业性杂志《蔷薇族》创刊，这份刊物以男同性恋文化为主要内容，用“红蔷薇”这个意象来比喻男同性恋。1976年，在杂志的创办人暨主编伊藤文学的提议下，《蔷薇族》开辟了一个征集女性读者投稿的专栏，为了与红蔷薇做对比，伊藤文学选用白百合作为指涉女同性恋的意象，将这个栏目命名为《百合族的房间》。1980年，一份以女同性恋者作为核心目标读者的杂志《ALLAN》创刊，这份自我定位为“为了少女的耽美派杂志”专门设立了一个《百合通信》栏目，为女同性恋者征求恋爱对象。从20世纪80年代开始，以“百合”来指称女同性恋的做法逐渐获得广泛的接受。

另一方面，在日本的文艺界，本就存在着不少描绘少女之间的“S”关系的“S小说”（エス小说），如吉屋信子的《花物语》、川端康成的《少女的港湾》等。这里的“S”，是Sister（姐妹）或者Sisterhood（姐妹关系）的首字母，指的是日本女校的女学生在重视精神结合的基础上产生的特别亲密的关系。这些“S”小说会被回溯性地指认为“百合”文艺的源头，而在日本的ACGN文化中，也逐渐形成了一条继承和发展“S”精神的文本脉络，这些描绘少女之间亲密情谊的ACGN与明确的女同性恋题材ACGN都被称作“百合系作品”。

日本的百合系作品经由互联网络传播到世界各地，在华语地区也培育了一批热衷于百合题材、百合CP的人群，他们自称为“百合党”“百合控”。这些华语地区的百合控大致从2003年开始逐渐形成趣缘社群，在网络空间建立了各种虚拟社区。在这些社群的成立初期，最具影响力的百合系作品当属由今野绪雪的轻小说《玛利亚的凝望》（也被翻译为《圣母在上》）改编的同名动画，这部描写女子学校高中生之间细腻的情感互动的作品，也因此深刻地影响了华语地区百合控对“百合”概念的理解。中国的许多百合控以《玛利亚的凝望》及同时期类似作品为基准，回溯性地追认旧有作品的“百合属性”，将《美少女战士》《少女革命》等指向少女情谊与暧昧关系的作品认定为“百合经典”，而女同性恋题材的作品则相对较少受到关注。

因此，在华语地区的网络趣缘社群中，“百合”与“GL”“拉拉”“蕾丝边”等社会流行语形成了一种看似同义，实则又存在微妙差异的关系。“GL”是由“BL”衍生而来的词语，相对而言，更偏重于女性之间的情欲和肉体关系，带有更多的情色意味；“百合”则更偏重于精神恋爱，或是指涉一种“友情以上、恋人未满”的暧昧状态。“拉拉”“蕾丝边”则是由表示女同性恋的英文单词“Lesbian”衍生而来的概念，“蕾丝边”是“Lesbian”的音译，“拉拉”则来自台湾作家邱妙津的女同性恋题材小说《鳄鱼手记》对“Lesbian”一词的本土化翻译。这两个概念都联系着现实的性别议题，尤其是“拉拉”，在中国的不少女性主义者的理论建构与社会实践中，不仅包括女同性恋（Lesbian），而且还包括女双性恋（Bisexual）、跨性别（Transgender）、间性人（Intersex），呈现出认同女性权益的性少数群体的多元联结。而“百合”与“GL”则是源自二次元文化的用语，对于严格区分这些概念的“二次元宅”来说，

ACGN中的“百合”带有想象性与虚拟性的特征，与三次元的女同性恋之间横亘着某种“次元壁”。

但是，也有很多人在相当宽泛的意义上使用“百合”这个词语，对于他们来说，“百合”这个概念不仅包含上述这种狭义的“百合”，还可以涵盖强调肉体性爱的“GL”与现实生活中的女同性恋。

在“百合控”的趣缘社群中，对于“百合系作品”的认定也存在着狭义和广义的不同标准。狭义的“百合作”必须以女性之间的亲密关系为情节主线，在这个意义上，“百合圈”流传着将《玛利亚的凝望》《神无月的巫女》《惊爆草莓》（也被翻译为《草莓狂热》）称为“百合三神作”的说法。广义的“百合作”则可以包括那些将“百合”作为一种重要的萌元素，与“燃向战斗”这样的主流情节相结合的作品，在这个意义上，《光之美少女》《魔法少女奈叶》《某科学的超电磁炮》《魔法少女小圆》等流行度极高的热门动漫也都可以被称为“百合作”。

与此同时，随着“伪娘”（即假扮或被误认为是女性的男性）亚文化的兴起，在二次元文化中还出现了“伪百合”的概念，伪百合的ACGN主要包含以下三种类型：其一，男性角色在外貌和举止上都较为女性化，导致女性角色误以为他是女性并爱上他，代表作有《少女爱上姐姐》等；其二，男性角色有明确的“异装”爱好，穿着女装出现在公众场合，导致女性角色将他当作女性并爱上他，代表作有《玛利亚狂热》等；其三，男性主角因为某些特殊原因发生性转换，拥有了生理性别为女性的新身体，并与女性角色发生恋爱关系，代表作有《女生爱女生》等。

例句：

- 我的本命CP是《魔法少女小圆》里的鹿目圆和晓美焰！**百合**赛高！
- 就像耽美圈既有腐女也有腐男一样，**GL**同人圈里也是不仅有女生，还有很多男生呢！
- 有人说，女性要么是双性恋要么就是**蕾丝边**，你相信吗？
- 我们是**拉拉**，我们期待基于互相理解的结盟，而非取消差异的团结。

ABO设定

ABO是中文地区对“Alpha Beta Omega Dynamic”这一短语的缩写。它是同人写作中的一种特殊设定，假设人类除了男女的性别区分之外，还有副性别，分为Alpha、Beta和Omega三种，两种性别联合决定了个体的性别和性向。ABO这个设定来自美国的耽美同人社群，如今在整个中国同人圈影响力颇大，并已经应用在非同人写作的原创耽美写作之中。

Alpha 、Beta和Omega是模仿社会性动物（如狼）的社会结构做出的人类社会形态假想。Alpha处于权力顶端，在人类ABO设定中，一般呈现为勇猛好斗，占有欲强的性格，并有极强的生殖力；Omega则是权力底端的温顺人类，他们无论男女都会周期性陷入“结合热”的发情状态，散发出信息素（在动物学中通常称为“费洛蒙”或“外激素”，而在ABO写作中通常译作“信息素”），让Alpha发狂而产生交合，因此他们在普通状况下会不断怀孕生子；Beta介于两者之间，性对他们没有对另两种性别那么重要，而且他们的绝对数量占人群的大多数。Alpha和Omega的性交行为在这个设定中类似犬科动物，表现为有外激素，每个人都有独特的味道；Alpha有阴茎结，会在性交结合后卡在Omega生殖道内并保持很久。另一个设定是Omega在后颈有一个腺体，会和Alpha的唾液发生反应，一旦被Alpha用牙齿咬破腺体处的皮肤，Omega和Alpha就从生理上结成一种牢不可破，很难用外力分开的结合，终其一生不会变化。这种结合会使双方的信息素互相融合并发生改变，并使双方生理和心理上互有依赖。除了某些设定中没有Beta的存在，在这样的社会中，人类有主副两种不同的性别区分，六种性别可能，一下让社会的呈现形式复杂了许多。英语同人圈最重要的同人文库之一，Archive of Our Own（意为“我们自己的档案馆”，简称AO3）网站上的一个作者norabombay为方便创作，专门讨论过六种性别的36种组合之间的生殖可能性，并列成了表格。

ABO这个设定最早可追溯到20世纪90年代《X档案》粉丝圈的一些小众同人写作，而真正呈爆发性流行的，是2011年之后。这个设定出现在美国电视剧《邪恶力量》网上的匿名“kink meme”（性癖提纲）网页上，第一次出现是2010年10月，第二次出现是在2011年4月，之后呈现病毒式增长。kink一般指不同寻常的性癖，所谓kink meme，指的就是英语同人圈中包含此类内容的短小写作提纲。英文的很多同人圈都有kink meme专门讨论串和页面，一旦有人提出有趣的提纲，有兴趣的人就会拿来写作，回复在这条提纲讨论串下面。由于此类写作普遍更加边缘化和禁忌化，很多写作回复都是匿名的。ABO设定在英文同人圈中声名鹊起后，2011年10月它通过当时爱好者众多的英国电视剧《神探夏洛克》同人圈引入中文同人圈，并立刻触发爆发性流行。现在这个设定在中文网络上，已经通过英语媒体作品的粉丝圈蔓延到了其他同人圈，包括日本和中国本土媒体作品的同人圈，更进一步产生了基于ABO设定的原创耽美小说。

在中文同人圈，如今常有“欧美圈三大设定”这一说法，指的就是ABO设定、哨兵向导设定，以及虐恋BDSM（BDSM包含几组缩写：B/D即绑缚Bondage与调教Discipline，D/S即支配Dominance与臣服Submission，S/M即施虐Sadism与受虐Masochism）设定。哨兵向导设定基于20世纪90年代的一部美国电视剧《哨兵》的世界观，设定存在一些感官和体能超强的人类，为哨兵。哨兵由于感官过于发达，需要有超强缓解和屏蔽能力的向导为其疏导。哨兵和向导的结合一般牵涉肉体和精神双方面。“BDSM”设定在三大设定中往往不是其真实世界中的亚文化和性行为模式，而是包含着生理化的角色扮演，即：人类的支配和服从身份是由生理因素决定的，不可改变。值得注意的是，这所谓“三大设定”是中国粉丝的流行说法，在英文中并无对应。其实，这三个设定在中国的接受也并不平衡，ABO设定是最火爆的，哨兵向导设定受欢迎程度明显低一些，而BDSM设定则很少有人用。这三者的共同点是将性别这一在耽美中已被统一的维度重新强行区分，配合以比男女区分更加死板的角色扮演，看在原文本中强势有力的男性主角如何在新的社会想象中突破性别或者其他强制性角色扮演的桎梏。

在ABO设定的写作中，虽然有36种性别组合可能性，但是大多数使用ABO设定写作的同人作者依然只写Alpha男性和Omega男性之间的爱情和性。另外较为常见的还有双Alpha或者Alpha和Beta之间关系的探讨。一般认为ABO设定的写作中，性关系是最重要的内容之一，ABO设定的同人小说中，大部分都有相当详细的性行为描写。而由于ABO设定中所有Omega都可以怀孕生子，这也为男男生子的可能性大开方便之门。当然，这两个目的通过其他设定也完全可以实现，ABO的特殊之处还在于其设定本身带有的情节张力，一种无法轻易克服的障碍，能使情节变得更加错综复杂。

ABO设定在相关作品中将人类社会的既有性别秩序推翻，而代以全新的另一套权力系统，因此使得生理性别、社会性别、性取向、性行为、性表达和各种性相关的成见和刻板印象反复地得以重新审视、推翻或者重新建立。用ABO设定来写同人文，尤其方便了读者和观众以一种全新的角度来考虑原文本中男性角色的男性气质表达问题，思考生殖与社会性别的关系，以及社会性别与行为和外观的表现之间的联系。但ABO依然是一个充满道德禁忌和性政治争议点的设定，比如说发情期性交和强奸的区别。争议设定的合法性，并不断地讨论和写作这个设定，这也促进了同人圈对这些争议点的理解。

ABO设定还为读者提供了一种另类的社会想象背景。ABO设定中有一个独特的亚类型，一般称为“O权运动”，其中描述的故事与社会背景和现实历史中的女权主义运动史非常相似，想象的是Omega在压迫性的社会中是如何奋斗获得权利的。这类作品较多关注ABO设定的性别权力一面，而较少关注其情色一面。

例句：

- 我觉得比起ABO来，**哨兵向导**的灵肉结合更合我的胃口。
- 很多ABO文里的肉和情节根本不搭界，肉出现得太突兀了。
- 有些人现在就把ABO当成催情剂文来写，一点意思也没有。

虐

虐/虐身/虐心

“虐”与“甜/宠”对应，即以虐身或虐心的方式使小说主角的一方或双方遭遇各种痛苦折磨，是网络文学的一种情节元素或情节发展倾向，尤其在女性向网络文学中更为常见。虐文的快感机制，是在虐主角的过程中，实现虐读者的最终目的，从而在文本和读者心目中，确立起爱情的“合法性”。

之所以能够实现这种“打在你身，痛在我心”的阅读接受反馈，是因为虐通常包含以下两个层面。

第一个层面，在文本中，虐与一个愿打一个愿挨的“SM虐恋/性虐”行为不同，受虐方通常是非自愿的，且能造成切实的伤害。尤其是耽美中较为常见的虐身，常常表现为攻对受身体上的暴力伤害，包括过分的性行为、刑罚、搏斗造成的直接身体创伤，一般还带有激烈的情色场面描写，用来表现攻对受疯狂的爱恋、控制欲和占有欲。

这种虐的背后，通常隐含着这样一种逻辑：即只有在乎才会受伤，只有爱上了才会被虐，施虐方在施虐时无法控制的独占欲、施虐后的后悔和心疼，受虐方在受虐的过程中承受的痛苦，与他/她们在爱情关系中的投入程度成正比。施虐者往往成为受虐者的俘虏，双方都能够在虐的过程中确认爱情的存在及其“合法性”。

传统的“琼瑶式”言情的矛盾冲突，常常集中在相爱的两人与外部阻力的对抗。而网络时代的女性向言情和耽美，常常将矛盾点设置在相爱的两个个体本身，虐未必与他人相关，主要是“男主角/攻”与“女主角/受”之间的相爱相杀、互相折磨。

耽美虐文的一种常见情节模式是：攻无意间做出了伤害受的行为，或是因找不到其他途径向受表达、索取爱意而故意实施伤害行为。在这个施虐与受虐的过程中，两人相爱了；随后，要么因为受无法原谅攻此前的伤害行为，要么发生了其他误会和波折，总之受虐的一方变成了陷入情网、悔不当初的攻。还有另一种常见情节模式：一开始受苦恋攻而攻不懂得珍惜，直到受灰心放弃攻才幡然醒悟，转头苦追受。这两种模式被耽美读者戏称为“先虐受，再虐攻”的经典套路，大量的耽美虐文都是按照这一套路展开，这些作品有时就是“为虐而虐”的。

第二个层面，在阅读接受领域，这种虐只是一种设定，是以作者与读者形成的约定俗成的契约为前提，进行的一种心理试验。读者阅读虐文的过程，与SM行为中的受虐过程十分相似，作者作为施虐者，为受虐的读者提供服务。虐身与生活中的暴力行为没有任何对应关系，也不指涉现实，不能作为读者对小说人物或作者进行现实的道德批判的依据。虐也不一定指向BE（Bad Ending），最后多数能够逆转成HE（Happy Ending）。女性读者在被虐的阅读过程中，能获得SM行为中受虐方接受施虐方服务时才能享受到的快感。就这样，在虐主角和虐读者的过程中，爱情的存在，在攻受双方和读者的心目中共同被确立起来。

女性读者对虐的需求，是在一种极度的不安定感驱使之下形成的。从小看着“琼瑶式”言情影视剧长大的“80后”“90后”女性读者们，已经成长到了足以发现传统言情编织的爱情“罗曼史”神话的欺骗性。但“前网络时代”轰轰烈烈、死去活来、以一人或两人之力对抗全世界的爱情“罗曼史”，却在她们的情感结构中培养了根深蒂固的需求。现实生活中激烈情感经历的缺失，使处于断裂夹缝当中的这一代女性经历着巨大的缺失焦虑和欲求不满，她们急需一种方式来重新确立爱情的“合法性”。而虐，恰好能够提供与爱情“罗曼史”同样的“为爱献身”的崇高感，顺理成章地成为“罗曼史”的替代物，给爱情提供了某种确定性。

因此，“虐”作为一种有效的书写方式，在网文发展初期长期占据着女性向网络文学的主流。早在晋江原创网2003年首创的标签系统中，就已经有了“虐恋情深”标签。直到2007年至2009年前后，随着女频言情文从清穿到种田、宅斗的转向，虐才渐渐从主流的创作基调，变成一种设定或情节元素。2009年之后，受到日本ACGN“日常向”文化的侵入和互联网自媒体、移动阅读时代信息“碎片化”的影响，女性向的主流书写趋势开始转向“甜/甜宠”。

例句：

- 最近看多了**甜文**，想找一篇**虐文**来哭一哭。
- 比起**虐身**，我更喜欢**虐心**，杀人不见血。
- 这文是个**BE**，**虐**得我吐出一口老血！
- 天呐，我居然站错了CP！这简直比BE还要**虐**！闻者伤心听者落泪！

发糖

发糖/插刀

发糖和插刀指的是一部作品的剧情，或是一对CP的行为对粉丝造成的影响，其中甜蜜顺利的被称为“发糖”，而虐心波折的称为“插刀”。

发糖和插刀来源于网络文学界的甜文和虐文之辩。甜与虐都是相对于人物感情而言的，甜意味着感情进展良好，顺风顺水，而虐则意味着人物的身心与感情受到了严峻的考验甚至挫伤。原作者写出甜的剧情，对于喜爱作品和人物的粉丝来说，就如同作者发给他们糖果；而写出虐的剧情，就不单是在虐作品中的人物，更是让粉丝为人物伤心难过，如同心口上被插进了一刀。

由此，发糖和插刀这一对反义词就慢慢被固定下来，成为粉丝描述官方行为的常用词语。在原作发糖不给力或是停止更新的情况下，粉丝创作的同人作品也同样会进行发糖行为，不过这里的糖被称为“同人糖”，而作品官方/CP本人发的糖则被称为“官糖”。官方高于粉丝，因此，官糖对于粉丝来说的意义也远高于有时仅供自娱自乐的同人糖。而粉丝中，那些有同人生产力的大手们又高于普通粉丝。一般说来，“发糖”一词比“插刀”的使用频次要更多一些。在网文评论中，直接将插刀剧情评论为虐的仍然不在少数。

最后，对于那些甜虐兼具的情况，粉丝一般会以“糖里有刀/毒/玻璃碴”，来表达他们同时被发糖和插刀的复杂感受。

例句：

- 《神夏》(英剧《神探夏洛克》) 这次发的福华**糖**好甜，可是这**糖**偏偏有毒!
- 朕萌的CP**发糖**了!
- 最近没什么**官糖**可吃，连**同人糖**也慢慢少了，好无聊啊。
- 据我所知，《权力的游戏》很少**发糖**，经常**插刀**。
- 今天大大的这一**刀**插得太深了，大家都表示应该缓一会再过来看完这次更新……

“女性向·耽美”单元会话

呆毛狼：你们最近看《芈月传》了没有？这**玛丽苏**剧简直浑身槽点。

暖巨巨：对啊，本来想看个**女尊**的剧，结果满眼圣母**白莲花**。

御姐肖：我本来也没想看的，直到我在B站看了孙俪和刘涛的**百合向**视频。=w=

呆毛狼：孙俪在这部剧里不够**萌**啊，同是宫斗，《甄嬛传》精彩多了。芈月就是个**傻白甜**，要是没有**霸道总裁**，顶多活到第三集。

暖巨巨：就别提《芈月传》了，今年这些电视剧里面，还是《琅琊榜》看着顺心，至少**卖腐**卖得漂亮，有大把**CP**可刷。

御姐肖：没错没错！你们告诉我，是我**腐**眼看人**基**，还是这部剧真的**腐**到没眼看了？

呆毛狼：这电视剧的原作本来是篇**耽美**吧？后来才改成现在这种**BG**不**BG**、**耽美**不**耽美**的中间态的。不过朦胧暧昧的**基**

情什么的，难道不是最美了吗？

暖巨巨：什么？本来是篇**耽美**？在哪个网站连载的啊？攻受配对是梅长苏和靖王吗？

御姐肖：我记得是在**起点**。那应该是**男频**啊。

呆毛狼：最早是在**晋江**，后来转到了**起点女生网**，不是起点。再说了，**男频**文也可以是**女性向**嘛。

暖巨巨：233，我知道了，比如说《全职高手》，就是**男频**里的**女性向**。╮（╯▽╰）╭

呆毛狼：说到**攻受**，我觉得这两个人都不够**攻**是怎样……不过话说这故事的**西皮**就没几个不**虐**的，从头**虐**到尾。

御姐肖：的确好**虐**，为苏哥哥一大哭！官方**插刀**，只好同人**发糖**了，求推文！不吃**ABO**！

呆毛狼：嘶，这**CP**的好评文好像都还挺虐的。破壁哨可能有几篇还比较甜，待我去Lofter翻一下……

4

第四单元

网文兵器谱

网络文学

YY

YY（歪歪）是“意淫”的拼音首字母组合，出自《红楼梦》中警幻仙子对宝玉的评语，本意为精神层面上的“淫”。在网络语境中，YY并非特指与性有关的幻想，而是泛指一切超越现实的想望，即“白日梦”。YY是网络小说的一个基本特征，因此也有人将网络小说统称为“YY小说”。

YY是对日常生活匮乏部分的有针对性的补偿，无论是“阳春白雪”的高雅追求还是“下里巴人”的功能性需求，都可以在YY中获得想象性的满足。借助网络媒介的民主性，网络小说进一步实现了文学的民主，最底层人群的YY也可以成为最流行的小说模式。在现实空间中被压抑得越深的欲望，YY起来往往就越容易无节制。由此自然会出现某些“过度YY”的类型文，如男性向中的“后宫文”“无敌流”，女性向中的“逆后宫”“女尊文”等。在这一层面上，我们可以将网络小说中的YY视为一种精神的麻醉剂，但同时它也在消解着负能量，堪称一套全民疗伤机制。

随着网络文学的发展，当读者的基本欲求得到反复满足后，“小白”变成了“老白”，YY的层次也在上升，要求更逼真的现实逻辑和更高远的精神追求。网络小说中这一更高层次的YY需求开始与传统精英文学的精神追求接近，如路遥的《平凡的世界》就在网文圈中被认为是“最好的YY小说之一”。但YY的根本目的仍是满足人的各种欲望，写实作为一种手法只是为了搭建一个更逼真的幻象世界，是对虚拟世界的写实。与现实主义文学中的想象不同，网络文学的YY并不以现实世界为本体，YY世界是一种虚拟实在，与电子游戏建构的“世界”一样，本身是一个有意义的经验世界。因而，“设定”是网络小说的YY中最重要的部分，不同的世界设定创造了不同规则的异世界，由此派生出诸种故事模式和叙述套路，在根本上规定了每一文类YY的限度和可能性。“穿越”“架空”“重生”“修仙”“玄幻”“奇幻”“无限流”“末日流”“系统流”，这些不同的设定展现着不同的YY趋向，同时也无一不指向世道人心。

例句：

- YY无罪，做梦有理，我要做YY之王！
- 在现实世界中只要生存就行了，在YY的虚拟世界中才叫生活啊，这也算是安贫乐道了吧。
- 好的YY小说可不是胡思乱想就行的，创造一个新的幻想世界，需要一整套新的经验系统。

爽

爽/爽文/爽点

“爽”，特指读者在阅读网络小说时获得的爽快感和满足感。“爽文”就是在这种读者本位的模式下创作的网络小说，而小说中最好看、最有趣的高潮部分或为实现高潮而固定下来的套路被称为“爽点”。“爽”也是网络小说的一个基本特征，因此也有人将网络小说统称为“爽文”。

网络文学的“爽”文学观与“五四”以来的“新文学”理论的根本不同在于，它并不“揭出病苦，引起疗救的注意”（鲁迅《我怎么做起小说来》），而是直接为读者量身打造一个快乐、幸福与光明的美好世界来疗现实中的“伤”。“爽”文学观是在正视和满足千百年来最隐秘但极根本的人类欲望的基础上，再去追求其合理性，即先“幸福地度日”，再求“合理地做人”（鲁迅《我们现在怎样做父亲》）。

网络小说当中的“爽点”，既包括相对低级的部分，如“打脸”和“后宫”，也包括比较高级的部分，如“知识”和“情怀”，但无论是满足欲望还是实现意义都需要给读者带来

“爽”的阅读感受。

“爽文”在最初被命名时带有贬义，专指以满足“小白”基本欲望与低级趣味为主的网络小说，这类爽文用最简单粗暴的方式来满足读者在现实中被压抑的欲望。这一狭义上的爽文模式相对固定，有时也可以简单地等同于“小白文”。

不过这种最直接的欲望叙事对“老白”来说是不“爽”的。这批层次较高和比较资深的读者需要的“爽点”要更高级更丰富，他们之中有的是追求逻辑自洽的“合理党”与“工业党”，有的喜欢慢热型的“种田文”和“乡土文”，也有的只爱有一定文学性和思想性的“文青文”，而这些作品一般不会被直接称为“爽文”。

例句：

- 人生已经如此的艰难，难道连在小说里**爽**一下也不行吗？
- 我得知道你的**爽点**在哪儿，才能给你推文，要不然很可能会“毒”到你。
- 在搬完一天砖过后累得不行，我现在只想看看**爽文**休息一下，不想看太复杂的东西。

入V

VIP/VIP制度

网络文学中的VIP制度是指一整套的网络小说在线收费阅读制度。网络文学网站发展早期，一直没有找到合适的商业模式。当时的文学网站除了广告收入之外，有以龙的天空网站为代表的线下出版模式，还有读写网、明杨·全球中文品书网等网站开始尝试的在线收费阅读模式，但早期的收费制度，因为种种问题而未能延续和推广。

起点中文网的创始人之一宝剑锋受银行的VIP服务启发，提出了后来成为业内标准的VIP概念。在起点中文网最早的收费制度设计中，成为VIP读者要交50元人民币，其中30元获得VIP身份，20元是账户金额，作为预存阅读费用。2003年10月10日，起点中文网正式推出第一批8部VIP电子出版作品，VIP会员计划正式启动。起点中文网决定在第一个月对会员免费，并且确立了2分/千字的收费标准。11月10日，起点中文网VIP优惠期结束，此时该站总共只有23部VIP作品。由于起点中文网为吸引作者而全额支付作者稿费（即所有订阅收入均归作者），首月就有作者稿费超过千元（作者流浪的蛤蟆第一个月得到稿费1296.08元，平均订阅数为500多；另一作者圣者晨雷第一个月则拿到稿费441.46元）。起点中文网后来对VIP收费制度又有所完善，与读者消费金额挂钩，进一步明确了读者的VIP等级。根据读者阅读消费起点币（1起点币=0.01元人民币）的金额将读者分为普通会员（一次性充值100起点币的用户）、高级会员（12个自然月内消费≥19900起点币的用户）、初级VIP（12个自然月内消费≥120000起点币的用户）、高级VIP（12个自然月内消费≥360000起点币的用户）四个等级，不同等级读者获得的保底月票和订阅月票的数量不同。

具体而言，现在的VIP收费是从一部作品的签约、“入V”开始的。一部作品最初连载时至少30万字是免费阅读的，在持续更新到一定长度，同时读者点击数、收藏数也达到一定量之后（具体数量视网站而定），网站编辑会将该作品“入V”。作品“入V”之后的章节就开始收费，作者可取得基本订阅稿酬，“入V”的章节可以单独订阅。

起点中文网的VIP收费制度是网络文学发展过程中的里程碑，被其他网文网站借鉴，成为网文生产机制中最核心的制

《星际迷航：原初》剧照，柯克舰长由威廉·夏特纳扮演，斯波克由伦纳德·尼莫伊扮演

巨龙在山谷之上自由翱翔

在日本BL漫画家中村春菊的作品中，所有的攻都是高个子、长眼、方下巴，而所有的受都是矮个子、圆眼、尖下巴，按照下巴的形状就完全可以判别人物在故事中是攻还是受，因此被读者戏称为“下巴分攻受”

网友制作的“腐女子生态图”

《蓝宝石王子》，它被公认为是第一部少女漫画，其造型特征和叙述方式后来也成为少女漫画的通用基础，如眼珠子“一个大黑丸，里面还有星星。眼睛往上吊，细细的；有刘海儿，脸长长的、平平的”，手冢治虫认为这种造型是日本女性向往的类型

元火动漫社成员Cos的元火动漫社拟人形象“元火姐妹”

图为韩国偶像组合东方神起的演唱会应援现场，东方神起的应援色为红色，粉丝手举红色应援物为爱豆应援，场面壮观，被称为“红海”

小鸟游六花（《中二病也要谈恋爱》）

木之本樱（《魔卡少女樱》）

远坂凛

秋叶留未穗

明日香

穿越：《穿越时空的爱恋》与《寻秦记》

日本东京秋叶原至今仍然有红火的街机游戏厅

2012年《英雄联盟》第二季全球总决赛现场

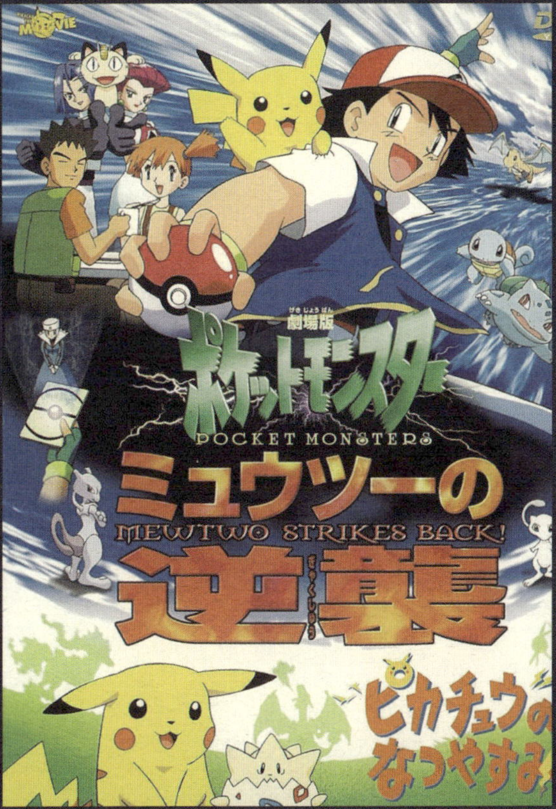

日本著名ACG《精灵宝可梦》系列的其中一部剧场版动画，就以《超梦的逆袭》作为其标题。

一张典型的人物设定稿

费玉清在大陆多以美声歌手形象出现，但他在台湾也是一位以善讲段子闻名的综艺节目主持人

度。VIP制度中的免费试读、分章节订阅的低廉价格能够吸引读者付费阅读。重要的是，VIP收费为网络作者获得在线收入提供了保证，使网络作家的职业化写作成为可能。在稿酬直接依赖读者点击的制度激励下，作者将会最大限度去发现并满足读者需求，这也加强了网络文学读者中心制的特征。网站通过签约提成，有了“造血”功能，能够得到较稳定的利润。总之，VIP收费制度使网络文学生产中读者、作者、网站这三个主要参与方的利益都得到了协调和保障，网络文学开始告别业余阶段，走上了可持续发展的产业化道路。

例句：

- **VIP制度**真是中国网文史上最重要的发明！可以说，没有**VIP制度**，就没有现如今大放异彩的网络文学！
- **入V**之后，一本书的读者收藏数和订阅数之比是判断书好坏的最重要的数据之一，听说某些大神的收订比能够达到五比一呢！

大神

白金作家/大神

2006年7月10日，起点中文网推出“白金作家签约计划”，以取代因血红、云天空等“职业作家”出走而被证明存在问题的“职业作家”制度。早期“白金作家”签约的基本要求有两个：至少有一本完结书，至少有一本书订阅数在一万以上。同月13日，起点中文网与唐家三少签订“白金作家”协议。首批白金作家中囊括了日后成为网文界标杆的唐家三少、流浪的蛤蟆、跳舞、梦入神机等，这一批作家在其后为起点中文网贡献了大量有极高商业价值的作品，吸引了大批粉丝，这些作家也是最早一批被称为“大神”的网络作家。

“大神”一词最早是游戏《魔兽争霸》的普通玩家对高级玩家的称呼，在普通玩家心目中，那些操作娴熟的高级玩家简直是“神”一样的存在，是常人难以企及的，因此就称他们为“大神”。网文语境中的“大神”，则被用来形容一些在作品点击量、粉丝规模、IP影响力等方面远超普通网文写手的“超级”

网络作家。后来，“大神”这个称呼也逐渐被商业文学网站纳入了网站粉丝消费体系，如起点中文网将旗下签约作者按照读者付费的量级从“Lv1”到“Lv5”进行划分，而“Lv5”之上则是“大神”级别，“大神”之上才是“白金”。“大神”近乎成了一种“职称”，而不只是荣誉。

除了商业文学网站的“造神”运动之外，读者、媒体也乐于进行一些“封神”活动，例如2015年2月，由中国移动“和阅读”主办，浙江省网络作家协会、青年时报社、“龙的天空”等多家媒体网站协办的“网文之王”评选活动，就评出了网文“十二主神”（排名不分先后：辰东、烽火戏诸侯、风凌天下、方想、酒徒、柳下挥、猫腻、梦入神机、天蚕土豆、唐家三少、我吃西红柿、月关）和“五大至尊”作家（排名不分先后：辰东、猫腻、梦入神机、唐家三少、我吃西红柿）。

例句：

- 看当年的情形，到底是**白金作家**养活了起点中文网还是起点中文网养活了这些**白金作家**？
- 不想当**大神**的作者不是好作者！

月票

月票/打赏

起点中文网的月票制度自2005年2月起开始实施，以对“优秀VIP作品”“优秀的新进VIP作品”进行月度评选的方式来激励和奖励作者。该制度规定每名VIP会员每月拥有1张月度评选票，即月票，读者可对当月自己满意的VIP作品进行投票。在十余年中，该制度多次得到修改和完善，总体来看，月票制度的修改在逐渐降低新用户的投票门槛。目前，月票制度已成为行业标配，纵横中文网、17K等网站也早已借鉴起点中文网的经验，建立了自己的月票机制。

起点中文网完善之后的月票制度分为保底月票、订阅月票、打赏月票三种。获得保底月票的数量与读者的VIP等级有关，但订阅和打赏月票的门槛对所有会员来说则是一致的，订阅花费满一万起点币（人民币一百元）下个月可获得一张订阅月票，而每打赏一万起点币默认投该书一张月票。所有月票（包含保底、订阅和打赏月票）一律当月有效，过期作废，不可以延期使用。

起点中文网会对月票总数进行排名并发放奖金，每月月票排名前十的新书、老书以及每年月票累积排行前列的都有奖金。除了奖金，月票也是作者人气和读者粉丝实力的表现，月票榜的位置就代表着作家的荣誉，作品的月票数量有着不可替代的激励作用和宣传意义。月票榜也因此成了作者人气的战场（如2009年6月，猫腻的《间客》与天蚕土豆的《斗破苍穹》争夺起点月票榜第一，读者粉丝就展开了刷榜攻势）。几乎所有作者都曾在章节结束时呼吁读者给自己投月票。起点中文网有自己的月票查刷和封禁机制，防止刷票的行为，但仍不时有人爆料有作者通过淘宝等渠道购买月票刷榜。起点中文网的月票制度，通过作者呼吁、读者参与，使得作者与读者之间的联系更加密切。

2009年6月，起点中文网推出“打赏作者”制度，“打赏”即“给作者赏钱”，是一种自愿付费模式。2009年10月28日，起点中文网推出打赏月票，即VIP会员每给主站VIP作品一次性打赏一百元人民币，系统就将自动为该作品送上一张月票，单部作品的赠送上限为五票。2009年起点打赏前三名的作品为忘语的《凡人修仙传》、梦入神机的《阳神》、猫腻的《间客》，这三位作者也是公认的“大神”。打赏成为读者粉丝支持自己心爱的作家的最直接有效的方式。2013年8月12日，ID名为“人品贱格”的粉丝为梦入神机打赏了1亿纵横币（人民币一百万元），引起过轰动。

例句：

- 每个月记得给我家大神投**月票**啊，不然就落到后面啦！
- 听说**打赏**给某位大神的一百万其实是粉丝一起凑的，但那毕竟也是一百万真金白银啊！

坑

追更/坑/太监/仆街

“追更”就是读者一直追看某部连载更新的网络小说（也被用在电视连续剧等有连载性质的文艺作品上）的行为。许多读者习惯看完结本，也有部分读者是“养肥再杀”，即等更新到一定数量了才看。还有一些读者则是作者更新到哪里就追到哪里，他们被称为“追更党”。“追更”能给读者带来很强的陪伴感，也使即时性的阅读互动成为可能，体现了网络文学的“网络性”特征。

在网文语境中，最初“坑”是指没完结的作品。后来“坑”引申出了一系列词语用来描述网文的创作和阅读过程的动作：作者开始创作一部新的小说就是“开坑”或“开新坑”；开始创作小说后，作者在小说中埋下伏笔、设置悬念，就是“挖坑”；揭晓谜底悬念就是“填坑”，后来也有读者将小说更新即“更文”叫作“填坑”或“撒土”；小说完结叫“平坑”，写到中途作者放弃更文，或前文的伏笔、悬念后文没有进行处理，叫“挖坑不填”；读者开始追看一部连载的作品，就是“入坑”或“跌坑”；如果读者看不下去了，中途放弃，就是“弃坑”或“出坑”。“坑”和它的这一系列引申词，也被用于游戏、影视剧、动漫的生产消费过程之中，与网文用法相似。

网文读者用“太监”来形容网络小说未能完结，通常简写为“TJ”（即“太监”汉语拼音的首字母缩写）。网文圈“太监”的用法可能是受到了两个流传很广的故事的影响。一个故事是纪晓岚调侃太监的。某天有个太监拦住纪晓岚，缠着他讲笑话，纪晓岚就说：“从前有一个人。”然后沉默许久，这个太监忍不住问道：“下面呢？”纪晓岚答：“下面没有了啊！”另一个故事是黄侃调侃胡适的，胡适的《中国哲学史大纲》《白话文学史》都仅有上半部，全书久未完成，黄侃在课堂上说：“昔日谢灵运为秘书监，今日胡适可谓著作监矣。”学生不解，问其原因，黄侃道：“监者，太监也。太监者，下部没有了也。”

读者常会以“某作家进宫（当太监）了”来调侃某作家写书未完结。某些创作水平较高但经常不能写到完结的作者，被读者戏称为“太监总管”。在实际使用过程中，“太监”也有动词和形容词用法，例如“某书太监了”，没完结的小说被读者称为“太监文”。“太监”是一个相对临时性的概念，“某书太监了”是指读者说话之时这部小说已经很久没更新，或读者判断作者不会将这部小说写完结，但如果作者许多年后把它完结了，那它就只是“曾经的‘太监文’”，作者后来已经“出宫”了。也有部分网文读者会使用“烂尾”来形容某部网络小说没有完结，与“太监”意思相近，但“烂尾”有时也指小说的结尾写得很烂，不能让读者满意。

“仆街/扑街”是粤语俗语，其出处可能是外语的音译：一是音译自英文Poor Guy，意为“可怜的家伙”“倒霉的人”，粤语音译“仆街”，可解释为“人走在街上不小心被外物绊倒”；二是英文Sport Guy，粤语音译“死仆街”，是人们对香港20世纪50、60年代那些以玩体育为名来勾搭、玩弄女孩子的人的戏称。在日常生活中，Poor Guy的意项最常用。在网络文学行业，作者写的作品没能得到读者积极正面的反馈，在读者口碑、数据（点击量、收藏、推荐票等）等方面都不好，最终不能完结或勉强完结，以惨淡收场，一般就称某本书（也可以说某个作者）“仆（扑）街了”或“仆（扑）了”。通常来说，新手“仆街”的比较多。除了极少数有天赋的作家出道即成功之外，不少人也是前“仆”后继地坚持下来，才变得成熟甚至成为“大神”的。

例句：

- 我是**追更**党，每天必须等着看完更新才能睡着，所以网文是我的刚需啊！我也不希望自己追到最后的书**仆街**了。
- 他开**新坑**了，主角是清宫太监，他还准备开创一个**太监文**的新类型呢，结果他没坚持写完，还真成了**太监文**！

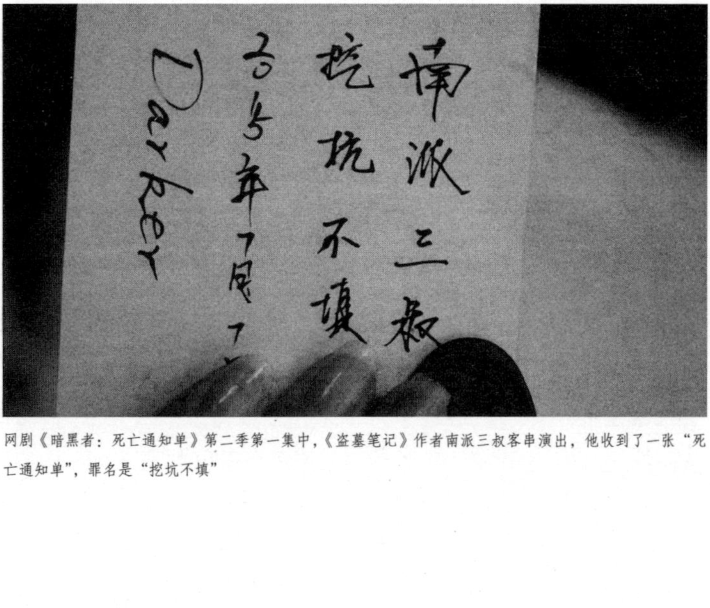

网剧《暗黑者：死亡通知单》第二季第一集中，《盗墓笔记》作者南派三叔客串演出，他收到了一张“死亡通知单”，罪名是“挖坑不填”

龙套

龙套

龙套本是指传统戏曲、影视剧中的配角演员，因所穿衣服绣有龙纹而得名。网络小说中的龙套指的是次要配角。相对于主角和一般配角而言，龙套往往没有多少情节，不会存在太久。

在传统写作中，龙套角色多是由创作者决定的，与受众没有多少关系。但在网络文学生产机制之下，龙套与受众（读者）的关系更加紧密。它不仅是角色设定，更是粉丝文化的一部分。有读者会借助龙套角色参与小说，满足自我展示和社交需求。

网络小说中，最有影响力的龙套是在龙的天空论坛、百度贴吧等社区交流中形成的。著名的“龙套帝”有王启年、罗克敌和钟大俊（论坛ID名），他们都活跃在龙的天空论坛，与网文作者联系密切。据王启年称，网络作家猫腻在一次与他的聚会后随手把他加进了《庆余年》。此后，他在《窃明》《锦衣杀明》《洞仙歌》《奋斗在新明朝》《赤色黎明》《崩坏世界的传奇大冒险》(分为男性龙套王启年，女性龙套王启姩)等几十部小说中“客串”。罗克敌是龙的天空论坛的版主罗迪克(roddick1)，被写进了《步步生莲》《吞噬星空》《天珠变》等小说中。钟大俊是网络作家梵辰的论坛ID名，据称，他在许多作者群里要求跑龙套，就出现在了《将夜》《篮球统治者》《重生之焦点人物》等小说中。

有一些龙套相对小众，是圈子的产物，往往有相似的属性设定，也都有戏谑色彩。例如林深河、赵慢熊、陈皮皮、萧伯朗、文德嗣等，就有“绝对不会中枪的林深河”“擅长制造机械但总会断鞭的萧伯朗”等。

粉丝文化的活跃，还催生了由大量龙套组成的“龙套小说”。例如群体穿越小说《临高启明》中就有将近500人的“龙套党”，读者认领了其中的大多数角色，通过论坛讨论和同人创作为之贡献细节、剧情等，作者也会专门为其开出支线，使每个龙套都成了主角。

例句：

- “其实我是一个演员，如果你非要叫我跑**龙套**的，可不可

以不要加个'死'字在前面?"(电影《喜剧之王》台词)

- 他开头的戏份还挺多的，我以为至少是个男二呢，结果只是个**龙套**，这么快就领盒饭了。
- 小强给这部小说的作者打赏了10000书币，得到了一个名叫"小强"的能在小说中活五个章节的**龙套**。

高度幻想

高度幻想/低度幻想

在神话原型批评经典论著《批评的解剖》（作者诺斯罗普·弗莱，Northrop Frye）一书中，作者“按照主人公的行动力量超过我们、不及我们或是与我们大致相同”的标准将虚构文学作品分为神话、浪漫传奇、高模仿、低模仿、讽刺等五种模式。幻想小说中对高度幻想、低度幻想的区分，也主要依据虚构世界（尤其是其中角色的力量）与现实世界之间的差异程度，远远高于现实世界的类型，如修仙、玄幻、奇幻，称为“高度幻想”；相对接近于现实世界的类型，如武侠、骑士，属于“低度幻想”。不过，这种分法大都用在与“力量”“魔法”相关的小说类型中，往往与“高魔/低魔”“高武/低武”的概念共同使用。

“高魔/低魔”世界，又称“高武/低武”世界，通常用来形容幻想世界的武力值高低，与“高度/低度幻想”同义。如《西游记》的世界是高魔/高武世界，其中有大量拥有超自然能力的神仙鬼怪的存在；金庸武侠小说构建的世界则是低魔/低武世界，小说中武力最高的人物也仍然属于凡人的范畴。现今流行的幻想小说所构建的世界大多是高魔世界，这或许是因为低魔/低武世界已无法承载现代人幻想中的生活状态与英雄梦想。

不过也有人从另一意义上区分这一组定义，高度/低度幻想也被用来形容幻想世界背景设定、故事情节、人物塑造是否逻辑自洽。世界背景与力量体系设定合理，人物塑造与情节发展内在逻辑一致，就属于高度幻想，反之，则属于低度幻想。

例句：

- 这部书的力量体系完全崩掉了，前期无敌的人物到了中后期之后还不如一条狗，绝对称不上是严谨的**高度幻想**的作品。
- 我现在只看**高魔**/**高武**的小说，**低魔**/**低武**的书都有些没劲儿，格局太小了。

奇幻

奇幻/正统西幻/西式奇幻

“奇幻”这一概念来自英文的Fantasy，台湾奇幻文学翻译家朱学恒在其20世纪90年代撰写的文章《西方奇幻文学（Fantasy Literature）简介》中将其译为“奇幻”。在文章中，朱学恒这样描述“奇幻”：这类的作品多半发生在另一个架空世界中（或者是经过巧妙改变的一个现实世界），许多超自然的事情（我们这个世界中违背物理定律、常识的事件），依据该世界的规范是可能发生的，甚至是被视作理所当然的。朱学恒对于“奇幻”的阐释界定了这一文类的写作范畴：基于西方风格的架空异世界的作品。这一界定沿用到了网络文学中。目前中国奇幻类网络小说的基本特征有：西式的人名、地名，主要以“魔法”命名的超自然力量，兽人、精灵、矮人、天使、恶魔等西方风格的超自然种族。符合这些基本特征的，通常意义上可以被划归入“奇幻”范畴。奇幻又分为两个脉络：“正统西幻”和“西式奇幻”。“正统西幻”的世界设定会较为严格地遵循桌游“龙与地下城”（D&D）为主的经典西方奇幻设定，“西式奇幻”则大刀阔斧地改变经典设定，部分新设定甚至引入了中国元素。

D&D 是欧美经典奇幻体系“龙与地下城”（*Dungeons and Dragons*，另一个缩写是DnD）的缩写，也是世界上第一款商业化的桌上角色扮演游戏。在这个游戏中，玩家围坐在桌边，扮演一名虚构世界中的角色，按照地下城主（即游戏主持人）的描述和说明，与其他玩家进行交互合作，完成游戏世界中的冒险。其后发展出小说、漫画和电子游戏，在20世纪80年代至21世纪初占据欧美奇幻文学的主流地位。在纷繁复杂的欧美奇幻文化脉络中，D&D体系对中国早期网络文学影响最大。它于20世纪90年代被翻译至台湾地区，并在1998年由《大众软件》正式引进中国大陆，以《无冬之夜》《博德之门》《冰风谷》等欧美电子游戏和《龙枪编年史》等欧美奇幻小说为主要载体，经由中国最早的一批网民进行传播，直接影响了中国网络奇幻文学的产生。中国本土的网络奇幻小说从D&D处获得了成熟的世界设定、故事类型和语言风格，并确定了写作范畴：西方中古世界背景下“剑与魔法”的故事。

但对作者和读者D&D背景知识的准入要求，以及类型本身严苛的规定性，使正统西幻的影响力很快衰落。随着网文人口的不断扩大，西式奇幻逐渐取代了正统西幻的主导地位，并产生了一大批极具影响力的本土奇幻网络文学，成为早期网络文学中最重要的小说类型。而西式奇幻的一家独大，又直接刺激了东方玄幻和修真小说的诞生。目前，无论是正统西幻还是西式奇幻，都已经逐渐地边缘化了。

巨龙在山谷之上自由翱翔

例句：

- 最早流行的一批网络小说几乎都是**西式奇幻**，比如蓝晶的《魔法学徒》、老猪的《紫川》和说不得大师的《佣兵天下》。
- **奇幻**小说现在已经是彻底沉沦了，大概只比武侠好那么一点吧，大家喜欢看的都是玄幻、修仙和都市小说。

玄幻

玄幻/东方玄幻

“玄幻”一词最初是香港作家黄易用于描述他自己的“建立在玄想基础上的幻想小说”，后来广泛流传衍化，含义已完全不同。广义的玄幻，相当于高度幻想型小说，是指小说中的虚构世界不以现实世界为依据，不遵循现实经验规律，完全是由幻想构成的。在网络小说中狭义的玄幻，是指其幻想世界设定的文化背景和根源既不是来自系统化的中国风格的修仙小说，也不是来自西方传统的奇幻小说，而主要由作者自己根据需要而拼凑和搭造的。

玄幻是一个没有占主导地位的系统化设定的类型，主流的网络文学网站对它的划分和指认也极其随意，这使玄幻实际上沦为了一个类型大口袋，凡是不能归入修仙与奇幻的幻想小说，都可以放到这一类型之下。玄幻小说中最有影响力的子类是“东方玄幻”，即以中国古代世界为背景的幻想小说，但它们大多数也只有似是而非的东方背景、东拼西凑的中国元素。

随着《斗罗大陆》(唐家三少，2008)、《斗破苍穹》(天蚕土豆，2009)等玄幻小说的超级流行和跟风之作的遍布全网，在一般网文读者眼中，玄幻逐渐成了热血升级小说的同义词。在圈外人的眼中，玄幻更几乎成了网络文学的代名词。但《斗罗大陆》与《斗破苍穹》并非是纯正的东方风格的玄幻小说，它们都有着日系热血漫和美韩网络游戏的内核，读者群也与ACG受众群体高度重合，东方元素只是用来与读者拉近距离的手段。换言之，“中国风”是为了制造亲切感，热血和升级才是主菜。

“如何讲述东方风格的玄幻故事？”是一个从网络文学诞生之初便被不断提及且反复实践的命题。在西方奇幻小说的刺激下，早期曾产生过不少建立东方玄幻体系的不成功尝试。经过十余年的发展，东方玄幻这一脉虽然已不可能有统一的设定，但终于有了独特的东方文化内涵。此间居开创之功者当属2011年猫腻的《将夜》。玄幻此前都只是有着混搭背景的升级小说，唯有等到猫腻的《将夜》将东方玄幻落实进“大唐”和“书院”(以孔子师徒为原型)，东方玄幻才真正有了“中国气派”和“中国风格”。此后，随着无罪的《仙魔变》《剑王朝》，烽火戏诸侯的《雪中悍刀行》，以及猫腻的《择天记》的跟进，东方玄幻终于落地生根。

例句：

- 我一直以为网络小说里就只有**玄幻**小说，现在才发现**玄幻**只是网文中的一个类型。
- 有很多人看网文就只看**东方玄幻**，有中国背景，亲切；以升级为主，爽快！

修仙

修仙/仙侠/修真

“修仙”又称“修真”，也被长期混称为“仙侠”，是在欧美与日式幻想文艺的刺激下，从传统武侠和神魔小说中生长出来的、对内容和结构有较强规定性的中国风格的网络幻想小说类型，讲述的多是由人修炼成仙的故事。

修仙小说是当下最流行的网络小说类型之一，也是最具本土特色的小说类型，按照故事发生的世界背景，可以分为四个子类：以中国古代社会为背景的古典仙侠，以宇宙星空和架空世界等幻想空间为背景的幻想修仙，以现代社会为背景的现代修仙，以创世神话、《封神演义》和《西游记》世界为背景的洪荒封神。

仙侠小说是武侠小说向修仙小说过渡的产物，是修仙小说的先声与第一个子类。早期的仙侠小说大多兼有武侠和修仙的特质，是直接从武侠小说中生长出来的，如萧鼎的《诛仙》就是介于武侠与修仙之间的作品。不过近来的所谓仙侠小说，即使是古典仙侠，也只是表面上的武侠、本质上的修仙。然而由于武侠概念的深入人心，至今在主要文学网站的分类中，仍然使用“仙侠”而非“修仙”作为这一类型小说的统称。但作为一种独立的小说类型的“仙侠”并不存在，我们称之为“仙侠”的，实际上是以中国古代社会为背景的修仙小说。

修仙与武侠的区别不只是在武力等级上，修仙小说写的不是江湖侠客寻仙访道的故事，其核心是由人修炼成仙的过程，没有也不需要侠的存在——修仙者与游侠儿拥有的是两种截然不同的精神气质与行为方式。在修仙小说刚刚出现时，仙侠小说的提法可以借助武侠小说的影响力推动这一类型的发展，但如今这个概念已经具有相当误导性。

“修真”原为道教术语，学道修行，求得真我，去伪存真为“修真”，俗称“修道”。“修真”之名古已有之，但成为一种小说类型，则是从萧潜的《飘邈之旅》开始的。《飘邈之旅》第一次引入道教修行体系，将凡人修炼成仙的过程划分为十一个层次，从最初的旋照、开光，到最终的渡劫、大乘，是第一部非仙侠类的修仙小说。这一类小说写的都是从人到仙的修行成长历程，小说中的修真大多都可直接替代为修仙，已无原有的“借假修真”之义，仅以追求长生不老、神通广大为最终目的，只是因为《飘邈之旅》中使用的是“修真”这一概念，因此相继沿用。但到今天，网文界也普遍意识到“修仙”比“修真”更能概括这一类型的特点，主流文学网站也已在分类中用“修仙”代替了使用多年的“修真”。

例句：

- 要是没有徐公子胜治的《神游》，现代**修仙**小说就全是打着**修仙**幌子的都市异能小说了。
- 你说**修仙**小说怎么写才更好看，是该把仙人写得更像人呢？还是把仙人写得更像仙？
- 我看的这些**仙侠小说**里面根本就没有侠义，只有所谓的“大道绝情”“杀伐果断”，我看得都想吐了，但有人觉得特别爽。

金手指

金手指/系统

“金手指”本来是电子游戏的作弊程序，有时也称“外挂”（在游戏里，“金手指”主要用于单机游戏，“外挂”主要用于网络游戏，但用来评论网络小说时，二者并无区别，参见第五单元“作弊”词条）。后来在网络小说中，主角总是能利用“正常规则之外的特殊规则”来获得成功的情节被读者称为“开外挂（开挂）”或“开金手指”。

网络小说中外挂的盛行有其社会心理因素。“屌丝”的“逆袭”或者说“自我拯救”是建立在“反抗必有希望”的基础上，但现实中这种希望常常太过渺茫，普通人要取得远超同辈的成功只能依靠外挂。除了外挂，网络小说的作者和读者已经很难想象也无法相信单纯依靠个人的智慧与奋斗就能获得超凡的成就。

“系统”是由网络游戏的操作系统这一概念引申而来。在网文中，系统是一种主要的开挂方式，系统相比于一般的外挂更加高级，能够为主角提供一整套作弊服务而非某种简单的机缘。日本动漫《哆啦A梦》里哆啦A梦的口袋，就可以算作最早的系统。这种系统可以泛指一切可以被主角携带的具有指南性质的外挂，如天蚕土豆《斗破苍穹》中主角的系统就是一只拥有丰富修行经验和资源的戒灵“老爷爷”，后来“系统老爷爷”甚至成了一个网文圈的流行词，成为这种随身携带的高级金手指的代名词。“系统文”或者“系统流”就是指设定中有此类系统性质外挂的网络小说。

例句：

- 现在有的升级文一上来就大开**金手指**，接着就一路大杀四方，一点意思都没有。
- 有的**系统文**乐趣不在于升级，**外挂**只是起辅助功能，**金手指**再粗也不影响书的质量。

小白

“小白”有三层含义：一是指不花钱、白看书的读者，这一含义目前已很少有人使用；二是指刚开始阅读网文，阅读量少的新读者；三是指只看爽文的一类读者。因为新读者常常是只看爽文，小白也就从新进网文圈的用户被引申为只看爽文的读者。由于很难判断读者的阅读经历的长短，如今是否只看爽文已成为判断是否为小白的最重要的标准。

“小白”中的“白”早期有“白看书”之意。部分网文读者曾宣称只看盗版书，不愿意用任何方式支持作者，纯白看书，故而得名。现在“小白”更多的是半嘲讽半亲昵地指“小白痴”，这是阅读网络文学多年、阅读量较大的深度用户对网文新读者的称呼。与小白相对，这群资深用户常自称为“老白”。小白大多只阅读爽文，还停留在最简单最直接的欲望满足层面上，而老白通过长期的阅读都已经度过了这一阶段。

“小白文”就是以小白用户为主要预设读者群的作品，也即针对初级网文用户的网络小说。这类小白文在今天仍占据主流，但地位日渐下降，作者之间的竞争也日趋激烈。此前在无数小白文作者中脱颖而出的代表作家主要是被誉为“中原五白”的唐家三少、我吃西红柿、天蚕土豆、梦入神机、辰东，近年来则还有耳根、柳下挥等。他们的作品虽然以小白为写作对象，但在技巧上都可圈可点，也形成了各自的写作风格和稳固的粉丝群体。而“中原五白”原本是指网文圈中名气最大、读者最多、吸金能力最强的五位“白金作者”，只是这五位作者全都靠面向当时在网文圈中占绝对主流的小白读者而屡获佳绩，因此“中原五白”也被许多人误以为是最具代表性的五位小白文作家。小白文的代表作有《斗破苍穹》（天蚕土豆）、《星辰变》（我吃西红柿）、《斗罗大陆》（唐家三少）、《神墓》（辰东）、《阳神》（梦入神机）等。

例句：

- **小白**有什么可耻的，每个人都有过**小白**的阶段，就像每个人都有童年一样。

- 看了好几年网络小说了，你怎么还老看这些过度YY的**小白文**啊，不嫌没劲儿吗？

文青

“文青”，即“文艺青年”的简称，但在网络文学中有其特定含义，是针对“小白”并有意与之相对而提出来的一个概念，也有一说是小白对贬低爽文者的反击。与小白通常指读者不同，文青通常是指作家。但文青与小白一样，在网络文学界中使用时词义都相当地暧昧与含混。褒扬者赞赏文青在文学风格和思想内涵方面的开拓意义，贬损者认为文青是在装模作样，无病呻吟。

随着网文“精品化”潮流的兴起，越来越多的人肯定文青作家是一群具有某种情怀、表现出某种创新性诉求、文学性和思想性俱佳的网络作家。目前文青作家的粉丝团体人数还远不及小白，但文化层次和审美趣味普遍高于小白。值得注意的是，文青只是老白中最突出的代表之一，是与小白在风格上最针锋相对的一支，并不能囊括整个与小白相对的老读者群体的偏好，更不能把所有“精品化”的网文都简单命名为“文青文”。而“文青文”虽然主要指文青作家创作的作品，但不排除某些非文青作家也会选择创作文青文。总的来说，文青文只是一种与小白文相对的审美风格。

文青的代表作家有猫腻、烽火戏诸侯、徐公子胜治、骁骑校、烟雨江南、酒徒等。文青文的代表作品有《间客》(猫腻)、《将夜》(猫腻)、《雪中悍刀行》(烽火戏诸侯)、《橙红年代》(骁骑校)、《太上章》(徐公子胜治)、《尘缘》(烟雨江南)、《隋乱》(酒徒)等。

例句：

- 我觉得有些**文青文**是在强行装B，不是很接地气。
- 在小白文和**文青文**之外，网文还有广阔的天地。
- 很多**文青**大神其实也不喜欢被称为**文青**了，只是他们觉得在写好爽文之后，还有些不吐不快的东西。

穿越

网络小说中的“穿越”是指主角由于某种原因（通常是意外事件）到了过去、未来或平行时空。穿越的基本设定能够有效地组织YY叙事，穿越者古今境遇的反差带来戏剧化效果。更重要的是，穿越者拥有现代知识和记忆，使得小说代入感较强，穿越者“先知”的“金手指”，使其能够在异时空里呼风唤雨，戳中读者最直接的“爽点”。

作为一种现代小说基本设定，“穿越”在19世纪中外科幻类小说（如马克·吐温的《亚瑟王朝里的美国人》、吴趼人的《新石头记》）中已经出现。直接促使中国网络穿越小说兴起的是作家席绢（《交错时光的爱恋》）、黄易（《寻秦记》）的穿越小说以及“穿越剧”（2002年，《寻秦记》被改编为电视剧，大陆第一部穿越剧《穿越时空的爱恋》同时诞生）。这些小说和电视剧引发的“穿越”热潮刺激到网络小说，“穿越”很快成为网络小说最常用的小说设定之一。此外，日本漫画也是中国网络穿越小说尤其是女性向穿越小说的重要影响来源。1976年，日本漫画家细川智荣子、芙美子姐妹开始在日本漫画杂志《プリンセス》月刊上连载漫画《王家的纹章》(盗版中译本在20世纪80、90年代传入中国时，译为《尼罗河女儿》，2007年日本秋田书店正式授权中国台湾长鸿出版社出版时，才更名为《王家的纹章》)，成为最早对华语世界产生影响的日本穿越漫画之一。到1995年筱原千绘创作的少女漫画《天是红河岸》，这一类型的日本穿越少女漫画基本奠定了女性向穿越小说的基本架构和核心快感模式。

早期男性向穿越小说主要有历史穿越、穿越架空、群穿(集体穿越)、古穿今(从古代穿越到现代)等类型。历史穿越小说是主角穿越到有确切记载的历史时空中，代表作有中华杨的《异时空之中华再起》、月关的《回到明朝当王爷》等。穿越架空小说，即主角穿越到一个虚构的时空之中(参见本单元"架空"词条)，代表作有宁致远的《楚氏春秋》、禹岩的《极品家丁》等。集体穿越和古穿今的小说很少见，张小花的《史上第一混乱》是为数不多获得成功的古穿今的群穿小说。

在女性向穿越作品中，最早的代表性潮流是"清穿"，即清朝穿越。2004年7月，金子开始在晋江原创网连载《梦回大清》，后来被公认为是清穿文的鼻祖。随后，桐华的《步步惊心》和晚晴风景的《瑶华》也开始连载，这三部作品被读者封为“清穿三座大山”（另有一种说法是第三座大山并非《瑶华》，而是月下箫声于2005年至2007年连载的《恍然如梦》），它们不仅使清穿迅速成为创作热潮，还基本确立了清穿类型叙述模式的基本范式。之所以选择清朝作为穿越情节展开的时代，一定程度上受到了20世纪90年代二月河的“帝王系列”小说及其改编的影视剧作品，以及《戏说乾隆》《还珠格格》等当时深受观众喜爱的清宫戏影响。女性向穿越文在2007年迎来了一个创作上的巅峰，因此2007年又被称作“穿越年”。在“清穿”潮流退潮之后，女性向穿越开始转向“重生”“种田流”“日常流”，这在一定程度上受到了男性向穿越小说的影响，又从中发展出“宅斗”等女频类型元素。

随着网络小说类型的丰富和发展，“穿越”作为基本元素融入许多类型中，现在人们已经很难用“穿越”来概括一部小说的基本设定了，更多的是将其作为一个标签，融入具体的类型分析中。

穿越：《穿越时空的爱恋》与《寻秦记》

例句：

- 现在网文作者笔下的主角如果不**穿越**，都不好意思说自己写的是网络小说了。
- 这个人似乎能够准确预见未来走向，开互联网公司、开发房地产，总是在关键时刻做出前瞻性的抉择，他简直就是**穿越者**啊！

- **穿越**定律：**穿越**女主可以不漂亮，但是不能不会咏诗！歌舞与写诗两手抓两手都要硬，谨记广泛撒网重点培养的择偶原则。

重生

“重生”即“重获生命”，死而复生。网络小说中的重生是指主角因为某种原因，其记忆与意识（灵魂）回到了过去的身体，重活一遍。

“重生”最早在都市类小说中出现时（周行文《重生传说》），也被称为“都市穿越”，在这类型的早期作品里，重生者拥有“先知”的金手指，一般都会通过各种手段迅速积累财富、获得地位，爽点主要就是人生重来的成就感。都市类重生小说以某一具体行业为背景来演绎重生故事，开创出新的子类型，如重生娱乐文、重生官场文等。最初意义上的重生与穿越有许多相似之处：第一，主角都来自现代社会，视角和思维意识都是现代化的，因此有较强的代入感；第二，它们的爽点很相似，主角都有“先知”或现代知识的金手指，能够支撑逆袭、打脸等爽点。同时，最初的重生与穿越也有很大的区别：首先是主角时空旅行的形式不同，穿越最初多是“身体穿越”，后来出现了“灵魂穿越”（魂穿），而重生一般都是灵魂重回到自己过去的身体当中；其次是时空旅行的跨度不同，穿越的时空跨度比较大，从当代穿到古代或者异时空，重生是主角回到自己生活过的年代，重新经历人生，这个时代是不太遥远的过去（往往是青少年时代）；再次，主角身份不同，“魂穿”的主角多数是变成自己之外的其他人，重生则多是变成自己。但后来重生扩展到其他类型，逐渐壮大，与穿越混用。

女频的重生也与穿越密不可分，在早期相当长的时间里，重生和穿越的概念是交杂、混用的。早在2006年之前，已经出现了一些主角重生回到自己的过去，却标注为“穿越”的作品，以及主角死后穿越到其他时空，却标注为“重生”的作品。这种两个类型混合难辨的现象一直持续到2009年前后，随着男频重生类型的发展成熟，以及女频重生代表作（青罗扇子《重生之名流巨星》）的出现，重生才逐渐与穿越区分开来，成为独立的类型和情节元素。此后，重生取代穿越，成为女性向网络文学更为常用的情节元素，并延续至今。

例句：

- 天啊，我竟然看到一部小说写的是主角**重生**到中学时代当学霸，以考试和学术研究为乐。看来，“回到过去变成学霸”也是很多学渣的YY啊，**重生**——学渣的福音！
- 作为一个**重生者**，他竟然不去炒股炒房，而是选择去钓鱼，简直是太不**重生**了！
- **重生**之所以能使读者百读不腻，往往是因为人生实在有太多的缺憾，需要吃下后悔药才能弥补。这些缺憾有时是如此难以克服，有了重生之后能够预知未来的优势，仍然不够，还要加上异能、修真等，才能抵达想要改变的未来。

架空

“架空”本指建筑学上房屋凌空的构架形态，现在所说的“架空”包括小说、动漫、游戏等采用的虚构的叙事设定。“空”指与现实不同的世界或历史，即背景的虚构性；“架”则是指其设定建构性，即叙事以某种设定作为其基础。“架空世界”是指脱离具体时空而建构的与现实历史有一定相似性的虚拟世界。许多在现实世界中无法用科学解释的事情，如魔法、巫术、炼金术、修真等，在架空世界都可以成立。这类设定不需要贴合真实的历史时空，因而具有更大的想象空间。在网络小说中，架空设定的直接来源是“龙与地下城”的设定、《魔戒》、蒸汽朋克小说。

在不同类型中，架空的具体设定也是有差别的。早期“穿越救亡小说”的主角一般都会改变历史时空的本来面目，被改变之后的部分是没有史实依据的，因此历史穿越小说也被一些读者称为“历史架空小说”或者“半架空小说”。

在男频小说中，西北苍狼的《异域人生》、圣者晨雷的《神州狂澜》都是早期较有名的架空小说。后来，在历史类小说中产生了一批与真实历史背景相似的历史架空小说，背景是架空的，但有某个历史朝代的影子，这类架空小说的代表作有随波逐流的《随波逐流之一代军师》、宁致远的《楚氏春秋》、猫腻的《庆余年》、三戒大师的《权柄》等。

女频小说使用架空元素也是早已有之，甚至比起男频只多不少。对于男频作者来说，写架空或写历史，很多时候只是一个二选一的选择题，而对于女频作者来说，架空，在一些情况中却是唯一的选项。如女尊、女强、耽美、ABO等特殊的文类和设定，无法在真实的历史时空中获得“合法性”。换言之，当女性作者试图通过网络小说描绘一个她们心目中的理想社会，只要表达出男女平等或者是更为激进的女性主义倾向，她们的诉求就很难在现实的时空中落地生根，只能转而寄托于架空世界。因此，架空设定对女性向网文来说，有时是更为理想的书写起点。

例句：

- 这明明是一部**架空**小说啊，你还跟我讨论里面的历史真实干吗?
- 对于网络作家来说，写**架空**更容易开脑洞，而且似乎任何解决不了的问题都可以用架空来解决呢!
- 其实《甄嬛传》和《琅琊榜》的小说本来都是**架空**的，改编成电视剧之后，前者被改成清朝，后者则被放到了语焉不详的南北朝……所以不允许拍**架空**的传言究竟是真是假呢?

种田

“种田”一词最早出现在SLG（策略类）游戏中，玩家以“高筑墙、广积粮、缓称霸（王）”为宗旨，保护自己和发展领地，待实力壮大，再征服其他玩家在游戏中的势力，以扩张领地的方式被称为“种田”。因为游戏的主要内容和乐趣在于建设和经营领地而非个人的升级，就像农民照顾自己的田地，因此被玩家戏称为“种田”——治大国如种菜园。

“种田文”此后被借用来指代一类采取与SLG游戏中类似的种田策略的网络小说。早期种田文大多出现在男性向的历史、玄幻等带有争霸元素的小说里，主要内容是主角从无到有建立自己的根据地和队伍，在此基础上一步步发展经济、军事和政治，完善各项制度，并通过经济、科技和制度的优势所带来的军事优势战胜对手，从一小块地盘发展到征服天下。此时，“种田”还只是一种争霸战争中的常用策略，与历史上朱元璋等开国帝王取得天下的过程并无本质区别。

后来女性向的宅斗小说借鉴了这种叙事模式，发展出了“宅斗种田文”，又称“家长里短文”。此类小说集中描写穿越到大家族中的女主人公经营家宅的生活琐事，通常更突出人物心理和细节描写，将“种田”这一策略从争霸天下引进宅斗宫斗之中。此后，无论在男性向还是女性向作品中，“种田”逐渐从一种叙述模式变为一种带有设定元素的风格，也成了走细腻写实风的偏经营和策略类的网络小说的核心标签之一。

种田文如今大多是穿越和架空历史类小说，一般会少开金手指乃至不开金手指，崇尚细节的真实可感。不论是写争霸过程中的政治、军事、经济斗争，还是平凡生活里的琐屑，都要求细节扎实且逻辑自洽。写真实历史，则追求内容尽量符合史实；改变历史，则更要能自圆其说；写家长里短，也以世事通透、人情练达为目标。

例句：

- 写**种田文**的难度普遍很高，**种田**特别需要细节的饱满和真实，要不就不好玩了。

- 在所有的历史争霸类**种田文**里，工业党毫无疑问是种得最认真最变态的。
- **种田文**就是要写出大雪封山之后，松鼠在温暖的窝里数坚果的感觉。

种马文

种马文/后宫/逆后宫

“种马”本指给母马配种的雄马，“种马文”是读者对某些将男主角对众多女性的占有以及性爱描写作为全书核心爽点的小说的称呼。这类小说一般采用“一男配多女”的设定，且女性角色多为男性附庸，情节推进方式简单粗暴，人物形象多数面目模糊，情感粗糙，缺少必要的铺垫。在早期的网络文学中，种马文曾相当流行，极受部分男性读者的欢迎，一些不以种马为主要爽点的小说，甚至也会为了吸引这部分读者而在小说中“开后宫”，如月关的《回到明朝当王爷》就是一本带有种马性质的优秀历史小说。

“后宫”指的也是一个男主角对应多个女主角的模式，与“种马”含义完全相同。而“逆后宫”则是女性向网络文学中一个女主角对应多个男主角的模式，一定程度上是对男性向的“后宫”进行反叛和报复的结果，发展到极致则产生了女尊、耽美中一受多攻、NP等倾向。

无论是男性向中的物化女性的“后宫”，还是女性向中消费男色的“逆后宫”，虽然都曾风行一时，但都逐渐成了一个有人欢迎但更多人反感的模式。种马文从出现的一刻起，就已经引起了近乎所有女性读者和一部分男性读者的厌恶，如今普遍被视为小白文中的最次品。男性向网文中甚至开始流行“禁欲系”主角，尤其是在多次“净网行动”的整顿后，作为一个类型的种马文已经销声匿迹，只有作为一种辅助元素的“种马”还偶被使用。而女性向中的“逆后宫”虽是天然带着女权色彩，但抱着一定的报复心理来倒置男女性别关系也并不是合理的解决之道，因此在短暂的鼎盛期后也逐渐走向了衰落。

例句：

- 都什么年代了，我居然看见了一本**种马文**的新书，作者脑子烧掉了吗？现在写**种马**必扑无疑啊！就算读者不把你干掉，编辑也会把你干掉的！
- 其实不但女性不喜欢**后宫**，很多男性也不喜欢**后宫**了，近年来最火的一批男性向网文好多都是没女主，一路禁欲到底的。

- 修仙文里主角都忙着修仙，哪有时间谈恋爱，更不要说**开后宫**了。

升级

升级/升级流

“升级”是网络小说中主角不断在力量等级体系中上升的常见套路，与电子游戏同气连枝，因此人们直接采用电子游戏里的词“练功升级”来描述此类小说，被称为“升级流”。由于它是起点中文网最有影响力的模式，也常常被网文读者称为“起点文”。又由于其读者主要是小白，也常被视为小白文的代名词。同时，因“练级小说”大都属于玄幻类型，还被称为“玄幻练级”或“玄幻升级”小说。

在网络小说的各个流派中，升级流小说是读者最多、影响最广、作品数量最多的一脉，甚至可以说升级流是男频网络类型小说的主流。升级文的世界设定，具有突出的抽象化和等级数目化的特征。其等级设定通常指向人物的力量，一开始是基于身体，但很快就突破了传统武侠的范畴，迅速进入幻想的层次，并越来越高级，越来越抽象。其力量体系可以不以现实逻辑为依据，但自身仍需要足够自洽，读者对力量等级的合理性和严密性的要求也越来越高。

升级流对力量等级的设定是明确且森严的，甚至直接将其数目化，如天蚕土豆的《斗破苍穹》，共有一百多个级别，每个级别之间的力量差距被不断强调着，“越级挑战”是升级文的一个重要爽点。这种等级数目化且繁多森严的想象，直接受到了网络游戏的影响，从更宏观的角度看，也是与社会理性化同步的文化现象——只有到了理性化的科层制社会，这种等级数目化的想象才如此自然。不过升级流在中国网络小说中占据如此核心的地位，也反映了当代中国社会阶层分化的现实，以底层民众为重要受众的网络小说，必然会构建出一个最便捷的突破现实等级的幻想世界。

因此，升级流的另一个突出特征，就是它极致地表达了读者“超越社会的束缚与身体的限制”的欲求。虽然升级文必须超越社会现实，将读者引入纯粹的幻想空间，实现个人在文本中暂时的解放，但欲求释放的情境总是需要一定程度的现实性。升级文中无处不在、毋庸置疑其对力量的绝对崇拜乃至迷信，就是它不可撼动的内在逻辑——没有对力量的崇拜，就没有升级流小说。升级文的“小白化”现象，正是社会整体秩序格局的投影。

在练级的逻辑下，小说人物始终处于读者的欲望控制之下，无法形成自主性。在小说描写的残酷世界中，很难找到对抗性价值，它所携带的价值观再一次加剧了现实世界的残酷性，只不过这一次读者代入的主角是施暴的一方。没有超越性的共同追求，导致权力和力量到达巅峰之时，就是极度空虚之时，这是升级文的内在局限。只有当社会结构和社会心理发生改变，升级文已然固化的铁笼子才会被打破。当然，小白化的升级文还是具有一定进步性的，在这个体系中“废柴”有了表达的可能性，这种基本欲求满足的合理性必须得到承认和尊重。

例句：

- 凡人流、废柴流、无限流和绝大部分玄幻、修仙小说，都可以说是**升级流**。
- 大部分起点文都是在**升级**打怪和换地图。

凡人流

“凡人流”是因忘语的修仙小说《凡人修仙传》得名并发扬光大的，影响力已经超出了修仙小说的范围，是目前网络小说中最流行的模式之一。作为凡人流开山之作，《凡人修仙传》是修仙小说中的典范之作，以1300多万张读者推荐票位列起点中文网总推荐榜第一名，推荐票数约两倍于第二名的《斗破苍穹》。凡人流的男性主角形象与“龙傲天”可谓是两个极端，如果说“龙傲天”是含着金汤匙出生且永远不会失败的“高富帅”，凡人流就是一直艰苦奋斗最终取得超人成就的普通人。

典型的凡人流的主要特点有五：一是主角天生的各方面条件都极其平凡，是最普通不过的凡人；二是世界架构非常严谨，等级体系尤为严密，并且特别贴近现实社会，有严密的逻辑；三是虽然有各种机缘，但成就都是主角通过奋斗所得，主角实力的提升和获得的成就，必然是辛苦付出的结果；四是故事仍然充满了无数遗憾，主角虽然达成了最初的梦想，但得到的是一个有缺憾的人生；五是主角性格有明显的成长，最终会成为一个适应丛林法则的好人。

在凡人流中同样有以机缘形式出现的外挂，但这个外挂不能太大，同时也不能太小，大了则失去凡人流最让人感动和相信的真实感和亲近感，小了则难以让读者相信凡人能取得成功。凡人流的核心，便是普通人抓住一点机缘，通过自身的不懈努力，在严酷的世界中成就不凡的功业。

例句：

- 《凡人修仙传》里的那个**凡人**韩立，就是我们自己啊！
- **凡人流**应该是三四十岁的读者最喜欢的主角类型，废柴流虽然热血，但是戾气也重，适合十七八岁的年轻小伙子。

龙傲天

“龙傲天”是早期网文中非常流行的一类男性主角形象，其主要特征包括：名字里常出现龙、唐、汉、天等字样，外貌身材极为突出，通常会出现“眉清目秀”“虎背熊腰”这样的描写，经常强调家世显赫，身份特殊。男性向中“龙傲天”式的男主与女性向中“玛丽苏”（参见本单元“玛丽苏”词条）式的女主，存在某种相似性，这一意义上的“龙傲天”可以被替换为“杰克苏”“汤姆苏”等说法。

与后来主要强调努力奋进的“屌丝逆袭式”的升级文不同，龙傲天模式的主要爽点在于主角的不劳而获。穿越之后，龙傲天往往会有极高的魔法/武学/修行天赋，在各种机缘巧合之下迅速提升实力，能轻易地收服其他男性角色做手下、征服女性角色开后宫。龙傲天的流行，反映了早期网文读者对YY作品的极度渴望，他们在现实中被长期压抑无法释放的欲望，以最夸张最直接的方式爆发出来，使这种毫无现实逻辑的主角形象也能受到普遍欢迎。

这类主角在早期网文中相当泛滥，但并没有一个统一的命名。网文初步发展之后，一些有一定阅读经验的读者对仍不断出现的此类主角十分厌烦，于是总结出了“龙傲天”这一名称来专门指代并嘲笑此类主角，并在现实网文圈中掀起了一场“打龙傲天”的运动。此后龙傲天式的主角在网文中逐渐减少，一些作品甚至专门塑造了这样的人物来供主人公“打脸”，如《崩坏世界的传奇大冒险》（国王陛下）等。但这并不代表这类角色从此消失，在很多过度YY的小白文中，还是会出现改头换面的龙傲天，龙傲天式的主角对一些读者而言仍是刚需。

例句：

- **龙傲天**一直是小学生们的最爱。
- 我已经好多年没有在网文里见过典型的**龙傲天**式的主角了，但我最近发现其实每个主角心里都住着一个**龙傲天**。

玛丽苏

玛丽苏在如今中文网络中通常指一种过度自我投射的写作，多数情况下指年轻女性作者将自己幻想成故事中的一个万人迷的万能女主角，在故事中和多个迷人的男性人物互动的情况。“玛丽苏”这个概念非常复杂，在日常使用中外延并不稳定，而且已经成为一个污名词语，因此在实际使用中的情况也许会比本文中叙及的更复杂多样。

玛丽苏来源于美国早期《星际迷航》电视剧粉丝圈，著名同人作者保拉·史密斯于1973年创作了一篇《星际迷航》同人小说《一个迷航粉的故事》。这篇只有500字的超短小说用戏仿的手法写了“全星际舰队最年轻的中尉，十五岁半的玛丽·苏”的故事：她加入进取号，受到柯克舰长的追求，却严词拒绝了柯克舰长；紧接着在一次任务中由于她出众的能力，用发夹撬开了锁，拯救了整艘战舰的人，却不幸染上病毒，最终在柯克、斯波克、麦考伊和司考提等一众悲痛的主角环绕之下死去。整篇文章文字刻意地幼稚简单化，情节夸张荒诞，除了平铺直叙的主要情节之外几乎没有任何铺垫和转折，造成戏仿的喜剧效果。史密斯自称，她写这篇小说是为了讽刺当时充斥在《星际迷航》同人志上的低劣小说。她认为玛丽苏是一个糟糕的人物，这个人物将原作故事中的其他人物和故事彻底扭曲，完全为自己服务，因此才令人反感。

最早的“玛丽苏”严格指以未成年女性为主角的故事，文中女主角的名字一般和作者的真实姓名有关，而且该女主角和她心仪的男性人物之间一般没有性关系，如今这个词在日常使用中已逐渐泛化。但“玛丽苏”作为同人的亚类型，从一开始就没有严格定义，其判断标准在文字本身上体现得并不明显，多依靠“过度自我代入”“过度意淫”“不符合常识”“水平差”等模糊而主观的标准判定，因此玛丽苏的指涉往往混乱地在“糟糕的自我中心的写作”和“有原创女性角色的同人作品”之间摇摆不定。

“玛丽苏”一词现在也应用于其他流行文化圈。在中国，正是其脱离了同人圈的使用令这个词在大众文化中一炮而红。“玛丽苏”一词对应的最经典形象，是一个年轻单纯、出身豪富的天才少女，容貌宛若天人，有着奇特颜色的头发和眼睛，并有一个长度骇人、堆砌辞藻但并无实际意义的名字，如“冰晶泪蝶·恋雪·R·殇紫雪丽莎·薇雅拉”。值得注意的是，虽说这些网络爆红的玛丽苏小说都号称是发表在百度贴吧等年幼网民出没的地方，但是并不能肯定是否一开始就是出于讽刺恶搞的态度杜撰出来的。大众语境下的玛丽苏，通常就指这种极度夸张自恋的低劣作品，纯粹以幻想自己和受欢迎男性角色之间的互动为目的。由此引申开来，很多流行文化领域内的原创作品，如果也存在类似的万能、万人迷的女主角，行文鼓励自我代入，并且写作和审美水平低劣的话，也会被称作“玛丽苏”。典型的例子如美国的流行青少年小说《暮光之城》。

“玛丽苏”一词有男版的对应说法，英语中是Gary Stu（加里·斯图），或者Marty Stu（马蒂·斯图），而中文中常用的男性化说法是“汤姆苏”和“杰克苏”。一般而言，男性版玛丽苏的词语相对很少出现。现在的英文粉丝圈中，对于大力挞伐女性玛丽苏人物，而对同样没有真实情节支撑的万人迷万能男性主角视而不见的现象，已经有不少人做出反思。因此，在某种意义上，玛丽苏的污名化也是一个性别问题。

在用法上，玛丽苏可以作为名词，指玛丽苏类型的女主角，也可以作为形容词，指文本有玛丽苏的倾向。这两种用法，既可以使用完整的“玛丽苏”一词，也可以直接用简称“苏”。这个简称还衍生出了一些用法，说一个特别有魅力的角色苏，其实是说这个角色特别招人喜欢，让所有人都想和他/她谈恋爱。因此“苏”还可以作动词用，就是指特别倾心于某个角色。再衍生开去也可以将人物名称加“苏”表示自己对人物喜爱到极致，完全拒绝对其进行理性讨论。后三种用法里，苏的贬义含义已经基本没有了。需要注意的是，虽然脱离同人语境时，很多人将“苏”作为“酥”的同义词使用，但苏从词源以及使用逻辑上来说，都没有脱离玛丽苏的意义。

例句：

- 这文里的女主角写得太差了，挂都开得莫名其妙的，不就是个**玛丽苏**嘛！
- 《芈月传》这部电视剧里的女主角符合一切传统**玛丽苏**人物的要求，出身高贵，没什么真本事还全程开挂，男人见了都迈不动腿，还自带白莲花属性，招人烦就理所当然了。
- 我不同意你的观点，女主角强势并不代表她是个**苏**。

- 我特别特别**苏**梅长苏！他实在是太招**苏**了！
- 我是个楼总**苏**（指《伪装者》里的人物明楼），这个人物简直**苏**破天际！人设**苏**，背景**苏**，演员的颜和气场更**苏**，请看我的迷妹脸！

废柴流

“废柴”也写作“废材”，源于粤语，在ACG及网络中用于指百无一用、没有任何反抗能力的废人。“废柴流”是由天蚕土豆的《斗破苍穹》开创的一个目前网络小说中相当常见的主角类型。废柴流兼具凡人流和龙傲天的部分特点，以“屌丝逆袭”为最大爽点。《斗破苍穹》中用一句“三十年河东，三十年河西，莫欺少年穷”道出了废柴流的精神底色。

废柴流中的主角，出场时资质极差，受尽欺辱和白眼，但必然会获得超强的外挂，几乎不需要太多的努力，就能很快通过外挂获得远超常人的成就，并且实现自己的各种欲望。不同于龙傲天式主角的不劳而获、凡人流式主角的能看见希望的真实奋斗，废柴流的主要快感来源是“屌丝逆袭”和“扮猪吃老虎”。

“扮猪吃老虎”是指原本像猪一样处于食物链底层的屌丝角色，拥有了一个不为人知的外挂，暗中获得了远超食物链顶端的老虎的力量，当老虎般的敌人在不明情况仍来捕食时，反而被吃掉了。这当然也是屌丝寻求逆袭的心理需求，若某一只“猪”开着外挂碾压了准备进食的“老虎”，显然会给有着同样身份认同的读者以特别的快感与抚慰。虽然这种快感通常是建立在拥有外挂的幻想之上，但也体现了底层表达的可能性。

例句：

- 不知道什么时候，“扮猪吃老虎”已经成了**废柴流**中必不可少的情节了。
- 每次找新书一看见开头写主角各种惨，我就在猜究竟第几章出外挂，结果几乎没有超过第十章的，全都是走**废柴流**。

无限流

“无限流”开启于zhttty的《无限恐怖》。这部作品创造了无限流的基本框架：主角进入神秘的“轮回空间”，前往电影、游戏、动漫和小说的副本世界完成任务，由此获得超凡力量，但却不得不在异世界永不停歇地冒险与轮回。无限流的设定框架清晰明了，拥有极大的拓展空间，易于在副本世界里容纳各种网文类型与流行文化题材，在当年即引发了无限流的创作热潮，至今效仿者不计其数。较为出色的作品有卷土的《王牌进化》、黑籍的《最终信仰》等。

然而，无限流本身也具有难以解决的缺陷：一方面，同人性质的副本世界，过于依赖既有经典作品，限制了无限流本身的创新能力；另一方面，高度游戏化的设定，容易造成情节的单调重复，穿越与轮回本身的意义探讨被搁置一旁。但也出现了两部有希望突破无限流模式天然限制的作品，即饥饿2006的《无限道武者路》与爱潜水的乌贼的《一世之尊》。

对于无限流的同人局限与单调重复这两个问题，《一世之尊》进行了三方面的处理：第一，副本世界不再照搬现成作品，而是借用经典元素来构建原创情节；第二，“轮回空间”被设置为一个需要解开的谜团和束缚，而不仅仅只是提供游戏接口；第三，引入了“本世界”的维度，主角在副本结束后仍然回到自己原本所在的武侠世界，而这个世界同样有丰富的情节和谜团。这三方面的处理，使得轮回空间不再是覆盖整个世界的框架，而是仅仅作为世界设定的一部分，主角需要在一个更大的世界里去追问系统存在的意义、自身的站位与追求。这也正是《无限恐怖》在作品后期尝试探讨却未能有效完成的命题。

而本来只是作为《无限恐怖》同人的《无限道武者路》，则尝试了另一条道路。首先，即使是照搬现成作品的副本世界，也会补足原本世界设定的缺憾，并给出新的足以自洽的解释。其次，将多个副本世界打通，并构建出一个完整的体系。最后，每个副本世界呈现的都是不同的文明形态与最终真相的一角，通过对各种文明可能的探索，最终发出对轮回空间终极意义的叩问。

例句：

- 你可以在一部**无限流**小说里同时经历所有不同类型的幻想世界，看到内力与魔法、飞剑与机甲、腾云驾雾与星球大战，不过要把这些世界很好地统合在一起，却是一件难事。
- **无限流**是无穷的希望与无尽的绝望的集合体，你可以游历无数的世界获得无限的可能，但你不能永远停留在任何一个世界中。

末日流

“末日”也称“末世”，即世界末日，指宇宙系统的崩溃或人类社会的灭亡，以后者为主。“末日流”指网络小说中的末日小说，亦称“末世文”，主要分为生化类（丧尸类）和废土类两种。这两种末世文流派，分别描绘具有强烈传染性的生化病毒和核弹等大杀伤力武器对自然环境和人类造成空前破坏后，人类的非日常化生活。如对末日景象的想象，还有外星人入侵、磁场变化、行星撞击、太阳活动等，如今也有越来越多的作品引入了修仙、玄幻和游戏的因素，但丧尸类和废土类仍是末世文的主流。

末日流小说中也有真实描绘末日场景与单纯以末日为背景的两派，前者的代表作有随风飘摇的《蹉跎》、烟雨江南的《狩魔手记》、九头怪猫的《重启家园》以及黑天魔神的“末世三部曲”，出自《蹉跎》，后来在网文圈中流行一时的问候语“祝蘑菇丰收、老鼠满仓”便是此类末日文精神的真实写照；而后者常将末日与武侠、修真、异能等元素高度结合，如《末世超级商人》(雨水)、《末世也修仙》(蓝慕小友)等，还有部分作品甚至只是把末世当作一个可有可无的背景世界。

末日流不但在男性向网文中始终有一定影响力，2011年末至2012年，也在晋江风靡一时，至今仍有一定受众。女性向的末世文也与修真、重生等元素结合，同时伴生了一些其他分支，其中机甲、异形、异能、修仙都形成了较为成熟的类型。代表作有《二〇一三》(非天夜翔)，《末世掌上七星》(月下金狐)等。

例句：

- 你是喜欢看比较真实沉重的**末世文**，还是那种把**末日**当成打怪升级背景的呢？
- 有的读者喜欢看**末日流**，就是因为**末日流**能把人类文明中最黑暗最虚弱的一面暴露出来，又在这最绝望的世界中重建光明，给人以希望。

盗墓文

“盗墓文”是网络小说类型之一，由天下霸唱的长篇小说《鬼吹灯》开创，其同人小说《盗墓笔记》（南派三叔）的出现更使其壮大为一个类型。这两部作品在长期“被跟风”中成为经典，并以其光环效应为整个类型捕获了庞大的读者群。略微夸张地说，盗墓这整个类型，都可视作这两部作品的同人小说。

狭义上的盗墓文指以盗墓贼在古墓中的冒险经历为主要内容的作品，广义上的盗墓文也包括惊悚悬疑风格的考古、探险等题材小说。盗墓文综合性很强，一般会容纳灵异元素、历史传说、民间习俗、自然科学等方面材料，同时也发展出一些被读者普遍接受的黑话，如倒斗（盗墓）、粽子（僵尸）、龙脊背（价值高的古物）等，形成自成一体的黑话系统。

例句：

- **盗墓文**真正吸引读者的地方，是在令人毛骨悚然的表象下，蕴含着的叙述历史、理解现实的新可能。
- 看**盗墓文**的女读者也特别多，《盗墓笔记》就得到了大量的女性粉丝的喜爱，作者南派三叔甚至在作者圈内被笑称为妇女之友。

女尊

"女尊"是在以女性为尊的时空背景下进行两性易位书写的女性向网络文学类型，也指代一种女性向特有的女强男弱、女尊男卑的世界观设定。

女尊可以看作女强的加强版。早在2004年，刚刚摆脱台湾言情影响的晋江原创网，就已经生长出女强、女尊的创作倾向，2005年之后正式出现了带有"女尊"标签的作品。常见的女尊文，通常也是架空文或穿越架空文，一切都发生在高度幻想的非现实世界中。女尊的常见设定有：女强男弱，女尊男卑，女婚男嫁，女主外男主内，女性成为"女儿国"式的权力机构的主体，女性孔武有力、男性温驯柔弱，女性奴役男性，甚至由男性负责生育。这些设定不同程度上颠倒了男女的社会地位和生理职责，有时是女主角的个人行为，作者通过赋予其"超能力"，使女主角登上至尊之位，如女尊的早期代表作《且试天下》(倾泠月)，就是女皇风惜云的个人舞台，这类女尊后来也常被指认为女强。更多情况下女尊表现为一种社会制度，使女性地位获得集体性的提升，如《四时花开之还魂女儿国》（宫藤深秀），女主重生穿越到了一个女尊男卑的“女儿国”世界。

此外，女尊还常常带有“逆后宫”的配对模式，有的甚至接受NP的倾向和“1VN”（即1VSN，一对多，与“1V1”的“一生一世一双人”模式相对应）的结局。前文提过，“后宫”指的是一个男主角与多个女性角色建立情感关系，就像古代皇帝坐拥后宫佳丽，这在男性向ACGN文化中是一个较为成熟的配对模式。而“逆后宫”则是一个女主角与多个男性角色建立情感关系的配对模式，与日本ACGN文化中的“乙女向”类似，带有“男色消费”的性质，在耽美中也可以表现为一受多攻。2004年，蒋胜男的《大宋女主》、姒姜的《情何以堪》和倾泠月的《且试天下》，已经或多或少地开始展现出“逆后宫”的倾向。2005年9月，葡萄的《青莲记事》和流玥的《凤霸天下》几乎同时开始在晋江原创网连载，这两部作品共同创造了“女穿男”的经典穿越模式，并引爆了2006年至2007年晋江“逆后宫”配对模式的风潮。当时正处于上升期的女尊文也作为一股中坚力量，与耽美的一受多攻共同汇成了这一潮流。

女尊和耽美一样，由于性别的易位和倒置，具有天然的女权主义革命色彩。然而女尊显然不是真正实现男女平等的有效办法，而更多的是一种报复性、游戏性的反叛，甚至未必能起到安慰作用。当女性读者意识到这只不过是自欺欺人和不切实际的幻想时，这一类型便难以为继。2009年之后，在晋江走过了鼎盛时期的女尊开始步入下滑期，之后虽然还有一些作者在坚持这一类型的写作，但作为世界观设定的女尊已经逐渐瓦解。

例句：

- 要是穿越到一个**女尊**世界，我一定要娶十个男妃！
- 这篇**女尊**文我不要看，男妻生子是我的雷点。
- 《芈月传》的电视剧也好意思说是**女尊**？芈月明明是一朵白莲花好不好？

霸道总裁

霸道总裁/总裁文

“总裁文”是言情小说中较为流行的一种类型，这类文中的男主人公通常是企业、财团的领导人或高管，他们不仅英俊富有，还往往兼具腹黑、冷面、偏执、控制欲强等特点，因此被称为“霸道总裁”。

总裁文最早出现在20世纪80、90年代的台湾言情小说中，许多作者都曾创作过以霸道总裁为男主角（甚至小说标题中直接出现总裁二字）的言情小说。而大陆言情小说，本就深受台湾影响，且大陆的女性向文学网站，在草创之初通常也靠连载台湾言情小说维持内容更新。总裁文就在这一背景下进入了大陆言情小说读者的视野，并很快被一些网文作者所模仿。这一批模仿之作，最早大约出现在2005年前后，大部分连载于女性向文学网站，其中比较知名的作品包括明晓溪的《泡沫之夏》、顾漫的《杉杉来吃》等。

总裁文发展至今，已形成了一定的套路。其中男主人公自然是冷酷英俊富有的总裁，女主人公则通常是柔弱善良、天真纯洁的普通女孩。小说往往以总裁对女孩的一见钟情或总裁与女孩之间的契约婚姻等桥段引出剧情。故事发展则紧紧围绕两个脉络，一条脉络是总裁对女孩精神和身体的双重控制与虐待，另一条脉络是总裁对女孩越来越深的迷恋。小说就在这样两条充满矛盾张力的脉络中，产生读者所期待的“虐”与“宠”。如匪我思存的《千山暮雪》中，总裁莫绍谦和纯情女大学生童雪之间混杂了复仇目的的包养/恋爱关系，就是总裁文最为经典的套路之一。

除了此类经典套路，总裁文也发展出一些变体，显著的变化主要是女主人公的人物设定，除纯情少女之外，也会出现一些较为成熟、知性、独立的女性形象，甚至也出现了一些不再刻意追求虐恋情感模式的作品。

总裁文中男女主人公的关系，相比起恋人，更像是封建父权制家庭里说一不二的暴君式父亲与听从父亲安排毫无反抗能力的女儿之间的关系。这种人物关系的想象，虽有别于传统言情小说中将女主从原生家庭和悲剧命运中拯救出来的救世主一般的男主形象（灰姑娘与王子、睡美人与王子），但同样反映了作者在想象某种平等健康的恋爱关系时的无能为力，或为制造某种虐恋情深效果时的刻意为之。

近两年来，由于某些总裁文的影视化，加上总裁文中的经典对白，如“你这个磨人的小妖精”“女人，你这是在玩火”“很好，你成功地引起了我的注意”“我要让所有的人知道，这个鱼塘，被你承包了”等成为网络流行句，总裁文以及总裁体对白也逐渐进入公众和主流媒体的视野。而霸道总裁除了专指总裁文男主之外，也可以用来泛指英俊富有且个性强势的男性。

例句：

- 看我们院长走路的气势，简直就是**霸道总裁**。
- 我要做你的**霸道总裁**，为你承包整片鱼塘！
- 如果我是**霸道总裁**，你就是那个磨人的小妖精。
- 几乎每一篇**总裁文**的文案都是画风清奇，不忍直视。

傻白甜

傻白甜是指网文、影视作品中某一类天真、迷糊、没有心机的女性形象，因为无知到近乎“傻气”与“白痴”而被略带鄙视地统称为“傻白甜”。在总裁文中，傻白甜通常与霸道总裁组成配对，构成最经典的男女主人公配置。但在总裁文以外的小说、影视剧、动漫中，出现类似的人物时，同样也可以加上“傻白甜”的标签。

这类天真烂漫、没有心机的女性形象，历来是言情小说女主人公常见的模板。这样的人物设定较为符合传统观念中对“好女孩”的想象，同时她们时不时犯蠢的行为（经典的犯蠢行为包括当众摔跤、工作失误、把茶水泼到男主身上等），也更能衬托出男主人公的沉着冷静、聪明睿智及宽和包容。同时，傻白甜也是一个可供读者代入的空壳，她们平庸至极、缺乏个性，女性读者在试图代入傻白甜女主的视角时，几乎毫无门槛。这样的设置保证了言情小说某些基本功能的实现，即读者能够将自己想象为女主人公，以便享受与优秀的男主人公恋爱的体验。

言情小说中经典的傻白甜形象包括《何以笙箫默》中的赵默笙和《杉杉来吃》中的薛杉杉等。前者一无所长，很傻很天真，无知无畏地追求男神；而后者也几乎一无所长，靠血型稀有而成为男主妹妹的血库以及贪吃的呆萌属性取悦男主。

随着总裁文渐渐进入主流视野，傻白甜作为与霸道总裁相对应的人物类型，也迅速成为一个网络流行词。当这个词被用来形容某个公众人物或身边的人时，有时表达的是鄙夷的态度，与网文圈的主流观念类似，也有的时候表达的意思反而是对这个人的赞美，认为他/她天真直率，拥有一颗赤子之心。

例句：

- 那部剧的女主就是一个大写的**傻白甜**，男主眼瞎了吗，怎么会看上她?
- 万万没想到，某著名刘姓中年影帝，在生活中竟是一个**傻白甜**。

- 某女青年模仿**傻白甜**女主，故意当众摔跤、发错邮件、把茶水泼到总裁身上，一周之后终于引起总裁注意，惨遭辞退。

白莲花

圣母/白莲花

“圣母”与“白莲花”的含义大体相同，均用以形容文学、影视作品中大量出现的一类女性角色，她们柔弱善良、清纯高贵、出淤泥而不染，并且同情心泛滥，总是无原则地原谅（或假装原谅）所有伤害过她们的人，并试图以爱和宽容感化敌人。两词亦可连用为“圣母白莲花”。其中“圣母”这个词更多地被用于形容毫无用处的同情心泛滥，“白莲花”则更强调一种虚伪与自命清高的姿态。

圣母与白莲花，均是父权制下对善良、隐忍、包容等女性气质与女性美德的想象与神圣化的产物。早期的言情小说作者有时很难摆脱父权制思维的影响，因此在创作女性角色时，往往对白莲花类型的形象颇为偏爱，甚至常常将女主人公设定为这类人物。如琼瑶《梅花烙》中的白吟霜、《还珠格格》中的紫薇等。这两个女性人物都知书达理、气质典雅，并且对伤害过自己的坏人也能真心地谅解，是典型的“圣母白莲花”。早期的女性向网文中，也不乏以圣母白莲花为特征的女主形象。

“白莲花”的正式命名，始于网文创作和网络舆论对这类虚伪的人物形象的批判。大约2009年以后的女性向网文中，作者和读者均渐渐意识到此类人物形象的空洞与虚伪，圣母白莲花也就迅速地从琼瑶笔下和早期网文中的女主人公，变成了被攻击的靶子。尤其在宫斗/宅斗文中，白莲花女配通常都是女主打脸的对象，在一次次痛快的发泄中，这类角色设定里隐藏的虚伪矫情的一面被充分揭露出来，成为读者阅读小说时的重要爽点。如玖月晞的《黑女配，绿茶婊，白莲花》(后改名《怦然心动》)就是典型的“反白莲花”作品。

读者对圣母白莲花的厌恶，源于此类人物形象的单薄、刻板与虚伪。圣母/白莲花两词自诞生的那一刻起，就以污名化的目的与姿态，出现在女性向网文和网络舆论场中，并成了宫斗/宅斗、重生文中疾恶如仇、手段强硬的新型女主人公的垫脚石。

例句：

- 珍爱生命，远离**白莲花**。

- 小的时候觉得紫薇是个很好的姑娘，现在觉得真是一朵**圣母白莲花**。
- 现在遍地都是**伪圣母**，总是动动嘴皮子感叹几句可怜，却不会真的出手帮助别人。

“网络文学”单元会话

吉良辰：我最近发现自己看不下去“**小白文**”了，**YY**得太过了，而且除了**升级**打怪就是各种踩人泡妞。

李傲天：我觉得还是很**爽**啊，像“**开后宫**”可是男人最本能的渴望之一啊。我**追更**的时候，看到喜欢的章节就想**打赏**，甚至想进去混个**龙套**！很害怕它**太监**了啊。不过我偶尔也会看“**文青**”一点的文，感觉有的**爽**点也不少。

破壁哨：我就看不了**金手指**太粗的，不是看不上，而是“**爽**”不起来。

外挂超：没有**外挂**，很多故事就讲不下去了，**废柴**靠什么逆袭，**凡人**靠什么成仙，**龙傲天**靠什么打遍天下？靠奋斗吗？

吉良辰：但看多了这部分欲望就被满足了，接着也觉得不够了，我最近在看“**无限流**”和“**末日流**”，感觉里面很多幻想也非常高级。

破壁哨：高度幻想嘛！尤其是在“**高魔世界**”里面重建一

套完整的经验系统，那种魅力不是“**低魔世界**”的故事或者低度幻想的“**高魔世界**”能比的。

女神疯：但像**盗墓文**这种，虽然不是特别**高魔**，却更能为一般读者接受了，那些**修仙**、**玄幻**、**奇幻**的故事，我也是感觉进不去。

李傲天：其实我也喜欢看历史和都市类的，我觉得这里面的**YY**更贴近现实，让人更**爽**。

吉良辰：你这倒让我没有想到，历史类的话一般不是比较传统的人更喜欢看吗，比如种田文什么的。

李傲天：我傲天也不是只看升级文和种马文的人，只不过受不了那帮子文青有时那酸臭样子。

吉良辰：**文青**也只是“**老白**”的一种啦，有**穿越**、**架空**、**重生**这些方法在，作者是想写什么都行了。啊，不说网文了，我要去玩游戏了，希望哪一天真的能把我最爱的这些网络小说的世界都变成无限真实的“虚拟现实”的游戏世界，和那里面的生活相比，在现实世界里就真的只是生存了。我真是迫不及待地等着那一天的到来了！

5

第五单元

虚拟世界 游戏人生

电子游戏

电子游戏

游戏概念是世人生活中很特别、极重要的因素，我们没理由弃之不顾。

——赫伊津哈《游戏的人》

电子游戏，在汉语语境下一般笼统地用来指称以某种形态的计算机为硬件载体、以计算机程序为其实体、以电子媒介的交互界面呈现给玩家的一种游戏。简而言之，电子游戏就是在计算机出现后才应运而生的一种不同于传统游戏的新的游戏。在本单元中，如果没有特殊指明，通常将“电子游戏”简称为“游戏”。

按照硬件平台和媒介交互界面的不同，电子游戏通常可分为街机游戏、主机游戏、PC（Personal Computer，个人电脑）游戏、手机游戏，以及或将大规模出现的虚拟现实游戏（简称VR游戏，“VR”即Virtual Reality，虚拟现实）。下面介绍目前比较重要的三类。

PC游戏指在PC上运行的游戏，也被称为电脑游戏。PC游戏又分为单机游戏、客户端网游（简称端游）与网页游戏（简称页游）。单机游戏的主体内容不需要玩家联网即可体验，客户端网游需要通过特定的、占有较大硬盘容量的软件登录网络服务器才能进行，网页游戏则通过网页登录即可。在2000年至2009年，国内外网游大部分都属于端游，2009年以后，欧美页游以Facebook（美国著名社交网站，可简称为FB）等为载体开始兴盛，中国页游也开始发展。许多质量粗糙、运营周期短的国产页游被认为是“骗钱”和“坑人”的代名词。

主机游戏（Console Game）指在专用硬件平台上运行的游戏，又分为掌机游戏和家用机游戏。掌机游戏在体积较小、便于携带的掌上主机上运行，著名的掌上主机有Game Boy（任天堂公司开发的游戏机）、Playstation Portable（索尼公司开发的游戏机）、任天堂3DS等，这类游戏主要由日本厂商开发，最著名产品有“怪物猎人”系列和“精灵宝可梦”系列等。家用机游戏又称“电视游戏”，通常是指以电视屏幕作为显示器的游戏，这一类游戏的硬件平台体积与正常PC类似，但内部硬件专门为运行游戏而设计。在历史上产生过重大影响的、可以说奠定了主机游戏至今的商业模式的家用游戏机平台是任天堂出品的Family Computer[1]，它在中国也曾被俗称为“红白机”。近十年来最为著名的家用游戏机则有索尼出品的Playstation系列、微软出品的X-box系列、和任天堂出品的Wii系列。

手机游戏，又称“移动端游戏”或“移动游戏”，常简称为“手游”，除了指在手机上运行的游戏外，还包括在平板电脑上、智能手表等一切移动设备上运行的游戏。手机游戏发端于功能机时代，最早流行起来的是诺基亚随机附装的《贪食蛇》。智能手机流行开来后，手游开始大规模蓬勃发展，已成为最近在资本市场主导中国游戏行业的重要门类。

电子游戏是典型的流行文化娱乐消费品。和其他流行文化娱乐消费品一样，电子游戏也有非常鲜明的类型化特点。发展至今超过30年的商业化电子游戏已经形成了极其庞杂的类型体系，其中比较重要的类型大致有街机游戏、冒险类游戏、角色扮演类游戏、动作类游戏、射击类游戏、体育模拟类游戏、经营模拟类游戏、战棋策略类游戏、即时战略类游戏、休闲游戏、社交游戏、竞技游戏等。这个列举非常不完整，许多大类

1　Computer在欧美发行的对应版本不仅外观不同，注册的商品名也有所不同，被叫作“Nitendo Entertainment System”，字面意即“任天堂娱乐系统”，常缩写为NES。

下又分有若干子类，同时，各个类型间也多有交叉和融合。

例句：

- **电子游戏**并不是电子海洛因，而是一种艺术形式，一种生活方式。
- 有许多**电子游戏**并不渲染暴力，像《时空幻境》这样的，就具有唯美的艺术风格并包含严肃的哲学思考。
- 《暴雨》这个**主机游戏**打起来就像自己演大片一样，真过瘾啊。
- 这个**手游**太坑钱了，果断弃坑。
- 现在的**电子游戏**行业是高度商业化的，但也有偏向艺术和实验性质的独立游戏。

街机游戏

小蜜蜂，吃豆人，大金刚

原来那些年的早餐钱

都被用来练习拯救世界

街机，是置于公共娱乐场所的经营性专用游戏机，在此主要介绍其中安装电子游戏的那种，而不是诸如打地鼠、弹球机这一类更加“实体”、更加传统的“街头游戏机”。在街机上运行的游戏被称为“街机游戏”。“街机”也被称为“大型电玩”，基本只能在街边的游戏厅中玩到，因此在中国大陆被惯称为“街机”。

前电子游戏时代的街机，比如弹球机，早在20世纪30年代就已出现。1966年，美国世嘉公司（SEGA）造出了第一个成功的街机电子游戏《潜望镜》（*Periscope*）。1978年的《太空侵略者》（*Space Invaders*）的巨大成功开启了街机游戏的“黄金时代”，在欧美和日本直到20世纪90年代之后才逐渐衰落。20世

日本东京秋叶原至今仍然有红火的街机游戏厅

纪80年代街机开始从香港流行到中国内地。20世纪90年代是街机在中国的黄金时代，那时几乎每座城镇都遍布着街机游戏厅，2000年后逐渐没落，如今只有极少数的街机厅以“电玩城”的名义继续存在。

在20世纪70到90年代，电脑和网络还没有普及，街机的声光效果、操作反馈感等都远优于家用游戏机和个人电脑，因此成了当时游戏爱好者的主流选择，同时街机也孕育了20世纪80、90年代中国的第一批电子游戏玩家。那时的街机游戏代表作有《拳皇》《三国战记》《合金弹头》《西游释厄传》等。在街机厅没落之后，人们现在基本上只能用街机模拟器在PC或主机上运行经典的街机游戏。街机游戏失去了原先的生态环境，却化作了一种复古的游戏风格，仍为小众玩家所喜爱，并深刻地影响着许多游戏的设计。

例句：

- 当年玩**街机游戏**的那群小正太如今全都变成大叔了。
- **街机**的魅力不是在电脑上用模拟器能真正体会到的，只有在街机厅里玩过的人才能明白。
- 现在有很多手游都是从经典**街机游戏**改编来的，不过一旦需要氪金而不是投币，玩法就完全不同了。

引言注释：“小蜜蜂”“吃豆人”“大金刚”都是早年在中国流行的街机游戏的俗称。

冒险游戏 AVG/ADV

《荷马史诗》的尽头是《小径分岔的花园》。

AVG，即冒险游戏，全称为Adventure Game，亦可缩写为ADV，是电子游戏的一个类型。冒险游戏的核心要素是探索，根据进行探索时依赖的媒介形式和探索元素的不同，冒险游戏又可以细分为文字冒险游戏、动作冒险游戏和解谜游戏等。

文字冒险游戏主要依靠文字和画面构成可探索要素或者谜题，一般通过选择分支选项来推进游戏。而动作冒险游戏则通过搭建带有机关的场景，引导玩家用各种动作解开这些机关。解谜游戏则意味着在进行探索时，所遭遇的关卡大多由谜题构成，需要运用一定的逻辑思维解开谜题，仅仅击败敌人或选择分支选项是不够的。

世界上最早的冒险类电子游戏是1975年前后由一些美国高校的研究人员业余开发的非营利性游戏《巨大洞穴冒险》

（*Colossal Cave Adventure*）和《地下城》(*Dungeon*)。这两款游戏共享相同的系统和虚构世界，并受当时电脑硬件配置的局限，两款游戏都以文字的方式呈现，并没有对应的画面。这类游戏就是早期的文字冒险游戏，又被称为互动小说（Interactive Fiction）。20世纪80年代以后，随着美国个人电脑的普及，冒险类游戏才渐渐进入商业开发领域。此后，随着电脑硬件和游戏产业的不断发展，冒险游戏内部也逐渐细分出各种不同的分支。其中最为繁盛的两支是动作解谜类游戏和Galgame（美少女游戏）。

目前最主流的动作解谜类游戏多是3D图形界面的大作，以较高难度的关卡设计、复杂的操作和相对丰富的剧情为主要特点，代表作有"古墓丽影"系列、"战神"系列、"刺客信条"系列等。

相比起动作解谜类游戏的欧美硬派风格，作为文字冒险游戏一个重要分支的Galgame则是日系风格的代表。Galgame即以与游戏中登场的美少女结成恋爱关系为主要目的的文字冒险游戏的俗称，也可以被称为"美少女游戏"。

虽然同样是通过文字和简单的画面来组成探索要素，但与一般的文字冒险游戏不同，Galgame的核心要素是形形色色的人物设定和围绕恋爱关系的进展而设置的系统。在Galgame中，玩家往往通过选择游戏里的分支选项来推进剧情，不同的分支选项决定了接下来剧情的走向和玩家最终的情感归属。作为对照，动作解谜类游戏的核心则是关卡设计和动作设计，很少设置能够影响剧情走向的分支选项。

日系Galgame的代表作包括日本Key社（日本游戏公司。以下称“日本×社”的，如无解释，均为日本游戏公司名）旗下的《Air》《Kanon》《Clannad》，和日本Leaf社旗下的《白色相簿》等。值得一提的是，日本科乐美社开发的《心跳回忆》系列虽然通常也被称之为Galgame，但由于包含详细的数值化的人物属性设定和复杂的模拟养成系统，它的游戏类型应当是模拟类游戏（Simulation Game，SLG）。

AVG是电子游戏中一个重要的类型，其内部包含许多复杂的子类型。作为其中最重要的两个子类型，动作解谜类游戏是欧美硬派游戏的中坚力量，而Galgame则是构成二次元宅文化的基础之一。

例句：

- 如果博尔赫斯活到今天，《小径分岔的花园》肯定会是一款**文字冒险游戏**。
- 电影《寻龙诀》整个就是一部动作**冒险游戏**啊，关卡设计、场景美术，还有那一个谜题连着一个谜题的节奏，不改编游戏可惜了。
- 现在回想起来，《神雕侠侣》就是一部**Galgame**，走的是师生线，其他几个可攻略角色好感都挺高的但是没达成TE（真结局）和HE（好结局）。

角色扮演游戏 RPG

有个头上顶着血条，身后背着无数武器和防具的人从天上下来。

他的相貌如同闪电，衣服洁白如雪。

我见了就拜他，问：“RPG的神啊，你往何处去？”

RPG，英语Role-Playing Game的缩写，即角色扮演类游戏。它是一个游戏类型，核心的特征是玩家操纵一个虚拟角色，在游戏的虚构世界里冒险，在冒险中逐渐成长——和成长小说有点像。

不过，RPG里的成长是由一套数值系统来刻画的。经典的RPG数值系统通常非常复杂，因为它既要能勾勒角色的总体成长，还要能够容纳不同玩家对个性的追求。一个典型的RPG数值系统会包含一系列可量化指标，诸如种族、性别、阶层、职业、属性、天赋、技能、等级、生命值、魔法值、道德值等，根据不同游戏的设定，这些指标系统之间可能有不小的差别，其中比较重要的指标会在后面得到解释。在这些指标中，有一些是先天的，就是说，只能在虚拟角色创建的时候选定，或者后天可改变的余地很小。有一些后天指标则明显用来表征角色的成长或者能力的增强，最主要的就是等级和技能体系。有一些外在因素也和角色的成长有很大关系，主要就是装备系统。

按照最一般的游戏流程，玩家角色会从1级开始游戏，在游戏过程中获得经验值，经验值积累到一定程度就会升级，即等级+1。笼统地说，角色等级越高就越强。许多游戏会有一个最高等级的设计，这个最高等级叫满级。如果还从成长小说的角度来看RPG游戏，一个粗略的比喻是，玩家角色从1级升到满级的过程就是一个从小白变身一代大侠的故事——一个玩家自己参演的故事。

RPG作为一个游戏类型，其外延比字面上的“角色扮演”所指称的范围要窄：就是说，有些游戏包含字面意义上的角色扮演却一般不被称作“角色扮演类游戏”。字面意义上的角色扮演其实是一种非常普遍的人类活动，在宽泛的意义上，我们每天在不同的场合都在进行着不同设定下的角色扮演。更接近RPG核心内涵的那种角色扮演则是指扮演一个和我们日常生活拉开距离的角色。在电影《甲方乙方》里，姚远等人的那个

“好梦一日游”项目其实就是给人提供角色扮演机会的。只不过，这种真人角色扮演游戏并不包含数值成长系统，对应到电子游戏的类型里，更接近于AVG（冒险类游戏）。

这里把RPG和AVG做一个对比。AVG是和RPG接近的类型，它与RPG的共性是，一般都包含字面意义上的“角色扮演”，也同样比较重视讲故事。两者的差异则主要在于，AVG要么是数值系统相对简化，要么就是更注重“探索”和“解谜”而不是“打打杀杀”。

RPG和AVG作为游戏的类型，也许在当下的市场上并不再占有主导地位，却是值得多说几句的。RPG和AVG的出现，首要意义是“游戏”与“叙事”的结合。传统意义上的游戏，比如赛车、球类、棋牌等，这些游戏的叙事性都微乎其微，如果把RPG和AVG视为传统游戏在电子媒介里的后裔，那么能在游玩中体验到故事绝对是革命性的改变。而相较于传统的叙事艺术形式，比如小说、电影、戏剧之类，游戏所包含的互动性也同样是革命性的。当然，既要让游戏好玩还要让故事好看绝非易事，当今的RPG和AVG也还在继续发展着它们独特的艺术技巧。

对于游戏自身来说，这两个类型也是非常重要的。在RPG

与AVG里产生的设计在这两个类型与其他类型的不断融合中陆续促进着游戏工业整体的进步。对于玩家社群，这两个类型则像是“文化之源”，在它们之中孕育了最主要的游戏文化，这些生于游戏的文化又以各种方式影响着游戏之外的世界。基于以上两个原因，本章的词条大多都与RPG和AVG有密切的关系。

例句：

- 《仙剑奇侠传》是中国游戏史上最重要的RPG。
- 这算什么RPG，不就是个带战斗的Galgame嘛！
- 这个游戏不算RPG，但是有很多RPG的成长要素。

引言出处：游戏设计师兼评论家南杉的游戏评论《RPG啊，你向何处去？》系列的引言，词句略有改动。“顶着血条”参见本单元“升级”词条里的“生命值”；“背着无数武器和防具”是对通常RPG游戏主角可携带无限量物品的一个戏仿。

升级

生命值/升级/经验值/技能

永恒的女性，引导我们升级。

如RPG词条里所说，RPG游戏用一套数值系统来刻画角色的成长，这个成长系统是RPG类型的核心要素。在这样的数值系统里，最能概括性地表示角色强弱的指标，就是等级。而角色的成长，最具代表性的表现就是升级。

在RPG游戏里，玩家角色通常通过任务回报或者关卡结算等获得经验值，经验值积累到一定的数量，角色就会升级。绝大多数RPG里玩家角色都从1级开始，满级则不大固定，依游戏的不同有时差别很大。在升级的过程中，刻画角色的一部分量化指标也会相应地变化，比如生命值和魔法值的增长、属性值的增加等。有时候，玩家有一定的选择权，可以选择额外增强某些方面的数值，也就是可以选择角色的成长方向。另外，一般根据不同的属性和职业，玩家角色还会有一个技能树，角色可以随着升级按照一定的规则逐渐学习其中从低阶到高阶的技能。技能的学习是升级的重要组成部分。

以上说的基本上都是量变型的升级，而另有一种质变型的升级，通常不叫作“升级”。比如说，角色的职业在达到一定等级之后可以强化，变成此职业的高阶版，这通常被称为“晋阶”或“转职”。还有一种并没有明显地被游戏设计者写出来，而是蕴含在游戏规则和数值系统之中。比如说，当角色升到某一等级时，刚好可以学会的某项技能可以和之前的某些技能产生叠加效应，有一加一大于二的效果，从而让角色的实力大涨。这样的质变点并不能直接看出，而必须在仔细研究了游戏的规则和数值系统之后才能推算出来。因此，研究其规则和数值系统也是RPG游戏的一大乐趣。

RPG数值系统被大规模地挪用到了网络文学里，主要在奇幻、修仙类，以及网游文里，另外，其中不少术语也被借用到了日常生活里。因为这些术语最初多源于日常生活，所以这种借用其实是一种“回借”。在这些由游戏再次进入日常生活的词语里，最常用的包括生命值、升级、经验值、技能等，下面分别作解释。

All Flesh Must Be Eaten™

Name: Stephanie

Character Type: Jayne (Survivor)

CHARACTER POINTS: 48 | SPENT: 22 | UNSPENT

Primary Attributes

STRENGTH	5	INTELLIGENCE	2
DEXTERITY	3	PERCEPTION	3
CONSTITUTION	4	WILLPOWER	3

Secondary Attributes

LIFE POINTS	52
ENDURANCE POINTS	41
SPEED	19mph
ESSENCE POOL	20

Qualities	Points	Drawbacks	Points
Hard to Kill	2	Cruel	1

Skill	Level
Brawling	3
Cheating	2
Dodge	3
Guns (Handguns)	4
Guns (Assault Rifle)	3
Guns (Rifle)	3
Intimidation	4
Streetwise	3

© 1999 Eden Studios. Permission granted to photocopy.

一张桌面RPG所使用的人物数值表，包含了人物的主要属性及其数值

【生命值】

生命值（Hit Point或Health，常缩写为HP），常被俗称为“血”或者“血量”，用来表示角色的生命健康程度。生命值百分比越高，角色就越接近完全健康，角色完全健康的状态叫满血。生命值总量越高，角色就越能够承受伤害。一般来说，当一个玩家角色受到伤害，生命值降到0，这个角色就死了，变得不再可操控，或者进入某种魂魄状态。如果游戏规则允许，让一个已经死了的角色重新回到正常健康状态，就被称为复活。有时候，游戏的图形界面会在角色形象的上方用一个窄条来表示角色生命值的多少，这个窄条一般叫“血条”或“血槽”。一般来说，血条越长，生命值就越高；血条越短，生命值就越低。生命值百分比高的时候，血条一般是绿色的；随着百分比的减少逐渐变为黄色，进而变为红色。角色生命值百分比极低的时候，就是角色接近死亡的状态，这个状态有许多种称谓，比如“残血”“红血”“一丝血”等。

【升级】

升级，在RPG里对应于英文Level Up，这个义项在日常生活里并不常用，主要只被借用到了网络文学里。日常更常用的“升级”对应的英文是Upgrade。前者的“升级”大体是一种“量变型的升级”，后面一种“升级”的意思则接近游戏里的“质变型升级”。

【经验值】

经验值（Experience，常缩写为EXP或者XP），有时简称为“经验”，经验值积累到一定程度角色会升级。XP其实就是日常意义下的“经验”的数值化。短时间内大量获取经验值的行为被称为刷经验。

【技能】

技能，这个指称模糊的词可以对应到诸如Skill、Ability、Perk等英文术语，甚至有时候一些魔法（Magic）也被粗略地称为技能。游戏里对“技能”这个词的使用和日常生活里的用法谈不上有什么差别。不过，通常游戏里角色的升级和获得新技能都会伴有明显的动画和音效反馈，比如说一个对角色升级的刻板印象是“叮铃一声，升了一级”，这样有意包装的媒介反馈给升级和获得新技能带来了一种额外的仪式感。这种额外的仪式感才是游戏对日常生活里的“技能”这个词的影响。

综合上面的解释，不难看出，当以上术语被回借到日常生活，它们的用法其实和它们在日常生活里的原意相差不大，有时甚至可以“望文生义”地理解。这种回借引起的比较大的改变倒是，它们把RPG那种数值化的模型带到了现实生活里，可以说是有意无意地在用游戏的世界观来看现实世界。这种世界观的改变有时还会带来一些和游戏无关的新词，比如现在常常把一个人貌美叫作“颜值高”。可以说，在这个意义上，现实世界正在被游戏化。

例句：

- 信春哥，原地**满血复活**！
- 终于考完了，我被虐得只剩**一丝血**了……
- 这小龙虾是我亲手炒的哟～新**技能**，get！
- 别琢磨在论文里加什么个性了，你**等级**不够高！还是先把话说清楚吧。
- 只要加一个**经验**和**等级系统**，就算再无聊的事情也有人会去花钱花工夫升到**满级**的。
- 最近被淘宝奸商诓得一愣一愣的，真是怒刷一波人生**经**

验值。

- 感觉邵老师每次发的任务都**经验值**超高，做完直接升一级。再做几个这样的任务我就要**升级**为学霸啦。

引言注释：改自歌德《浮士德》中的名句："永恒的女性，引导我们上升。"

网络游戏

MMORPG/PvE/PvP/DPS/T/奶
治疗/仇恨

为了部落！

——《魔兽世界》

MMORPG是“大型多人在线角色扮演游戏”（Massively Multiplayer Online Role-Playing Game）的英文缩写，是RPG的一个子类型。它的核心特质全部包含在其长长的名称里：成千上万的玩家在游戏世界里进行角色扮演。在1997年至2009年间，“网游”在中国几乎特指MMORPG，其中最为著名的是《热血传奇》与《魔兽世界》。这类游戏的历史可以上溯到桌面游戏时代的《龙与地下城》。

《龙与地下城》是1974年由加里·吉盖克斯发明的世界上第一款商业化桌上角色扮演游戏（Tabletop Role-Playing Game，简称TRPG）。在这个游戏中，玩家围坐在桌边，各自扮演一名虚构世界中的角色，与其他玩家进行交互合作，完成游戏世界中的冒险。在此过程中，其中一名游戏参与者将扮演地下城主（Dungeon Master，简称DM），执行由玩家共同讨论制定的游戏规则，主持游戏的进程。在游戏中，玩家的选择将决定其扮演的玩家角色（Player Character）的行为，并影响游戏故事的发展，而地下城主则根据规则决定非玩家角色（即Non-Player Character，简称NPC）的行为。

每一次《龙与地下城》游戏的进行过程，实际上都可以视作一次集体写作，玩家、地下城主共同在规则框架内完成了一个冒险故事，游戏过程的记录被称为“跑团记录”。1984年第一部热销的《龙与地下城》背景的小说《龙枪编年史：秋暮之巨龙》据传即以一次跑团记录为基础创作而成。“龙枪”系列开启了《龙与地下城》文学化的潮流，并与原本的桌面游戏相互促进，使得《龙与地下城》在桌面游戏爱好者与文学创作者的推动下不断发展。

在20世纪90年代，游戏的平台移向电脑之后，《龙与地下城》的世界在电子空间里凝结成形，TRPG也逐渐被单机RPG取代，而后者在日本与欧美均进入了一个“黄金时代”，诞生了不少堪称艺术品的巨作。在单机RPG中，游戏的虚构世界通过程序实现拟真，游戏中玩家只能与电脑设置的NPC（非玩家角色）而不是其他玩家互动。单机RPG的游戏系统和游戏故事都交给了游戏设计者负责，更像是设计者创作的一部小说。

网络技术发展成熟之后，出现了多人共同游戏的MMORPG。玩家通过安装在个人电脑上的游戏客户端登录，各类数据由游戏运营商控制的网络服务器处理，系统世界与故事世界成了由开发商与运营商提供的服务，玩家则成了用户。无数玩家通过网络在同一款游戏中游玩，也使MMORPG变成了一个持续存在的虚拟世界。

世界上第一款有3D图形界面的MMORPG是《无尽的任务》（*Ever Quest*），它于1999年在美国上线，2003年引入中国，在种族与职业设定、战斗方式、副本地下城等方面为此类型树立了标杆。由美国暴雪娱乐（Blizzard Entertainment）开发、从2004年起运营至今的《魔兽世界》（*World of Warcraft*）则延续并发展了《无尽的任务》，构造了庞大且富有魅力的虚拟世界，并正式确立了一套MMORPG的经典系统。这个经典系统主要包含如下一些核心概念：

【PVE】

PVE（Player VS Environment，玩家对抗环境），玩家在PVE

中战胜系统操控的敌人，克服设计者创造的难关。最为经典的PVE系统是地下城副本，玩家在特定关卡内攻克Boss（通常指一个镇守游戏关卡的强力敌人，参见本单元的“Boss”词条）获得奖励。

【PVP】

PVP（Player VS Player，玩家对抗玩家），玩家在PVP中与其他玩家比赛或对战，力求战胜敌对阵营和其他对手。最为经典的PVP系统是阵营系统，以《魔兽世界》为例，玩家需要在联盟和部落两大阵营中选择一个加入，不同阵营的玩家被强制敌对，甚至无法以语言交流。

【DPS】

DPS（Damage Per Second，每秒伤害），这一概念用于衡量玩家对敌人造成伤害的能力，同时也特指专门进行伤害输出的职业角色。

【T】

T（Tank，坦克），这一概念指血量特别高、能够承受伤害并保护队友的职业角色。

【奶/治疗】

奶/治疗，指治愈队友的行为，也可指专门治愈队友的职业角色（这种职业角色有时被设计者命名为“牧师”，通常俗称“奶妈”，简称“奶”）。

【仇恨】

仇恨，这是一套游戏内Boss和其他怪物调整优先输出目标的机制。通常而言，玩家DPS越高，对队友进行的治疗越多，系统控制的怪物对其仇恨值也就越高，此时则需要T通过特殊技能来吸引怪物攻击自己，这种操作被称为拉仇恨（Taunting，英语意味叫阵、嘲讽）。T拉仇恨，DPS输出伤害，奶治疗队友，这是由《魔兽世界》确立的MMORPG游戏的基本战斗模式，其中任何一个位置出现问题，都有可能引起整个队伍的失败，也就是所谓的“团灭”。

例句：

- 随着《魔兽世界》的日渐衰落，**MMORPG**市场也逐渐萎缩。
- 不管这场**PVP**能不能打赢，先得吼一声“为了部落！”
- 昨天晚上，多亏那小子顶了老师一句嘴，拉住了**仇恨**，我们才能及时从后门溜掉，不至于**团灭**。

电子竞技

I can I up!（我行我上）

电子竞技，有时也称“竞技游戏”，就是以电子游戏为比赛项目的体育活动，在体育竞技的本质上和传统体育没有区别。按罗热·加育华在《人，游玩，和游戏》里的划分，宽泛意义上的游戏被分为四种：竞争、竞赛（Agon）；随机，即碰运气一类的游戏（Alea）；模仿，即角色扮演一类的游戏（Mimicry）；眩晕，即追求感官刺激的游戏（Ilinx）。本单元之前介绍的游戏主要都属于其他三类，电子竞技则是电子游戏里最强调竞赛的一类。

当然，原则上任何游戏都可以有竞赛要素，比如《俄罗斯方块》可以比高分，《数独》可以比速度等，电子游戏的竞赛真正让其成为一种“体育”则有赖于有规模、有组织的赛事的发展，最早为电子竞技奠定此基础的是在韩国。自20世纪80年代以来，韩国政府一直积极倡导计算机互联网产业的发展并为其制定相关政策，到21世纪初，韩国已成为宽带互联网最普及的国家，也形成了深厚的网吧文化，这是电子竞技成为流行体育项目的基础。2001年，在韩国企业三星集团的赞助下，世界电子竞技大赛（World Cyber Games，以下简称WCG）在韩国首尔举办首届比赛，设6个项目，共计来自37个国家和地区的430名选手参赛，总奖金池30万美元，这成为电子竞技正规化的一个重要标志。之后十几年间，WCG一直是国际上首屈一指的电子竞技赛会，直到2013年在中国昆山，最后一届WCG落幕。

2012年《英雄联盟》第二季全球总决赛现场

与政府国策以及大型企业赞助密不可分的韩国电子竞技产业几乎照搬了传统竞技体育产业的模式，WCG就模仿奥运会，以国家和地区队为单位竞赛，亦设有选手村和开幕式。但电子竞技在世界其他地区的发展形态往往与此有较大差别，除了因电子游戏在主流文化中尚未被完全承认外，也因为电子竞技和传统体育项目存在一些结构差异。

电子竞技和传统体育的第一个主要差别是电子竞技项目更迭快，游戏规则的细节也时常被大幅修订，简言之，不如传统体育稳定。和传统体育依赖简单系统和简单规则不同，电子竞技项目的规则一般都十分繁复。通常，选手操作一个虚拟角色在计算机模拟生成的虚拟空间中行动，虚拟角色可以拥有复杂的能力，作为竞技场地的虚拟空间也可以有复杂的地形、物品、目标等设计。在这样复杂的系统中，要维持竞技的公平，就需要参照玩家的行为对规则实时进行修正，消除规则中的漏洞，同时也为观赏性考虑，适当鼓励冷门战术。简言之，传统体育的公平性建立在规则系统的简单对称之上，电子竞技的复杂系统则反其道行之，使规则的全局复杂度超出人脑的计算能力，并辅以补丁更新的方式消除局部漏洞，最终的目标是让玩家在游玩行为中取得动态的、博弈的平衡。

也因此，电子竞技不经常使用“公平性”这个词，而以“平衡性”的概念替代之。

电子竞技与传统体育的另一个主要不同是其“天梯”系统：天梯系统最早见于美国暴雪娱乐的《星际争霸》附带的联机模组，是一种排名/匹配系统，用来量化玩家的水平，并为水平接近的选手配对对战。和传统体育一样，电子竞技也需考虑如何将水平相当的人聚到一起，尽量减少一边倒的无趣比赛的发生。对电子竞技来说，玩家的所有操作都可以在服务器中保存，这为数据分析提供了基础。另一方面，互联网提供了远大于球场尺寸的公共空间，从而能够使相距遥远的玩家同场竞技。这两点合起来使天梯成了一个巨大的、无门槛的、融合了竞赛与娱乐的系统。对于普通玩家来说，天梯排名赛是一种比普通娱乐要更认真一些、更有竞技性的游戏方式。对于职业选手，天梯相较于正式比赛来说则是一种相对放松的练习模式。天梯让普通玩家和职业选手能够在同一个空间中游戏，职业和业余的区隔被相对化——在这个意义上，电子竞技比传统体育更平民化，电子竞技也在许多的项目中拥有更多的从天梯排名赛中脱颖而出的选手。

例句：

- 当Sky（真名李晓峰，中国著名《魔兽争霸3》选手）两获**WCG**世界冠军的时候，他可真是成为民族英雄了啊。
- **平衡性**是竞技游戏的生命线。
- 如果你水平足够高，在**天梯**里你完全有机会遇到职业选手，这才是“心有多大、舞台就有多大”。

引言注释：“I can I up”即“我行我上”的中式英语表述，颇可概括电子竞技天梯系统的平民化特点。

奶 奶/毒奶

夸曹操曹操就死。

奶，来源于MMORPG的术语，原义是“治疗”，后来又转义为“表达对事物的正面预期”。这个义项最早出现的形式是“毒奶”，也就是指一种像添加了三聚氰胺的奶粉一样的“有毒”的正面预期，这种预期仿佛有令事物向反方向发展的能力一样。

“毒奶”和“乌鸦嘴”的意思非常接近，只不过，“乌鸦嘴”里更常说出的是“不会那么坏吧”，“毒奶”则更多是指“我看好你哦”的落空。此外，“毒奶”也是以电子游戏术语对这一类现象的重新命名，而这背后与2010年代电子竞技和视频直播的兴起密不可分。由于电子竞技的规则和场面都较传统体育更为复杂，其比赛更依赖于解说，观众不仅会记住比赛，同时也会对解说的表现津津乐道，电子竞技的解说因此更加成为比赛的一个有机部分。在这种观赛期待之下，解说对比赛形势的错误解读和预测往往会被格外关注，尤其是，如果解说特别看好比赛的某一方最后却因为运气和发挥等种种原因失败，这些解读和预测与实际结果的不符就会被夸张、放大，并在网络社交媒体中流传。通常来说，一个水平不够的解说也只会预测不准，而不会永远与实际结果相反；但由于社交媒体的传播效果，许多相当有水平的解说因为偶尔的“乌鸦嘴”就逐渐变成了观众口中的“毒奶解说”。

当然，“毒奶”这个表述也包含了责怪的意思，尤其是，当解说看好观众喜爱的队伍，观众就可能责怪解说“不要再奶了”，仿佛这种预测真的会影响实际比赛结果似的。这种责怪背后的心态来源于本世纪初论坛文化里的“人品”逻辑（参见第六单元的“人品/RP”词条）。对观众所支持的一方表达正面的预期——也就是“奶”——被视为“败人品”，本身就孕育着变成“毒奶”的可能性；所以，当不好的结果最终发生，观众就会怪罪解说——虽然大抵是一种玩笑式的嗔怪。

在视频直播网站上，很多直播游戏的播主为了节目的戏剧性效果，也经常会做出一些夸张的预测，常见的一种是吹嘘自己，也就是“奶自己”。如果这样的预测最终应验，播主会收获一波赞赏；如果失败，播主会得到观众开心而无情的调侃——无论如何，观众都得到了娱乐，这就变成了一种稳赚不赔的拉拢人气的手法。“奶”这个词也因此随着视频直播网站的兴起而更加流行开来，乃至反哺到日常生活用语中。

例句：

- 球王贝利是**毒奶**界的祖师奶奶。
- 快要考雅思了，还是**奶**自己一口，希望口语不要碰到太难答的问题呀。
- 这个新上市的创业公司被电竞界三大**毒奶**张羽、许飞、黄旭东同时看好，我觉得我们还是不要买他家股票了吧。

存档

存档/读档

我刚刚说到哪儿了？

存档，指玩家在单机游戏里以某种方式保存其游戏进度。这个保存的游戏进度可以在之后再被调出，从保存时的进度继续游戏，而不用从头开始。这样调出存档的行为就叫作“读档”。

最初，计算机还都很大，没办法进入寻常百姓家，所以最早的一批游戏机是只能设置在公共场所的，也就是在游戏厅或者街机厅。因为街机是有可能要排队的，所以每个玩家的单次游戏时间通常不会太长，要体验到完整的游戏内容是需要金钱或技巧的——街机游戏就设计成这样。这个时候是不可能有存档系统的，只是可以记录玩家获得的分数而已。

当游戏进入家用主机和PC（个人电脑）的时代，游戏变得复杂起来，同时出现了存档系统。存档系统的出现主要有两个效果：其一是让玩家可以分几次玩完一个游戏，换言之，游戏也可以做“长篇小说”了。其二是让玩家可以更容易地重复尝试或反悔，这实际上带来了一种不同的游戏玩法，也相应地产生了不同的游戏设计。

有些游戏，尤其是策略战棋类游戏，存档读和档系统非常方便，一些玩家便会刻意利用这种机制，在游戏的随机数值系统中获得对其有利的结果。说白了，这类似于投骰子的作弊，就是用反复存档、读档的方式得到想要的点数，这种玩法被称为S/L大法，其中S即存档（Save），L即读档（Load）。称之为“大法”，即有调侃的意味，指这种方法很多时候会影响正常的游戏体验。但也有玩家以此为乐，用这种方法尝试游戏中的各种有趣玩法。

这种S/L的游戏机制甚至影响到了一些电影的叙事手法，最著名的例子包括《罗拉快跑》《蝴蝶效应》《源代码》《明日边缘》，等等。

例句：

- **存档系统**出现后，游戏的形态发生了巨大的变化，这就是游戏内部的媒介变革啊。

- 电影里，主角有主角光环；游戏里，主角可以**存档**、**读档**。
- 人生不能**读档**重来。

结局

这一次，我一定要让你幸福。

——渚薰（《EVA》）

“结局”可分为好结局、坏结局、开放结局等，有时候前两者会按英语分别缩写为HE（Happy Ending，差不多就是所谓的“大团圆结局”）和BE（Bad Ending）——这当然是不限于游戏的。不过，游戏却有一点相当不同于传统媒介：许多游戏是可以选择结局的。不喜欢这个结局？读个档再选一次！——这就是单机RPG和AVG里所谓的分支选择与多结局系统。

在纸质媒介的时代，这样的系统就已经出现了。1969年，美国人爱德华·派卡尔德（Edward Packard）写出了《惊险岔路口》（*Choose Your Own Adventure*）系列的第一本，后来成为十几年间美国最畅销的童书系列之一。所谓“惊险岔路口”，就是在故事的分支点提供给读者选择权，由读者决定故事接下来的走向，读者做出选择后只要按着游戏书的指示翻到相应页数就可以继续故事。这里，不同的选择一般都会影响到故事的结局。

当《惊险岔路口》于1976年刚刚出版的时候，电子游戏还在街机时代，家用主机和PC刚刚开始发展，没能立刻把这种讲故事的方式纳入电子媒介中。不过，到了20世纪90年代，包含分支选择与多结局的游戏在出现后很快就为AVG和单机RPG订立了新的标准。

在AVG里，多结局出现得更早些。至迟到1992年，日本的Galgame（美少女游戏）《同级生》就已经有了主角在结局时可以和不同的心仪对象在一起的设计，这个后来几乎成为一切Galgame的标准设计。在RPG里，滥觞之作则是由鸟山明担纲美术设计的《时空之轮》（クロノ・トリガ，Chrono Trigger），它一共有13种不同的结局。正如其名，这款1995年的游戏讲的就是一个时间旅行的故事。这种涉及历史多重可能性的主题，用分支选择和多结局来表现实在是再合适不过了。

有些游戏的好结局或者坏结局都太过刻意，或者显得一相情愿，这时候还有一种折中或者说看起来相对真实一点的结局，被称为真结局（True Ending，TE）。一般来说，好结局都需要玩家付出更多的努力，去达成一个“完美流程”，而坏结局多少都有惩罚玩家错误选择的成分——这种奖惩反馈的逻辑是游戏自己的叙事语法。设置真结局的逻辑则更靠近传统叙事，多少有些暗示现实总难免会有缺憾的意思。在游戏出续作的情况下，前作的真结局会有特别的意义：它代表了这个系列所虚构的那个世界的“正史”。

总之，包含分支选择和多结局的游戏经常会给人一点“多重宇宙”的感觉。“小径分叉的花园”在游戏里成了一种颇为自然的设计。

例句：

- 这游戏的BE真是虐得我心碎，完全接受不能，你知道怎么才能打出HE嘛？
- 这个游戏难道只有一种结局么……我做了这么多选择，怎么好像选哪个都没差的诶？
- 希望这次雅思不要再BE了……

支线

上帝让你去关上一扇门，你却顺路去开了一扇窗。

“支线”是游戏在叙事层面的术语，经常使用的短语是“支线剧情”，这是相对于“主线剧情”而言的。“主线”这个词的用法和在小说里区别不大，只不过，在谈论传统小说的时候不太常用“支线”这个词，网络文学则是受游戏影响后也开始使用“支线”这个词。

“支线”和“分支”并不是一个概念。分支指游戏剧情可能进入的几个互斥状态，每一种可能性叫“一个分支”。支线则没有互斥的意义，通常指附加于主线的内容。

相对于“主线/支线剧情”，还有主线任务和支线任务。所谓的“任务”，是游戏的一种设计模式，一个任务提供给玩家一个目标，在玩家达成目标后则根据玩家表现给予回报。一些RPG和AVG主要以连缀任务的方式完成整个游戏流程的设计，这种设计被称作任务制。在这种情况下，所谓的主线任务是那些可以推进游戏故事发展的任务，支线任务则对推进主线故事没有太多作用。对于游戏来说，剧本本身并不能直接呈现给玩家，所以这时候任务实际上兼具了互动与叙事的双重功能。

相对于任务制的是关卡制。所谓“关卡”（Level，在英文里和等级是同一个词），简称“关”，一般指一个相对封闭的场景，在这个场景里玩家会遭遇一系列难题或挑战，成功应对之后可以通过这个场景，称为“过关”。在关卡制的设计里，依靠关卡推演同样可以讲出精彩的故事。顺便一提，似乎并没有“主线关卡”“支线关卡”这样的说法，即使以关卡形式出现的支线，一般也被称为“支线任务”。

可以通过任务或者关卡来讲故事，是游戏的特色。游戏相较于传统叙事的另外一个特色，便是“支线”未必是跑题，它通常可以丰富剧情和人物性格、展现世界观，并给玩家提供额外的任务回报。有时候，游戏的这种叙事特点被称为非线性叙事。

好啦，有点扯远了，在解释“支线”的时候顺便解释了一下“任务”和“关卡”。也算是做了个“支线任务”呢。

例句：

- 比起日式RPG丰满的主线剧情，欧美RPG更擅长用**支线任务**来讲故事。
- 这个**任务**就是到处跑腿，回报也好差，不想做了。
- —这关**卡**了我好久，怎么也过不去，你能帮我打一下么？
  —**关卡关卡**，不就是用来卡的么。不**卡关**还叫游戏吗？自己打去！

二周目

在哪里，在哪里见过你？

二周目是电子游戏中可供玩家解锁的一种游戏模式。当玩家初次完成游戏后重新开始新游戏，游戏的某些特征，如经验值、道具、难度等，会发生变化并影响新游戏。中文的“二周目”来自日语，也称为“強くてニューゲーム”，英语游戏则称之New Game+。

二周目对于游戏本身有特定要求。只有当游戏的进程有明确的开端和结尾，才会存在二周目的概念。一些游戏会在玩家初次通关后开启新周目，从而让玩家发掘一周目无法完成的游戏要素，如道具、人物、剧情等。

最早使用二周目设计的是1995年日本史克威尔社的RPG《时空之轮》。游戏讲述一群冒险者为阻止世界毁灭而进行时间旅行故事，游戏设置了13个不同的结局，其中有部分隐藏结局需要玩家二周目解锁。史克威尔社其后的一系列作品也加入了类似设计，二周目也逐渐成为日式RPG和Galgame的重要模式，并影响到了欧美游戏。

游戏玩家使用“二周目”这一词语时，有狭义与广义两种用法。狭义的“二周目”指按照游戏机制的设计，在通关后进行New Game+。广义的用法则包含了“第二遍”的意思，玩家第二遍玩一些没有二周目机制的游戏，有时也会称“二周目”。

除了游戏的语境，在ACGN亚文化圈中，多次观看同一部作品、完成同一个活动，也会被称为“二周目”或“多周目”。进行二周目或多周目意味着对该作品或者活动非常有爱。

例句：

- 如果之前AVG和RPG词条里有些生词导致理解度没有达到100%，现在可以回去**二周目**一下了呢。
- 这个游戏设计好复杂，**二周目**只能解锁第二结局，隐藏结局需要**三周目**才能达成。
- 《质量效应》不玩**二周目**，就不算死忠粉！

- 《大圣归来》这个电影我已经刷到**五周目**了，有些镜头还是会哭出来。

NPC

人家可是很重要的哦~

NPC，全称为Non-Player Character，意为非玩家角色。一般来说，游戏中不由玩家操控的所有角色都可以被称作NPC。

在TRPG（桌上角色扮演游戏）里,NPC由DM（游戏主持者）操纵，按照预先设定的角色特性，遵照游戏规则，与玩家进行互动。在电子游戏时代，NPC则由计算机操纵。NPC通常在游戏中扮演以下几种角色：玩家角色的协助者、玩家角色的敌对者、引导玩家角色发生事件任务的关键角色、任务发布者与奖励提供者、玩家角色暴行的受害者。有时NPC也可依某种条件转变为玩家控制的角色。

在当下中国的网络游戏语境中，NPC大多数时候仅指与玩家保持友好关系的非玩家角色。与玩家敌对且能够被杀死的非玩家角色更常被称为“怪物”（简称为“怪”）。不少人在游戏语境之外使用NPC这一词语，使用者会将其涉及的情境纳入游戏的逻辑，将自己与亲友之外的人称为NPC。这种用法实际上强调了被称呼者在现实中的功能性位置，而屏蔽了使用者与其可能存在的情感联系。

例句：

- 这个游戏的NPC对话很有意思，很多看似无意义的话其实暗示了后面的剧情。
- 《魔兽世界》里有些中立NPC其实是可以被攻击的，而一旦你攻击他们，很可能会惹恼他们背后的整个势力。
- 昨天我去办签证，签证官NPC不太友好，不过最后还是让我通过了。

Boss

我是个坏人：这样很好。

我不会变好：这不算太坏。

我只是想做我自己而已。

——拉尔夫（《无敌破坏王》）

Boss（老板，游戏中指大反派），通常是在关卡中镇守关底的敌人，是玩家在这个关卡里会面临的最强挑战，也一般是过关之前的最后挑战。在任务制设计的游戏里，Boss则通常是任务目标里最后一个必须打倒的强力敌人。游戏史上最瞩目的Boss形象也许是《超级马里奥兄弟》（スーパーマリオブラザーズ，*Super Mario Bros*）里的库巴国王。Boss在汉语里还有一些别的俗称，比如大怪、大鬼、关底等。

在关卡或者任务的最后设置一个特别强力的敌人，本质上可以说是为了一个情感曲线。在关卡或者任务的过程中，玩家会面对许多挑战，在这过程中会掌握一些游戏技巧，收集到一些装备，角色也得到成长。一个关底的Boss就相当于一次考试，让玩家有机会把之前积累的技巧、装备、属性值用出来，Boss也通常会掉落大量的经验值和高级装备。因此，战胜Boss是非常有成就感的。另一方面，Boss战的难度也会诱导玩家进入高度紧张、高度专注的状态，然后在战胜Boss的一瞬间把之前的所有压力都释放出来。

在叙事的层面，因为玩家角色一般是正面角色，所以Boss经常是反派。有时候这个设定并没有什么特别的剧情理由，不过是出于关卡设计的需求罢了，不少人会吐槽这样的设定。

Boss这个词当然起源于英语的“老板”这个词。英语里有“You're the boss”这样的表述，翻成汉语，在大概相当于：“您是爷！”这里的Boss当然不再指“老板”，而只是指一个非常厉害的角色，就是这层意思被用到了游戏里。这么一说我倒忽然想到，下次打游戏再老被一个Boss打死，死活过不去的时候，也许可以不用气得摔键盘，而只是轻轻说一句：“得嘞，您是爷！”

例句：

- Boss虐我千百遍，我待Boss如初恋。
- 这游戏最后连个Boss也没有，真没劲啊。
- 这个Boss的身世好可怜，每次打到那儿的时候我都不忍心打死他。
- 《旺达与巨像》删掉了所有其他内容，只留下史诗般的16个Boss战和一个空旷寂寥的世界，真是神作啊。

地图

一图一世界

游戏中的“地图”一词有两种含义，一种同汉语本义，是将游戏中某空间区域符号化并缩绘在平面上的图形，另一种则用来指称游戏中某空间区域本身。举例而言，如果将现实的北京放入一款游戏中，前一种含义对应的用法是“北京的地图”，后一种则是“北京这张地图”，指“北京”这一区域本身。

在MMORPG这个类型里，《无尽的任务》曾将每一个独立的虚拟区域称为一个Zone（英语里本意即“区域”），国内玩家使用“地图”来翻译这一概念。后来大规模流行的《魔兽世界》继承了这种的区域结构，地图也随之成了游戏圈内对于特定虚拟空间区域的普遍称谓。

在当下的游戏中，一张地图有着明确的区域边界，一个游戏所涉及的空间区域通常由多张地图拼接而成，也有一些游戏会构建一整张庞大复杂的地图。玩家跟随游戏设计的任务与剧情在地图上行动，或进行自由探索。一些游戏会提供给玩家传统意义上的“地图”来方便探索，少数游戏则完全不提供，意在为玩家营造拟真的探索体验。大多数游戏中，不同的地图对应着不同的游戏阶段，地图上的剧情和挑战与玩家在地图上探索时的等级、装备水平相匹配，当玩家等级升高到一定程度时，游戏会引导其进入下一个高等级的地图。完成一张地图上的必要剧情与任务，被称为“过图”；重复完成同一张地图上的任务，则被称为“刷图”。

2005年之后“地图”一词逐渐由《魔兽世界》进入网络小说、动画等各个领域。在这些作品中，人物进入新的区域会被受众和制作者称为“换地图”。

例句：

- 过完这张**地图**，打完最后一个Boss，就能看这个游戏的结局了。
- 这是我头一次来上海，算是开了一张新**地图**。
- 我天天晨跑，未名湖这张**地图**刷了几百遍了。

副本

枯井底，烂泥处。

副本是英文Instance Dungeon的通俗翻译，正式的名称是“独立地下城”。地下城是游戏中的一种特殊关卡，或者说一张特别的地图，玩家组成队伍，在其中完成任务，击败敌人，获取奖励。与其他类型的游戏地图相比，地下城的目标更为明确，任务难度更高，奖励往往更好。这一概念始于TRPG，在MMORPG中被发扬光大，成为游戏的核心内容。

1996年开始运营的MMORPG《网络创世纪》是世界上第一个使用“副本”概念的游戏。上千的玩家同时探索同一座地下城，会造成极大的混乱，因此《网络创世纪》建立多份内容相同的地下城，将玩家分散到各个地下城镜像中去，以解决玩家间的过度争夺和玩家聚集造成的服务器过载。在游戏中，每一个队伍进入副本时，他们会各自拥有自己队伍的地图，不同的队伍看不到彼此，也无法互相支援。这一设计被其后《无尽的任务》以及《魔兽世界》沿用。2003年《无尽的任务》进入中国后，Instance Dungeon被一部分玩家译作了“副本”。随着《魔兽世界》的流行，“副本”也就逐渐成了“地下城”的代名词。

与那些只能完成一次的任务相比，副本在MMORPG中往往是可重复进行的，因此进行重复地下城探险也被称为刷副本。在游戏语境之外，“副本”通常指一个被当作任务看待的事件以及相关的区域，例如一次重要考试、一个新的消费场所等。

例句：

- 这游戏**副本**设计难到变态，一不小心就会团灭。
- 刷完雅思考试**副本**，就可以去刷火锅**副本**了，真开心！
- 啊啊，我萌的CP又刷他们的恋爱**副本**去了！

PK

什么仇？什么怨？

PK，英语Player Killing的缩写，指MMORPG中玩家之间的一种特殊对战行为，通常是一种特定规则下的对决或单挑。

PK原则上属于PVP玩法的其中一种，几乎在网络游戏一出现就已经存在了，那时候的网游还是纯文字界面的。对于当下的网游，纯粹单挑式的PK已经不太流行，PVP的主流是团队竞技。不过，单挑这种行为还是非常有文化象征意味的，现在多数网游仍然保留了这种文化，虽然加强了对自由无规则PK的限制。

PK进入中国日常生活并流行开来是在2005年“超级女声”选秀。当时选秀淘汰赛的形式被设计为两位选手的对决，这种对决被称为PK。在这种用法下，PK其实就是“对决”。许多“超级女声”观众则在不了解语源的情况下多少把PK理解成了

"淘汰"的意思，发展出"你被PK了"这样的用法。

例句：

- 一群熊孩子，在那儿瞎**PK**，有意思吗？
- **PKU**才不是什么"苯丙酮尿症"的缩写，是"干掉你"（PK you）的意思！

设定

世界观/设定

一天早晨，格里高尔·萨姆沙从不安的睡梦中醒来，

发现自己躺在床上变成了一只巨大的甲虫。

——卡夫卡《变形记》

设定，在汉语里原有“预先设置”“创设”“逻辑预设”的意思，在游戏和其他虚构叙事艺术里，对应于英语的Setting，特指一系列有别于现实世界的艺术元素，诸如虚构的历史时间线、地理世界、世界物理规则、社会政治形态、人物和故事背景，等等，可涵盖叙事作品从大到小的各个层次。较为著名的设定有：反乌托邦设定、平行宇宙设定、架空设定、穿越设定、超级英雄设定、启示录设定等。有时，“设定”被泛化地使用，指称并不明确，只是模糊地指向某种作品风格，最常见的便要属所谓“二次元设定”。在日常的使用中，有时一些现实内容，一般是一些让人感觉理由不足的东西，也被称为“设定”，

此时的“设定”就更强调其“强加”的内涵。

设定与梗有所不同。最简单的区分是，设定是一种（虚构的）知识，而梗是一些事件。不过，对于同一个（虚构）事实，经常既可以理解为设定，也可以理解为梗，这是两个不同的角度。一个设定中可能会产生一个梗，一个梗也可以被改编成一个设定，成为一个虚构故事的基础。另外一种情况下，一个特别流行的设定里的某些内容也会被单独抽出来，被当成一个梗。

世界观，在汉语里原意为“对世界的总的和根本的看法”，在游戏里指包含一个虚构世界并以此为核心的一套设定。因为通常以这个虚构世界为核心，有时候世界观也会降级指代它所包含的那个虚构世界，不过此时世界观在汉语原意里的哲学意味多少会被凸显出来，更强调这个世界的系统性和自洽性。

按前面的解释，世界观是设定的一种，从概念上二者有类属关系。此外还有别的类型的设定，诸如人物设定、美术设定等，在ACGN作品里，这些设定都占有极重要的地位，同时官方经常出售所谓设定集，即将作品一切相关资料汇集成册后的数据库式的书籍。

在汉语的实际使用中，如果将“世界观”与“设定”两

一张典型的人物设定稿

者并列，通常又会将“设定”理解为更细节、更为条理化的一种陈述性内容，可以用语言准确描述。而“世界观”则更有包容性、系统性，还可以包含许多非陈述性内容，诸如画风、气氛、哲学等，世界观大约是所有种类的设定中最具包容性、最宏大的一种。有些时候，这两个词还可以连用，表述为“世界观设定”，可以认为是指一种世界观级别的设定，或者突出强调构架世界观的行为。

为了构架出一个完整、自洽、有气象的世界，世界观设定通常要包含这样几大要素：历史、地理、种族、政治、语言、物理、画风等。需要说明的是，这里面的“物理”主要指物理层面一些不同于现实物理的规律，比如科幻设定里虚构物理规律或原理，奇幻设定里的魔法，超级英雄设定里的超能力等。在电子游戏有了发达的图形界面之后，还出现了一些游戏机制导致的特殊物理，比如二段跳，也就是角色起跳在空中后、再下一次跳跃指令还可以凭空再次起跳。在电影和游戏这样的视听媒介里，美术设计在世界观设定中的分量也越来越重。比如日本动画导演宫崎骏的创作，通常就是以数张关于世界场景和人物的印象稿为基础的。游戏里这样的设计方式更加普遍，游戏里的虚构世界要在画师的人物设定稿和世界设定稿出现之后才能定下来，且画师的风格通常会给这个虚构世界定调。

虚构世界观/设定的做法显然并不起源于游戏。西方一部较早的包含完整、自洽的虚构世界的小说是托马斯·摩尔的《乌托邦》，这还是16世纪的事。现代意义上的虚构世界则总是相对于某种现实主义秩序而存在的，这里的“现实主义”指的是19世纪源于西方的文艺运动，这样的“现实主义秩序”显然是现代性的产物。虚构世界或者设定式的虚构艺术可以认为是在承认这样的现实主义秩序的存在及其权力的前提下，对它的某种反拨。

不去细究源流的话，20世纪的非现实主义文学里一直有为数众多的世界观/设定，其中一些对包含游戏在内的诸多作品都影响深远，因为实在为数众多，不一一列举。包含世界观/设定的虚构作品的生产消费经常具有某种集体性，其创作也往往是涂改擦写式的，所以讨论“影响”也许比讨论具体的“作品”更为重要。较好的理解方式是，把这种“消费—创作”看成一个生态圈中的群体实践，而影响深远的各种设定或者世界观实际上是在这样的生态圈里经过某种“自然选择”而积淀下来的。也就是在这样的生态之中，一些经过融合和演化的具有影响力的世界观/设定形成了某种族系。每一个族系里都会包含一系列的设定要素，而每个族系内部的成规一般也并没有填满整个世界观，往往留有可观的创作余地。对于游戏来说，可以归纳出族系世界观大致有赛博朋克系、蒸汽朋克系、克苏鲁系、龙与地下城系、太空科幻系、仙侠系等。

最后提一下虚构世界对于游戏的意义。在许多游戏里，世界观被大大地强调，一方面是源于游戏可以用更加直接的视听媒介来呈现虚构世界，另一方面则多少是因为比起传统的叙事，游戏更擅长非线性叙事，有从“叙事”向“叙世”转变的倾向。

例句：

- “人会突然变成甲虫”是一个**设定**。
- 二次元设定是一种画风，仙侠设定是一种**世界观**。
- 这个游戏的**世界观**很庞大，剧情却很老套。
- 对于Galgame来说，**人物设定**就是天，好的人设决定一切。
- 不过，一旦接受了这种**设定**，看起来似乎还变得有些可爱了呢！

代入感

Now, we are one.

——阿尔萨斯（《魔兽争霸3：冰封王座》）

“代入感”是一个汉语的常用概念，意指比较模糊，可以指玩家将自己投射为虚构作品里的角色的感觉，可以指玩家在虚构世界里的沉浸感和临场感，也可以指玩家对虚构作品中角色感情的体会，也就是共情。不过，当“代入”用作动词的时候，一般都是指对某个角色的投射。

对于游戏来说，代入感主要和RPG和AVG有关，其实现的途径和其他艺术形式有所不同，通常也认为，游戏制造代入感的能力更强。

游戏最主要以互动的方式制造代入感。比如动作类游戏（动作AVG或动作RPG）中，玩家在输入设备上的操作会即时地反馈为角色形象的动作，这样的互动反馈很容易建立起一种视觉—身体认知，让玩家在无意识层面将游戏图形界面里呈现的虚拟形象当作是自己身体的一部分，或者说当作自己的化身，从而在身体与无意识的层面完成投射。用这种方式制造代入感，比较成功的案例往往会出现这样的情况：游戏会让玩家不由自主地做出一些对游戏操作毫无影响的动作，比如试图在现实里挪动身体以躲开Boss的攻击。这种在旁观者看来颇可笑的行为却也恰恰说明了当事者投入之深。

对于一部分重视剧情的AVG和RPG，游戏过程中玩家会面临许多剧情选择，这些选择常常会强烈地影响到游戏内角色的命运，玩家必须接受自己行为导致的后果，从而被卷入游戏的情感世界。好的游戏会让玩家在种种小的互动中建立起对NPC的感情，而当NPC遭遇不测之后，则会为自己的错误选择而深深地后悔，甚至在游戏结束后心情还久久不能平静。

例句：

- 玩这个游戏真的像谈了一场恋爱呢，**代入感**满满！
- 《美国末日》的**代入感**好强，偏黑暗的结局让我怅惘了好几天。

虚拟现实

虚拟现实/VR

“红药丸还是蓝药丸？”

——墨菲斯（《黑客帝国》）

所谓“虚拟现实”（Virtual Reality，简称VR），本质上是一种沉浸性、互动性的经验，制造这种经验的途径可以是认知的、艺术的技术的，或者是这三者的结合，只要这种被制造出来经验可以在一定范围内达到与现实相混淆的地步，就都可广义地称为“虚拟现实”。狭义的“虚拟现实”则特指以数字技术制造的虚拟现实经验，通常我们说“虚拟现实”的时候多用来指代狭义的虚拟现实。

对虚拟现实技术的设想最早由美国科幻作家斯坦利·威因鲍姆（Stanley Weinbaum）在1935年的科幻小说《皮格马利翁的眼睛》中提出；1964年，波兰科幻作家斯坦尼斯瓦夫·莱姆（Stanis aw Lem）在他的非虚构作品《技术大全》（*Summa*

Technologiae）中首次对虚拟现实技术做了较为全面的理论探讨。具体的虚拟现实技术方案最早由美国人拉尼尔（Jaron Lanier）在20世纪80年代初提出，就是利用计算机图形技术，创造出一种逼真的可交互的虚拟三维环境，能生成视、听、嗅觉等感觉，通过适当装置让你沉浸于这个虚拟环境中对其体验和交互，仿佛处在现实世界中一样。它最先作为一种国防科技诞生，后来才在民用化过程中逐渐和教育、医疗、科研、娱乐等各个领域结合。

广义的虚拟现实古已有之，最早试图对其进行描述的是哲学家，他们提出了认知性的虚拟现实。柏拉图在《国家篇》中提出了著名的“穴喻”：人类在山洞中面壁生活，“实在”就发生在人类背后，可由于被缚而无法转身，人类只能看到外界的“实在”投射在洞壁上的幻影。类似地，笛卡尔在《第一哲学沉思录》中提出了被称作“笛卡尔的恶魔”的思想实验：如果一个无所不能的恶魔在他不知道的时候对他的大脑做了手脚，从此之后，他感知到的世界都是歪曲颠倒的，这个时候他能够不去怀疑的还剩下什么？

柏拉图的洞穴和笛卡尔的恶魔给出了虚拟现实的认识论意义，而后世众多认知性的虚拟现实都是“洞穴”和“恶魔”的继承和发扬者，其中最著名且为人所熟知的当属《黑客帝国》对“脑后插管”（术语叫做：“脑机接口”）的想象，不过，关于“脑机接口”的设想及理论探讨事实上早在1964年就已由莱姆提出。

另一种历史悠久的虚拟现实是艺术性的虚拟现实。从根源上说，艺术和虚拟现实共享着这样两个维度：对现实的再现和超越。虽然广义上所有的艺术都在某种意义上是虚拟现实的，但人们在追溯虚拟现实的起源时，往往提到的是那些更具沉浸性、综合性和超越性的艺术体验，例如：希腊剧场中的净化体验、哥特教堂中的神圣体验等。这些体验在音乐家瓦格纳那里得到了总结和发展，最终形成了“总体艺术”（德语：das Gesamtkunstwerk）的概念。总体艺术使用一切艺术手段制造另一种现实，为的是悬置现实，用“可能”去替代“如此”。虽然瓦格纳自己的总体艺术实践仅仅限于戏剧，但后世的众多艺术实践——沉浸式戏剧、4D电影、电子游戏——都沿着瓦格纳的这一畅想发展。其中特别要提到的是，莫顿·海里希（Morton Heilig）在20世纪50年代提出，电影不是一种视听艺术，而应该是一种可诉诸各种感官的“经验剧场”，从而最终电影不仅仅是一种经验的艺术，还将是一种“意识的艺术”。这一想法的直接结果就是20世纪60年代的全感官电影播放装置“Sensorama”[1]的诞生。

虽然Sensorama常常被认为是现代虚拟现实技术的先驱，但电影画面毕竟还是预先制作好的，它还缺少真正意义上的虚拟现实所离不开“即时互动”技术。莱姆在《技术大全》中即一针见血地指出，任何古已有之的艺术其实都在制造某种程度的沉浸幻觉，但他们都是“单向链接”的，只有“双向链接”（即“双向交互”）才标志着一种真正崭新的技术/艺术，即莱姆所说的“魅影术”（Phantomatics）的诞生。莱姆甚至直接称“魅影术”为一种“反馈的艺术”。

从另一个角度来说，“即时互动性”也是人和工具的关系中所包含的一项根本需求。只不过，当人类制造的工具愈加精密，互动方式随之复杂了许多倍，对沉浸性的要求也为技术设定了更为苛刻的条件。只有当图形交互方式和即时图形技术的发展成熟起来，我们才有了当下通用的人机交互方式。即时图形技术的发明者从较为实用的角度也设想并提出了未来的人机交互方式——这也就是现在虚拟现实技术的两个先驱：VIEW

1 Sensorama是“Sense”（感官）和“Panorama”（全景）的合词，所以是“感官全景”的意思。这里的“全景”可以解释为“完全浸入”。

（Virtual Interactive Environment Workstation，虚拟互动环境工作站）和CAVE（Cave Automatic Virtual Enviroment，洞穴式自动化虚拟环境）。

对电子游戏来说，沉浸性和互动性同样是其基本的内在属性，所以虚拟现实和游戏有着天然的亲缘关系，并且电子游戏通常来说也是一种“总体艺术”。可以说，一个构造虚拟世界并努力制造代入感的游戏就是一种综合了认知、艺术与技术要素的虚拟现实，所以不难想见，虚拟现实在技术和概念上的发展都会深切地影响到电子游戏。

2016年被称为“VR元年”，人们最近谈论虚拟现实，首先会想到各式头盔——会有这样的联想，主要是因为美国的Oculus VR公司发明了消费级的头显，而Facebook（美国著名社交网站）又于2014年以重金收购了Oculus VR，这个资本事件使“虚拟现实”这个概念在公众范围内迅速普及开来。但是，如前所述，虚拟现实本身并非这么年轻，它可以涵盖的范围也远远超过“头盔显示”这一技术。

例句：

- 今年又号称是“VR元年”，可实际上能改变日常生活的技术离我们还有点远。
- ——在**虚拟的世界**中寻找真实感的人一定都是脑子有病的吧？
- ——等VR普及了，大家就会觉得你这样才是脑子有病了。XD

攻略

第一步，打开冰箱门；

第二步，把大象塞进去；

第三步，把冰箱门关上。

——赵本山《卖拐》

攻略，源于日语，在日语中原意为攻占、击败、说服，后转为名词，表示对游戏过关方法的解说，相当于英语的Walkthrough。和日语原意比较接近的意思在汉语中仍有使用，比如“攻略妹子”。转义则在借用到日常生活中后被泛化，不再一定是关于游戏的指导。

前网络时代的游戏攻略都是印在纸质书籍上的，一般叫“攻略本”，以图文配合的形式为主，购买并收藏攻略本是老一代玩家的青春回忆。现在的攻略则多在网上，有图文的，也有视频配合解说的。

游戏会出现攻略，源于游戏的挑战性，有挑战才有可能获得那种克服困难的成就感。但是，玩家的水平千差万别，游戏的难度却是定好的，即使可以调整，也只能分诸如“简单”“普通”“困难”等难度等级，这些难度等级会以数值模型里的参量在总体上调整游戏的难度，却无法为每个玩家的每一段游戏流程量身定做一个难度。这时候难免有玩家会“卡关”，也就是卡在一个地方不能进展，无法完成某个任务或者无法通过某个关卡。一般到这样卡关的时候，玩家就会犹豫着要不要看攻略。对于有些游戏，攻略就像考题的答案或者电影的剧透，看过之后就乐趣全无了，所以这样一边卡着一边纠结着要不要看攻略的状况是游戏会有的一种独特体验。

例句：

- 对于《血源诅咒》这种超高难度的游戏，我还是先看一遍**攻略**再决定要不要买吧。
- 白日做梦！那个长得像劳拉（《古墓丽影》里的主角）的妹子你绝对**攻略**不下来。
- 《五三》就是高考的**攻略**啊！

作弊

作弊/外挂/秘籍

上上下下*左右左右*BAStart。

——科乐美秘籍

这个词条是关于游戏作弊的。在游戏里“作弊”这个词的意思其实和考试里的“作弊”意思差不多，因为包含挑战的游戏也可以看作是一种考试。

“金手指”是游戏作弊器的代称之一，最初是指电路板的金黄色的金属端子，这一类端子常常出现在游戏机卡带与对应插槽中。20世纪80年代至90年代游戏机的作弊器往往会在插槽的金手指上做文章，因此“金手指”逐渐用来指称作弊器。当下的游戏设备早已淘汰老式的金属插槽，但“金手指”的说法被沿用了下来。

“外挂”是外挂程序的简称，通常指网络游戏的外挂作弊程序。它利用游戏程序的漏洞或者欺骗服务器为玩家带来不当的利益。

“秘籍”则指向一类官方程序里内含的作弊模式，在游戏里输入特殊的代码就可开启这种模式，一般把这种类似“芝麻开门”的特殊代码叫作秘籍。

目前在游戏玩家中，“外挂”一词使用较多，“金手指”逐渐淡出游戏圈，反而在网络小说中被大量使用，“秘籍”则几乎被所有人遗忘，很少再有使用。如果玩家在网游或竞技游戏中使用外挂，就会被游戏公司视为“非法”，大部分玩家也会鄙夷这种破坏游戏公平的行为。而在单机游戏中，使用金手指或秘籍则是玩家个人的自由，不会受到惩罚与指责。

在游戏语境之外，“开了挂”“用了金手指”既包含了对出色表现的赞誉，也隐含了某种“你作弊了吧”的疑虑。“生下来就带了外挂”在一些情况下也被用来形容出生阶层的优越性。

例句：

- 玩网游用**外挂等**同于考试作弊，是可耻的行为。
- 全国数学奥赛金牌，钢琴十级，玩《英雄联盟》玩到“最强王者”，这人是**开挂**了吧？

氪 氪金/欧/非

Power overwhelming

——《星际争霸》秘籍

氪金，本应写作“课金”，来自日文的“課金”（かきん，kakin）。课金原意是“征收费用”，在游戏圈是指一种在游戏中使用现金购买游戏追加资源（如游戏内货币、道具、角色等）的游戏盈利模式，同时也指玩家在这种模式下的消费行为。由于《魔兽世界》中存在一种名为“氪金”的稀有材料，国内玩家在拼音输入时往往会将“课金”误写作“氪金”，久而久之“氪金”反而成为常见写法。

举例而言，在单机游戏和计时收费的网游里，游戏内的虚拟金币需要玩家自己通过打怪、卖道具等方式收集；而在一款氪金游戏中，游戏时间一般是免费的，玩家可以直接用现实的金钱购买游戏内的金币以及其他珍稀道具。

氪金游戏的盛行，代表了网络游戏的收费模式整体由计时收费转向道具收费。这一转变始于2006年，当时史玉柱开发的国产网游《征途》以“免费游戏”的名义推出了道具收费制（那之后，免费游戏，即Free-to-Play的游戏，一般就用来特指道具收费制的游戏，而不是真正字面意义上的“免费游戏”），其游戏机制鼓励玩家进行无限制PK，刺激玩家用人民币购买武器装备来压倒对手。这一将金钱秩序引入游戏的模式在国产网游中很快占据主流，并被其后发展起来的网页游戏和移动游戏沿用。

在日本，道具收费模式主要出现在手机游戏中，这类游戏就被称为“课金游戏”，在2010年以后逐渐成为日式手游的代名词。正是“课金游戏”在日本流行开来后国内的玩家才开始使用“课金/氪金”这个词替换了“道具收费”。

氪金游戏里消费很多的玩家被称为大R，“R”指“RMB”，“RMB”即人民币。“氪金”作动词时，有时也会直接简称为“氪”。

一些游戏中，玩家通过投入大量游戏时间，来补足与大R的游戏收益差距，这种行为被称为“肝”（参见本单元“刷/肝”词条）。目前市场上绝大部分游戏都加入了一定的随机系统，用几率来调控玩家收益。因此在肝、氪之外，玩家通常认为运气也决定了收益，由此产生了“欧洲/非洲”（简称欧/非）这一组形容运气好坏的词语。

“非洲”这一词语背后有着曲折的联想链条：玩家认为倒霉即“脸黑”，脸黑到了一定程度就变成了“黑人”，也就是“非洲人”。反之“脸白”即走运，即是“白人”，进而引申为与“非洲人”对立的“欧洲人”。这一用法最初大约形成于2012至2013年。2014年后，随着日式手游氪金抽卡机制的普及，“欧洲/非洲”正式确立并流行起来，并产生了“欧洲皇帝”（简称欧皇，指运气极好之人）、“非洲酋长”（简称非酋，指运气极差之人）等引申词。

另外需要指出的是，“欧洲/非洲”这一组词语并不直接包含种族歧视的意味，使用者多半没有明显的种族歧视倾向，但其背后的潜在意识，仍然与现存的族群观念、全球秩序密切相关。

例句：

- “闪瞎了我的氪金狗眼”中的“氪金”并不是“**课金**”。
- 这个游戏排名第一的**大R氪**了大概十万。

- 没日没夜肝游戏，有时也被称为“氪命”。
- 你单抽出稀有卡，真是**欧皇**，我**氪**了一千块什么都没出，**非**气冲天。

Game Over Game Over /GG

我是阿尔法，我是欧米伽。

我是始，我是终。

——《圣经》

Game Over，字面即“游戏结束”的意思，一般指玩家在游戏中未能完成目标或者角色死亡。Game Over之后，玩家需要重新开始游戏或者读取之前的存档，方能继续游戏。Game Over在汉语里有许多不同的俗称，诸如死了、挂了、跪了、扑了等。

一般来说，不同的游戏有许多不同的方式来提示玩家Game Over。在街机游戏时代，游戏以“命”的方式给玩家一定的容错机会，当“命”消耗完，屏幕便会提示“Game Over”，一般随后会打出“Play Again?”（再玩一次？），提示玩家投币并开始新一局游戏。令一代中国玩家印象深刻的Game Over提示是《仙剑奇侠传》里的“胜败乃兵家常事，大侠请重新来过”。在最近的动作RPG“魂”

系列中，游戏难度被设置得偏高，玩家被要求在反复的死亡中学习，所以这一系列的Game Over提示——血红色的一行“YOU DIED”（你死了）也就成了一群小众玩家津津乐道的情怀。

在竞技游戏里，按照礼仪，认输的一方应当打出“GG”表示认输，GG是Good Game的缩写，表示称赞对方打出了一局漂亮的比赛。最近几年，Game Over已经主要被“死了”等俗称所替代，GG则因竞技游戏的发展而流行开来，使用中经常可以包含Game Over的意思。

总之，游戏的结束，无论是Game Over还是GG，也被构建为一个富有仪式感的时刻，成了游戏文化的重要部分。

例句：

- 纵然**死了**一万次，又怎能保证第一万零一次不会过？
- 面试官问了我一个特刁钻的问题，感觉**Game Over**了。
- 按电子竞技的比赛礼仪，要在开局打“**GL**”（Good Luck），祝对手好运，要在认输时打“**GG**”，称赞对手的表现。胜利一方则要在对手打出“**GG**”后再回复一个“**GG**”，表示“承让”。

“电子游戏”单元会话

中二王：所以我们现在在干什么？

外挂超：玩游戏。

中二王：游戏？什么游戏！？

外挂超：**角色扮演游戏**。

中二王：那我们为什么站着发呆啊？

外挂超：我们在等破壁哨。

中二王：破壁哨是谁？

外挂超：等她是游戏的**设定**。

中二王：你是**Boss**吗？

外挂超：我和你一样，也是普通的**氪金**玩家，交了门票钱才进来的。

中二王：你看起来很懂的样子，你身上有**二周目**的气息。

外挂超：啊哈！我已经是第九十九次下这个**副本**了！

中二王：这么多次！？你**等级**已经很高了吧？

外挂超：诶诶，这个**地图**会把**等级**清零，所以每次都是从一级开始。

中二王：那你为什么还要刷这么多次呢?

外挂超：听说这里有个隐藏**结局**，可我一直都没玩出来。

中二王：这么久都没玩出来，你是很菜啊还是**非酋**啊?

外挂超：你说什么?!

中二王：啊啊啊……你，您一定很有经验了，带我打个普通**结局**应该像喝汤一样简单吧?

外挂超：别瞎**奶**我，这个游戏很难掌握，稍不小心就会团灭的。

中二王：这么可怕……那个，对了……破壁哨到底是谁啊，她是个**NPC**吗?

外挂超：不。

中二王：她是**Boss**吗?

外挂超：呃……算是。

中二王：哎哎!我们要怎么打她?

外挂超：**攻略**上说，我们要先等她来……

中二王：她什么时候来?

外挂超：攻略上说……等等，**存个档**!我接个电话先……

中二王：这个游戏好生奇怪！

外挂超：(喂？塞尔达公主吗？我是林克呀……)

中二王：一点**代入感**也没有！我甚至不清楚我扮演的**角色**是谁！

外挂超：(什么？是月如姐？啊啊，我是逍遥大哥的朋友呀，他昨天玩昆特牌输给我一只皮卡丘……)

中二王：**世界观**也很混乱！

外挂超：**读档**！继续！

中二王：你在干什么？

外挂超：啊啊，只是去做了个**支线任务**……哈哈……

中二王：你有破壁哨的电话吗？

外挂超：有啊。

中二王：那打电话叫她快来吧。

外挂超：不行，那样算开**外挂**哦。

中二王：那怎么办！我们就这么干等着吗！

外挂超：我们可以找点事来打发时间……

中二王：比如？

外挂超：我们来恋爱吧！

中二王：啥！？

外挂超：抱歉我忘了这不是Galgame……我们来PK吧！

中二王：啥！！？？

外挂超：（凭空虚砍）你已经GG了。

中二王：啊啊啊啊啊啊啊啊！

6

第六单元

与土豪为友，做人生赢家

社会流行词

帝吧

帝吧/帝吧出征

【帝吧】

“帝吧”指的是以足球运动员“李毅”为关键词生成的百度贴吧。在十多年的历程中，这个网络平台逐渐由一个球迷社区演变成一个用户众多、内涵丰富的网友俱乐部，是许多网络热词、网络黑话、热门段子、热门图片和表情包的重要发源地。

创建于2004年的百度贴吧李毅吧，最初只是普通的球迷社区。2005年5月，李毅接受采访时的几句话被断章取义地缩写为“我的护球像亨利”。亨利是法国队当时的王牌前锋，被喜爱他的球迷们尊称为“亨利大帝”，而水平有限的李毅以世界顶级球星自比，则被中国球迷反讽式地戏称为“李毅大帝”，李毅吧也因此被积极使用该平台的用户约定俗成地称作“帝吧”。

帝吧用户通过文字、图像、音频、视频等编辑软件等多种媒介，对“李毅大帝”展开形形色色的嘲讽与恶搞，进而引申出对于中国足球乃至中国社会诸多现象的嘲讽与恶搞。李毅吧的用户活跃度和帖子数量也因此激增，并一跃成为百度贴吧“足球明星”分类目录下会员数量最多的贴吧。

帝吧用户最推崇的恶搞表意策略被称作“高级黑”。高级黑往往采取明褒暗贬、反话正说、似庄实谐式的修辞，运用拼贴、戏仿、隐喻、反讽等手法，在表面姿态上扮演为“粉丝”，实则获得“反粉丝”的快感。

为了应对相关网络管理规定，帝吧用户采取了以高级黑为代表的五花八门的表意策略，他们将这些迂回曲折而又流露着草根式机智的表意策略概称为“内涵”，通过花样百出的“内涵帖”，来影射那些难以直言却又不吐不快的公共事件评论、社会现实感知或者淫秽暴力信息，由此宣泄情绪，并从中获取与其自身的社会经验和生活体验相关联的特定快感。

在发源于帝吧的网络文化中，影响力最广的莫过于“屌丝文化”。这一亚文化潮流的广泛流行令帝吧声名大噪，帝吧也因此吸纳了更多的用户，并一举超越魔兽世界吧，成为百度所有贴吧当中会员数量排名第一的贴吧。但与此同时，屌丝文化也因其“传播负能量”“格调低俗”而饱受诟病。

《李毅大帝本纪》　只看楼主　收藏　回复

楼主

海沫唯美阳光

高大富帅 9

李毅尝喻语众人曰：吾之于中国，堪比亨利之于法兰西，舍甫之于乌克兰，幼罗之于巴西；吾之护球，似亨利之甚甚矣。亨氏闻此言，感而栗，不能言，泣不能已。幼罗闻此言，赧甚，顾自之成就，皆不足道也。舍甫闻言，立厥。世人闻言，皆拜曰：李讳毅大帝。

毅临天下。初年，与刘翔竞，弗停，毁看台十余丈。五年，蹴鞠因畏李帝之故绝于世。十年，世人无人以毅名，毅字绝。五十年，崩，玉帝禅于毅，自戕。

举报 | 来自手机贴吧 9楼 2012-09-03 21:51　收起回复

ctcsam: 幼罗！！！

2014-4-1 11:03 回复

中华印钞厂: 幼罗！！！

2014-9-1 22:37 回复

v1t77: C罗

2014-10-13 20:04 回复

江火渔民: 幼，小也，应该是小罗吧。太经典了，再次拜读！

2015-6-8 15:14 回复

这是一篇题为《李毅大帝本纪》的帖子的片段，这篇广为流传的帖子戏仿《史记》的写法，对“李毅大帝”的事迹进行了“高级黑”

【帝吧出征】

2013年7月，李毅吧的吧务团队发生重大改组，新组建的吧务团队与百度公司展开了多方位的合作，并有意识地谋求贴吧的转型。在吧务团队的引导下，帝吧一方面坚持标榜其草根风格和固有立场，另一方面又向“弘扬正能量”的方向发生主流化转型。

在百度贴吧的目录系统中，帝吧的分类已由“足球明星”变为“网友俱乐部”，其会员称号也由“毅丝不挂”变为“众人皆帝”。吧务团队以“努力！主宰自己命运！众人皆帝！”的口号作为贴吧的封面标语，在鼓励吧友进行自发的创意生产的同时，也在寻找着与主流话语的有效对接路径，以完成帝吧亚文化的自我“合法化”确证。

也就是在这个主流化的过程中，2016年1月20日，帝吧的大量用户“远征”境外社交媒体平台Facebook，前往新任台湾地区领导人蔡英文以及《苹果日报》、三立新闻网等媒体的Facebook主页，发布海量的“反台独”言论和特别制作的“反台独”图片、表情包，制造出视觉冲击力强烈的刷屏效果。这场“帝吧出征FB”事件震荡出颇为浩大的舆论声势，帝吧这个网络社群也随着这起事件，闯入了主流媒体的视野，引发了社会舆论的广泛关注。

例句：

- **帝吧**今晚7点出征**FB**讨伐台独！帝吧出征，寸草不生！

（2016年1月20日李毅吧的贴吧导语）

- 截至2016年1月20日，**帝吧**已有超过2050万的关注用户，这是什么概念呢？台湾地区2014年末的人口也才只有2300多万。

刷屏

刷屏/爆吧

“刷屏”常见于论坛、微博、贴吧、微信朋友圈等社交平台。狭义的刷屏指出于无聊或恶意，用无意义信息或辱骂充满整个版面，妨碍他人正常交流。而近两年衍生出广义的“刷屏”则指特定个人短时间内持续在同一平台发布内容，或者是特定内容因为受到广泛关注而被反复讨论、转发。

“刷屏”传统由来已久，在聊天室时代也称为洗版、洗屏、灌水等。因为聊天界面一般会将最新聊天信息置于屏幕最下方，并可通过拉动垂直滚动条查看之前信息，一旦有用户短时间内发出大量无用信息，其他用户无论怎么滚动，屏幕上都是同样内容，视觉上就会造成文字、图片在屏幕上“刷来刷去”的效果。

不带恶意的轻度刷屏一般称为“灌水”，典型的灌水语言如“顶”（回帖为帖子增加人气可以使之显示在页面靠顶端的位置，引申为“支持”的意思）、“赞”等属于网络语言中的“寒暄”，对于网络原住民来说是轻松的日常交际的一部分。而严格意义上的恶意刷屏如“爆吧”，通常特点是持续时间短、有准确开始时间、规模庞大、参与者身份认同和攻击理由明确、有一定组织性和领导者等。虽然爆吧是媒介赋权、网络民主的产物，有时也具有无厘头的狂欢性质，但作为群体意见集中、强制而扭曲的表达，实际上已经构成了网络暴力。

“爆吧”即以百度贴吧平台上具体贴吧为单位，一个（些）贴吧的吧友在另一个（些）贴吧中发帖刷屏使其瘫痪，是目前最常见、攻击性最强的恶意刷屏类型。贴吧早期宽松的管理和流畅的发帖体验是“爆吧”的技术前提，而在这个号称“为兴趣而生”的趣缘平台上，围绕各种关键词形成的交际圈之间的重合、互动和冲突则是爆吧的直接原因。第一次大规模爆吧发生在2007年，李毅吧对本土选秀粉丝文化的策源地李宇春吧的攻击，最激烈时爆速曾达每秒1000余帖，刷屏1900多页。其导火索是李宇春的粉丝举报李毅吧大小吧主恶意调侃李宇春导致吧主被撤，而背后的原因可能是追星族“玉米”和愤世者“毅丝”对草根话语权的争夺。2005年过后，贴吧逐渐取代各类论坛、聊天室成为趣缘交流界的霸主，爆吧行为也随之水涨船高。以2007年爆杨丞琳吧、2008年爆东方神起吧、2015年的爆EXO吧和2016年初的爆乐视吧为代表，每年都有数十起各种规模贴身肉搏的爆吧行动，手段上也有了金箍棒图（用纵向对齐排版的很多行文字组成的金箍棒形状，用以撑满屏幕）、挖坟（回复网友很久前发的帖子使该帖子重回界面顶端，多含恶意）、斗表情包甚至用发帖程序刷屏等新花样。而2016年一月轰动互联网的“帝吧”大军出征Facebook，也是其“爆吧”行为的一次大规模的异地实践。

“爆吧”能够爆发出如此巨大的规模，和网络媒介平台强大的赋权能力直接相关，但这种能力与不同社会心态、情绪发酵则会产生不同的结果，“爆吧”只是目前的一种。在信息高速流通，注意力资源稀缺的网络社会，“爆吧”通过人为地制造“事件”强行使带有恶意的信息内容停留于注意力中心，保证自己的不满不被信息流淹没，以至于直接阻断了对方平台的正常交流。在趣缘社交平台上，爆吧者使用的往往是粉丝的身份。很多人毫不讳言，凝聚粉丝群体的不仅是对内的爱，更是对外的恨：千万勇士并肩战斗让热血沸腾的粉丝群体产生“为偶像做了些什么”的自豪，也让他们更加团结。在没有战争的日常生活中，有组织的网络暴力通过日常生活战争化实现了战争的凝聚效果、认同功能、价值生产功能。一定程度上，“爆吧”代表的对“外群”的识别和排斥，帮助参与者实现了Fan的虚拟身份建构，和Fan们的社群认同。而爆吧或其他刷屏行为中经常显现出的民族主义情绪，其实也是仿照粉丝身份认同的逻辑构建起来的。平时看似活在虚拟世界中，不问外事的吧友们，一旦发现被认为不爱国或对华不友善的公众人物、政策，就会在“我群”“他群”的二元对立思维下，扛着“犯我天威者虽远必诛”的大旗群起而攻之。这种民族认同的方式虽然粗糙，但正如“李毅吧”出征Facebook事件所显示的，也具有不容小觑的话语生产力。

随着社交媒体的融合和便捷的移动端平台的普及，用户对网络有了更深的浸入，微博、微信朋友圈等平台上“转发+评论”的模式使得用户更多地作为信息交互的节点，而非单一的原始生产者存在。“刷屏”也有了新的含义：个人持续在同一平台发表、分享内容，或同一热点内容被反复讨论、转发。从二胎政策到黄晓明结婚，似乎任何话题都可以成为“刷”的材料。这一现象赋予了动词“刷”以“完全覆盖”的含义，如“刷系统”指用新系统覆盖电脑上的旧系统，“刷存在感”指通过覆盖性地在多种途径露脸的方式吸引注意力。仔细论起来，无论是最初的“恶意刷屏”还是引申的“中性刷屏”，都有

“刷存在感”的意味在里面。毕竟在信息爆炸、瞬息万变的虚拟空间，这种关于个体存在感的焦虑，不仅仅是陈奕迅和永远刷不上头条的汪峰独有的“浮夸”。

例句：

- 这个ID在贴吧里不是推销打广告就是恶意**刷屏**，求吧主封他的号。
- 一天之内娱乐圈两对新人结婚实力**刷屏**，一定是因为汪峰要出新专辑了。
- —清华吧里面挑衅说北大的宿舍很破！咽不下这口气，我们去清华吧**爆吧**！

  —可是的确很破啊……

高富帅

屌丝/高富帅

“屌丝”与“高富帅”起源于百度贴吧中的李毅吧（帝吧），它们作为一组二元对立项，分别指代社会阶层较低的人和社会阶层较高的人。

集结于帝吧的互联网用户，虽然绝大多数都不是李毅的球迷，却几乎都是“李毅大帝”这个媒介产品的使用者和爱好者。他们基于高级黑的表意策略，参照“粉丝”衍生词的构词法，发明了“毅丝”或者“D丝”（D取自“帝”的谐音）这样的身份标签用来自我指称。

2010年，一些李毅吧的会员因与时任吧主“传说中的13号”发生矛盾而退出该贴吧，转而成立雷霆三巨头吧，在两个贴吧的会员群体的争吵过程中，雷霆三巨头吧的会员将“D丝”中的“D”用读音相近的“屌”字替换，创造出“屌丝”一词，以此作为一种侮辱性称谓来指称李毅吧的会员。但是，李毅吧的大量会员却以某种“不以为耻、反以为荣”的姿态领受了这个称谓，并从此以“屌丝”自称。

不仅如此，这些帝吧用户还以“屌丝”为核心词，提出了一系列与之相关的合成词，如矮丑穷（矮矬穷）、女屌丝、高富帅、白富美等，或者为一些原本就在网络空间具有一定流传度的词语如女神、喜当爹、搬砖、逆袭赋予新的含义，从而编织了一套独特的符号体系，进而运用这些符号创作出一种风格粗鄙的“内涵帖”，以此承载这个亚文化群体对于社会的集体想象和价值观念。

从2011年开始，以李毅吧为原点，在网络空间出现了许多被称作“屌丝文”的帖子。屌丝文的主人公是屌丝，其属性标签为“矮丑穷”，而主人公的敌对角色则是高富帅，这种合成词的构词法将经济意义上的阶层属性与审美意义上的身体特性紧密地结合在一起。而在屌丝文的情节主部，屌丝的经济失败集中显影为情感上的自我压抑和被淘汰感；情节推进的基本动力在于，屌丝尝试摆脱只能充当女神的“备胎”（即可有可无的候补伴侣）的悲哀境况。

随着屌丝文从帝吧流传到其他社交媒体，这套以“屌丝”为核心词的符号体系也在中国互联网上广为流传。越来越多的中国网民将“屌丝”用作自我指称的符号，甚至很多高收入人士也自称“屌丝”，用以表达相对剥夺感和相对贫穷感。许多互联网企业也开始将其作为制造噱头、吸引眼球的炒作重点，“屌丝”这个词甚至成为不少互联网企业对于目标消费者的代称。“屌丝”由此演变成一个为多方力量所借重的共用能指，成为一个广为流传的社会流行词。

例句：

- 女主角抛弃**屌丝**跟了**高富帅**的是芒果剧，女主角拒绝**高富帅**选择了**屌丝**的是韩剧，**高富帅**冒充**屌丝**追女主角之后表露身份的是台剧，**屌丝**奋斗成**高富帅**被N个女主角抢的是港剧，一群**屌丝**聚在一起嘲笑**高富帅**的是美剧，**高富帅**和**高富帅**最终走到了一起的是英剧！
- 移动电子商务不是**白富美**和**高富帅**的经济，而是从**屌丝**发展起来的全民经济。（时任京东商城高级副总裁的吴声在2012年首届中国电子商务发展开放论坛上的发言）

逆袭

逆袭/屌丝逆袭

【逆袭】

“逆袭”一词源自日语的“逆襲（ぎゃくしゅう，gyakushû）”，原意为一直遭受攻击的一方逆转攻守的态势反过来袭击对方，后来泛化为长期处于弱势的一方对强势一方的成功反击或反超。

“逆袭”最早出现于军事文学领域，早在20世纪上半叶，就已经在日本的文学作品中得到了较为广泛的运用，并且出现在一些民国文人的文学作品中。然而，在规范化的汉语表达中，“逆袭”一词曾经长期处于生僻词的状态，直到2012年，“逆袭”才在二次元宅圈中大规模流行，然后经由各种社交媒体的中介，最终进入正式的纸质出版物。

“逆袭”不仅常见于日本的文学作品或报刊之上，而且也常见于日本动漫游戏的对话乃至标题之中。通过那些源自日本的ACG产品，中国的二次元爱好者获得了有关“逆袭”一词的

日本著名ACG《精灵宝可梦》的其中一部剧场版动画，就以“超梦的逆袭”作为其标题

概念资源与文化借鉴，并在特定的语境下将这个日源词引进到关于网络游戏的汉语表达中。

“逆袭”在语义上虽与“反击”有着相近之处，但二者之间又存在着微妙的不同。与“反击”相比，“逆袭”更强调行动主体在发动袭击之前“一直处于劣势”“遭受侵害”。长时间接触日本动漫并因此具有一定日语语感的二次元爱好者，在引借这个日源词进行表达时，也凸显了“逆袭”的这个特征，以区别于包括“反击”在内的既有汉语词。因而，他们在网游语境中所使用的“逆袭”一词，并非只是对攻守关系反转的泛泛之谈，而是格外强调强弱势态的逆转。

在玩家们互相竞争对抗、彼此协同合作的多方作用之下，网络游戏的虚拟战斗总是时不时地发生攻守、强弱、胜负之势的逆转，而战局的瞬息万变与戏剧式发展，也一直是网游玩家所津津乐道的一个热点话题。逆袭这个相对于正统汉语表达来说具有一定新鲜感和陌生化效果的外来语，正好为网游玩家提供了一个能够言简意赅地描述战斗局势发生某种重大变动的词语，因而成了许多玩家在即时通讯聊天或游戏视频录制中谈论战斗过程的常用词。

对于很多玩家来说，这种逆袭正是竞技性网游最重要的乐趣来源之一。由于游戏规则的相对明晰与公正，投入成本的相对低廉与简单，网游玩家时常能够凭借自身的不懈努力外加一定程度的运气，在虚拟战斗中实现由弱变强、反败为胜的局势逆转，并从这样的参与、代入和互动中获得满足感与成就感。在某种意义上说，这也正是多数玩家在现实生活中非常渴望，却往往由于种种主客观因素而难以获得的体验与快感，这种匮乏在虚拟空间得到了替代性的填补。这样的精神机制与情感功能凝结在玩家们常用的“逆袭”一词中，也使得这个语词具备了更加丰富的文化与社会意涵。

【屌丝逆袭】

随着屌丝亚文化的流行，“逆袭”被某些互联网用户从网络游戏的语境引借到他们所创作的屌丝文中，通常用来概称屌丝终于摆脱了叙事所给定的初始情境当中的经济与情感的双重困境。在这里，“逆袭”对于行动主体长期处于弱势的强调，虽带有自我嘲讽、自我调侃的意味，但也流露着自强不息、力争上游的精神，投射着下层青年对于机会平等、阶层流动的愿望。

然而，“逆袭”在网游语境中往往也意味着对于系统内部的既定规则的遵循和利用。而“屌丝逆袭”的说法也同样蕴含着认同和复制既有权力秩序（无论是阶级权力秩序还是性别权力秩序）的犬儒理性。

在屌丝文的再现系统中，彰显屌丝与高富帅彼此落差的外在标识，通常是各自拥有并使用的品牌，这些消费品直接建构了二者不同的生活方式和活动空间，以及对于异性的不同吸引力。而一旦屌丝的阶层地位和消费能力获得了提升，其身体特性也将随之一同改变，屌丝将由此自动升格为高富帅，并赢得同女神乃至白富美交往的权力。在屌丝文的语境中，逆袭的目标也就是所谓的“变身成为高富帅，迎娶白富美，走上人生巅峰”，逆袭的途径则往往建基于社会达尔文主义的丛林法则，服膺于消费主义的文化逻辑，因而只能生产出既有结构的封闭循环，无法开启真正的另类选择。

随着“屌丝”符号体系的广泛流传，“逆袭”也成了一个共用能指。文创企业、新闻媒体、宣传部门都争相借重这个能指，并且对“屌丝逆袭”的意义结构进行契合于各自诉求的修订。在某种程度上，“逆袭”已经取代“成长”，成为流行文化领域一种相当主流的叙事模式。

例句：

- 升级攻略！1~30级屌丝华丽的**逆袭**！
- 中国学渣**逆袭**迎娶18岁乌克兰女神。
- 我出生是纯正上海郊区农村屌丝，无权无势，白手起家，本以为自己是一个很励志的“**屌丝的逆袭**”的故事，却硬要被说成一个经过多方神秘势力包装的惊天大阴谋。（引自韩寒长微博）

搬砖

“搬砖”是建筑行业农民工的基本工作内容，近年来被很多城市白领和在校学生用来指代自己所从事的无趣而低薪的工作。

“搬砖”的这种新用法源自帝吧的屌丝亚文化。那些以“屌丝”自称的帝吧用户非常热衷于自嘲和自黑，特别喜欢使用一些自我降格、自我矮化的短语来作为口头禅，例如“给高富帅跪了”“给跪求别说”“吓尿了”，等等，而搬砖就被他们用作一种自嘲性的代称，指代他们所从事的各种工作。

在这些帝吧用户所创作的屌丝文中，“搬砖”堪称最为常见的一种职业，也常常就是尚未完成逆袭的主人公所从事的职业。虽然很多屌丝文会设想逆袭的情节，但它们在具体行文中对逆袭方案的种种夸张演绎，以及弥漫在字里行间的草根式黑色幽默，常常会对逆袭情节构成某种反讽性的张力，甚至不少屌丝文会在YY逆袭之后，又添一个被“醒工砖”的喊声吵醒的结尾，以这样的方式消解了逆袭的励志性，将逆袭情节指认为一场白日梦。而所谓的“醒工砖”，作为帝吧语境下的一个约定俗成的习语，也就是“醒醒，工头叫起床搬砖了”的缩写。

随着屌丝文化的流行，越来越多的白领和在校生将自己所从事的工作称作搬砖。这些熟练使用互联网新媒体的用户，其实并非处在社会底层的搬砖民工，但是，置身于购物欲望不断受到挑逗的消费主义语境中，这些有着相对剥夺感和相对贫穷感的人群，却通过这种刻意的文化误认和自我降格的身份扮演，对工作生活压力和社交形象焦虑进行了释放和疏解。

例句：

- 我这会儿要去实验室**搬砖**了，回头再和你聊。
- 放假的人还在家里睡觉，而上班的人已经开始**搬砖**。
- 我忙得晚饭都来不及吃，饥肠辘辘地加班**搬砖**到现在……

土豪

作为网络热词的“土豪”（简写作“壕”）狭义上指财大气粗、缺乏品位的炫富者，也可以宽泛地用以形容一切有钱人或表现得有钱的人。

“打土豪，分田地”的运动将这个词和国人关于现代史上剧变的记忆紧紧绑在一起。数十年过去了，“土豪”这个词以新的面貌重现于21世纪的网游圈。在韩国网络游戏《地下城与勇士》中，“剑魂”这个职业，装备越好，攻击效果越强，而顶级装备可以由付费的方式获得。这种设定使得该职业被买下顶级装备的付费玩家霸占，因囊中羞涩而望尘莫及的其他玩家于是将这一阶级斗争的术语老词新用，揶揄这一职业为“土豪职业”，疯狂烧钱的付费玩家为“土豪玩家”。从ACG圈引申，土豪的词义逐渐成了在网络上非理性地大笔消费的人；并在推广中一再流变，将一切场合中出手阔绰的炫富者都称为土豪，同时赋予其简洁机智的简称“壕”。“壕”总是逃不脱“土字边”

的陪伴，在现代中国缺乏作为模范的上层阶层，有钱的土豪不由分说地被赋予暴发户的形象。他们财大气粗而缺乏品位，用手指粗的金项链将新贵的骄傲随身携带——在勃兴的国内市场经济中，这样的新贵倒也不鲜见。

2013年8月至9月，老牌媒体策划人东方宝在微博上发起了“与土豪做朋友”“为土豪写诗”的话题，网友们纷纷用连珠妙语开起了身边土豪的玩笑：“两个黄鹂鸣翠柳，土豪我们做朋友！”“独在异乡为异客，土豪请我必胜客！”……这一活动让“土豪”一词迅速蹿红。当年9月底苹果公司为苹果手机新推出的香槟金色外观，也被网友立刻命名为“土豪金”，用以戏谑地形容昂贵新机型加夺目新外观带来的炫耀感。以致英国BBC和美国财经有线电视台都对“tuhao”现象进行了报道。

在围绕土豪的群体狂欢中，我们不难嗅出一丝社会贫富分化之下的仇富情绪，只不过通过“做朋友”的自嘲，网友在自我归类为屌丝，和土豪划清“我”“他”界限的同时也暧昧而有些尴尬地伸出了橄榄枝——毕竟香车宝马的生活如此令人向往，那一丝敌意也在能指的狂欢中和崇拜混合在一起，蒸发无形。“土豪”的贬义色彩同样在和解中发生了变化，更多人开始用土豪泛化地形容有钱人，而由于参照系的不同导致“有钱”

难以量化，实际上土豪所指往往只是比自己有钱，或者看起来比自己有钱的人。至此，"土豪"一词中尖刻的阶级性完全消解，但其折射的微妙的国民情绪仍然值得仔细思量。

例句：

- —如何与**土豪**做朋友？
  —跟**土豪**表白，这样他（她）就会说："我们还是做朋友吧。"
- 你以为**壕**喝酸奶是不舔盖子的，可是真正的**壕**，喝酸奶是只舔盖子的！
- 为了女儿不被欺负买下整座幼儿园，这位父亲可真是个**土豪**。

渣

在网络语境下，“渣”是一个具有双重含义的词语：一为“(能力等)极其弱”，一为“品质恶劣”。在这两个意义上，渣都可作为名词或形容词使用。“渣”的基本含义是提出精华或汁液后剩余的东西，其双音节构词“渣滓”在本义外引申出了“品质恶劣无益于社会的人”这一义项，再通过省略将这义项加回到“渣”的意义体中。

20世纪90年代日本动画片《七龙珠》中，赛亚人拉蒂兹轻蔑地称地球人为“战斗力只有五的渣滓”然后一击秒杀，由此产生的“战五渣”作为能力弱、质量差的代名词，长期流行于青年黑话体系，直到进入网络时代。诸如“渣网速”“渣画技”等都是这个意义上的用法。2012年，在人人网上诞生了“学霸”(学习能力强、刻苦、成绩好的学生)和“学渣”(学习能力弱、懒散、成绩差的学生)这一对名词。每逢期末季，互联网就会被对比学霸、学渣的段子淹没，让学生们能在期末苦中作乐，释放压力。有趣的是，很多学习不错的学生出于语言上自我削弱、降低预期以寻求安全感的目的，又或者仅仅是为了表现谦虚随和而热衷于以“学渣”自称，这种“装渣”的行为很容易被理解为刻意掩饰实力或曲折地炫耀，从而换来另一种恶意的称呼——学婊。

表现恶劣品质的“渣”脱胎于“人渣”或“渣滓”，在互联网语境中，这个词经常用于形容男性，作为一个形容词言简意赅地表现情感关系中用情不专、薄情寡义、自私狡猾、大男子主义等可怕品质。其出处是2011年的对于电视剧《拿什么拯救你，我的爱人》的一个“圣母爱渣男”的吐槽段子，一时间很多才子的风流多情被重新界定为“渣男”，“渣男鉴别手册”“防渣指南”等攻略更是层出不穷。需要甄别的是，渣的第二种意义上的用法和渣男的经济情况、阶级地位甚至个人能力无关。事实上，很大一部分公认的渣男都是生活中的高富帅——或许是因为屌丝逼仄的生存条件使他们相对缺少“渣”的发挥空间。在动摇的性别结构和上班族持续的婚恋焦虑双重作用下，“渣”的粗暴标签看来还要使用一段时间。

例句：

- 电影的画质太**渣**，我连**渣男**主角的脸都看不清。
- 身为学霸却非要伪装成**学渣**天天喊弱，这样的**学婊**尤其讨厌。
- 看完《甄嬛传》，真心觉得雍正就是一个**渣皇**。

撩

撩/套路

【撩】

“撩”，指用语言或动作挑逗他人，以获得对方青睐。“撩妹”最先成为网络流行词，“撩”随之也被拆分出来灵活使用，继而产生了“撩汉”“撩男”等与“撩妹”对应的词语，意指通过向对方示好以获得对方好感的过程。

“撩”的本义是伸长手（做某件事），例如撩拨、撩弄、撩逗。在江西抚州等地的赣语方言中，“撩”经常用为逗弄、招惹等义，语义重点从动作转向了态度，而且动作的对象多窄化为人。赣语、粤语、客家话等南方方言中，在此词义基础上，率先出现了“撩妹”一词。2016年2月，韩剧《太阳的后裔》热播，由宋仲基饰演的男主柳时镇，为了得到女主姜暮烟的芳心，除了关怀和体贴，更是不时主动进攻，出其不意的追求方式，被各种网络自媒体冠以“跟《太阳的后裔》学撩妹”“宋仲基十大撩妹技巧”，让“撩妹”一词流行开来。随后，这一词固定成为常见的网络用语，并进入现实生活。

“撩妹”一词，可以视为“泡妞”的转型升级。“泡妞”中男性对女性的追求暗示着自上而下，“撩妹”则更偏于地位近似或自下而上。性别的强弱对比相对减弱，并且伴随着“撩汉”等对应词语的出现，女性表达情感的空间增大。“泡妞”一般带有明确的目的诉求，以确定恋人关系或发生肉体关系为节点，但“撩妹”多停留在行为，除非对方主动表白，没有某个回应是“撩动了”或者“没撩动”的标志，也常有“撩人者反被撩”（被挑逗者以更具挑逗性的行为回应）的状况。但无论是“泡妞”还是“撩妹”，都有意在话术上削弱感情的严肃性：一方面，这是网络空间年轻一代突破保守传统、自由表达情感的一种尝试；另一方面，也是当代人害怕全力追求却遭遇失败的一种自我保护。

随着“撩”从流行进入日常，人们对“撩”的态度也产生了分化。在“明星—粉丝”的互动模式中，被作为理想恋人形象的明星，如果对粉丝整体或特定表演环境下的粉丝个体发出富有挑逗性质的信号，例如公开场合示爱告白、摸头杀、喂食等，满足了粉丝对其的恋人幻想，则被高度评价为“会撩”，能够更加吸引粉丝。

但是在日常生活中，如果一个人常常对周围许多异性做出类似的亲昵举动，被评价“会撩”的背后，则是暗指此人经常以“撩”这样低成本、套路化的示好方式，希望获取周围异性的好感，以满足自身“被人喜欢”的情感需要，或者利用这些好感为自己谋取其他利益。

人之所以会“撩得动”，还是因为对撩人者怀有好感，愿意与之互动。在“明星—粉丝”模式中，作为被撩者的粉丝对双方之间的固定距离心知肚明，因而在这一心理预期中，可以安心享受被撩得脸红心跳之感。但在日常模式中，“撩人”的示好举动，会被理解为尝试缩短双方距离、让感情更进一步的试探，如果这一试探没有导向表白、交往等感情升华，而是长期徘徊于暧昧之中，心怀期待的被撩者就会意识到一片真心错付给了套路，因而产生负面评价。

【套路】

“套路”指因见惯某种情形，而产生的一套与之应对的方式方法。再次遇到类似情形时，掌握这套方法的人往往倾向于使用既往经验，不费神、不走心，迅速达成目标。一般来说，“套路”中性略偏贬义，暗示对方待人做事有所欺瞒、不太真诚。

在类型小说和类型电影中，“套路”以特定结构的模式广泛存在，网络类型小说中，“套路”更是随着类型细分而被强化。读者选择某一类型，往往是对其中套路有所期待，合格的类型小说高度完成套路的规定动作，优秀者则能沿套路的逻辑超越套路。因而在这些情况中，“套路”并非贬义。

2016年在网络上，各种对话类幽默段子广泛出现，网友套用段子与身边人交流，达到愚人或者套话的目的，被评论为“都是套路”。此后，“套路”又被用于形容感情交往中，一方并非出于真情实感，而是刻意使用语言赞美、肢体接触等方式，希望快速获得对方好感的行为。此词成为贬义，并衍生了动词词性，例如“他套路我”。

例句：

- 《太阳的后裔》里的“双宋CP”奔现啦！宋仲基的**撩妹**绝技居然连乔妹都**撩**到了！
- 我老公是《恋与制作人》里的许墨，甜言蜜语技能满分，不愧是“许**撩撩**”~
- 自古真情留不住，唯有**套路**得人心。

丧

丧/佛系

【丧】

据《说文解字》,“丧”本义为没有、失去，后衍生出与死亡相关的仪式之意，如丧礼。在2016年中期流行的“丧文化”等语汇中,“丧”形容一种没有活力的精神状态，具体表现为情绪低落、消极颓废、对未来失去希望等。

“丧”的流行始于“小确丧”。“小确丧”出自2016年7月14日微信公众号“新世相”推出的同名文章，意为“微小而确定的不幸”，专指能毁掉幸福感但又微不足道的小事，如头发掉进汤里、橡皮在纸上留下污渍、明明定了闹钟却无法起床等。它与“小确幸”（小而确定的幸福）相对，将高压之下都市青年的脆弱精神状态展露无遗。该词一出现，便受到年轻人追捧，讨论度极高。

“小确丧”拉开了“丧文化”的序幕,“葛优瘫”则引发起高潮。“葛优瘫”出自20世纪90年代最受欢迎的情景喜剧《我爱我家》中的一张剧照。照片上，葛优饰演的角色瘫倒在沙发上，双眼无神，一副生无可恋却又无人能奈我何的表情。网友看了纷纷表示，“这不是我在家的状态么？”“生活太累好想瘫着”……并为此制作了大量表情包。自此，“丧表情包”井喷式爆发，诞生了“咸鱼”“悲伤蛙”“懒蛋蛋”等知名丧表情。其中，以“咸鱼”流传最为广泛。“咸鱼”出自周星驰经典电影《少林足球》：“如果人没有梦想，跟咸鱼有什么分别？”表情包中，一条咸鱼离开了水源，来到地上，伸着两条细腿，做出各种颓废姿势，“咸鱼”因此成为“废人”的代名词。

“丧文化”包含一种戳破心灵鸡汤、绝望到底的黑色幽默：“你全力做到最好，不如人家随便搞搞”“上帝给你关上一扇门，顺便也关上了窗”。美国动画片《马男波杰克》在国内的流行是绝佳例证。波杰克是一匹中年过气明星马，每日过着颓废无聊的生活，说着消极无望的台词。这些台词被微博大V截图发出，得到大量点赞转发。这种黑色幽默认为人生境遇本质是负面的、向下的、压抑的，它宣布虚假的“正能量”无效，唯一的出路是正视生命中的黑暗，带着绝望活下去。然而，这种观念恰恰来自都市青年对美好生活的渴望。只是当他们发现自己长期在半空中挣扎、难以再进一步时，这种渴望就变成了焦虑，既担心生活不会变好，又恐惧它变得更坏。最终，焦虑化为无情的自嘲，以降低期望值的方式接受现实。

“丧文化”的主要受众是都市青年，其流传方式也不止于在网络中大量刷屏，还产生一批文化产品，进入消费空间。“丧茶”是其中的代表。“丧茶”是一家为“丧文化”营销造势的奶茶店，仅仅营业了4天。它的特色是为饮料起丧气的名字，如“碌碌无为红茶”“前男友过得比你好果茶”“你不是一无所有你还有病啊乌龙茶”，价格大多在20元上下，稍稍高于同类店面。另一个例子是上海彩虹室内音乐团，以“丧曲目”为保留节目，在音乐会最后演唱。其中，《感觉身体被掏空》是刷爆朋友圈的神曲。歌曲以“葛优瘫”表情包的配图文字“感觉身体被掏空”为灵感，讲述表面光鲜的小白领被外企老板榨干精力的“丧”生活：“十八天没有卸妆，月抛戴了两年半”。这种无望感和疲惫感是都市青年生活的传神写照。

【佛系】

2017年12月流行的“佛系文化”可以说是“丧文化”的又一个小高潮，或者说“升华”。“佛系”指不争不抢、看淡一切的心态，和佛教没有直接关系。“佛系”最早来自“佛系追星”，指不混圈、不产粮（指进行同人创作）、不掐架、心态平和的粉丝。这一词语进一步流行，则又是得到了“新世相”的推波助澜。12月11日，该公众号推文称“第一批90后已经出家了”，将“佛系”泛化为“怎样都好”的心态，衍生出“佛系买家”（指不和卖家对话、不评价、不退换货的网购者）、“佛系恋爱”（不吵架、不矫情、搭伙过日子的恋情）等用法，令大量青年对号入座、立地成“佛”。然而，“怎样都好”其实是在“怎样都不好”的境遇中锻炼出的又一种犬儒主义心态，所以也有人称“佛本是丧”。

例句：

- 有勇气在烈日下排队三小时买**丧茶**的人根本就不是真的**丧**。
- 看完《野草》，我觉得鲁迅可以说是很**丧**了。
- 好**丧**啊！不过往好处想想，虽然我没钱，但是还有病呀。
- **丧**着丧着就佛了。
- **佛系**考生：过了是缘，挂了是命。

单身狗

“单身狗”指没有恋爱对象的人。在当下的网络语境中，它是一种自嘲性的称呼，同时也用于戏谑性地互称，并不具有很强的贬义色彩。

大约2005年前后，“单身狗”这个用法就已经零星出现继而小范围流行，不是作为亚文化圈的“黑话”，而是各种网友调侃单身境遇“不约而同”的发明。“单身狗”的流行或许和20世纪90年代经典《大话西游》的无心插柳有关：影片最后，孙悟空带着错失一生所爱的无尽悔恨踏上取经路，城墙上相拥的夕阳武士和紫霞看着他的背影嘲笑“他好像一条狗啊”。2011年7月，一组关于“第四次单身潮”的调查和报道，轰动性地引发了人们对单身现象的关注，的确也带动了这个词的传播。

问题是，为什么单身的是“狗”？在中国传统的符号体系中，狗的意象有着复杂的色彩。它们忠诚、友善、依赖人类，但同时又卑贱、狼狈、没有尊严。这恰恰是在生活中奋力沉浮，渴望关爱的单身族自怜自伤的写照。通过解嘲的自贬性幽默，“单身狗”们释放了压力也完成了心理上的自我保护。

“单身狗”本身也衍生了一系列词语。情侣在微博、微信等公共网络平台上“秀恩爱”被称为“虐狗”，“单身狗”本身的生存和生活也被称为“吃狗粮”。从单身狗引申开去，各式各样的“狗”在网络语言中逐渐产生：“名词+狗”的如“大四狗”“IT狗”，“动词+狗”的如“搬砖狗”“考研狗”，以及凝固用法“×成狗”如“累成狗”“穷成狗”等。“狗”被范畴化为任何一种悲惨的生活处境，通过指认自己为某种狗的一员，人们在获得宣泄的同时也从话语上“找到了组织”，获得了整个同病相怜的群体的认同。不过这个将单身定义为悲惨的称谓很难不使人们联想到20世纪90年代中期的热词“单身贵族”。从香港传入刚刚开放的内地的“单身贵族”成为自由、时髦、品质生活的代名词。他们多是改革浪潮中获得良好经济地位的弄潮儿，迫不及待地要摆脱传统的婚姻枷锁和家庭负担，追求现代的生活方式。然而当经济上升、城市发展红利期的缤纷幻梦过后，单身不再是少数人的追求，而成为相当一部分城市青年的处境。他们面对着城市生活的高流动性和昂贵的居住成本，快节奏的忙碌生活、就业困难、工作压力、婚恋支出一再挤压着他们对浪漫爱情的期待。此外，男性和女性还分别要应对失衡的性别比、奇高的房价，以及女性意识觉醒后婚姻生活和事业追求的龃龉，单身大多数时候是灰色的无奈。

然而相对于“剩女”“光棍”“大龄青年”这些戴着有色眼镜的词语，“单身狗”这个难登大雅之堂的词却好得多。因为它对应的是情侣，而不是“结了婚的”，这样的自称更少地带有传统父权、族权加诸婚姻之上的强制要求，而展现出灰色生活中内心对爱情自发的渴求。虽然“单身狗”们总是夸张地鄙夷情侣“虐狗”，装模作样地声称“愿天下所有的情侣都是失散多年的兄妹”，但犬儒的外表下，仍然是希望找到另一条“狗”，和可以相互温暖一生的真心。

例句：

- 八爷这条**单身狗**，终于脱光了。
- 大暑假的，你们就别在朋友圈**虐狗**了。
- “第二杯半价”简直是对**单身狗**物质和精神上的双重暴

击，有没有《动物保护法》啊？

- —又一个七夕节快到了，你还是一个人吗？

  —不，我是一条**狗**。

  —快别说自己是**单身狗**了，在你这个年纪狗早死了。

光棍节

光棍节/脱光/双十一/剁手/吃土

本词条描述网友围绕着11月11日这个普通的日期建立起来的复杂意义系统。这一天最先在20世纪90年代的高校亚文化圈中被戏称为“光棍节”并衍生出来一系列联谊、聚餐甚至恶搞活动。2009年开始，淘宝等电商平台有意识地在“光棍节”进行大规模降价促销，逐渐使这一天演变成了网络购物节，名称也变成了更中性化的“双十一”。

11月11日之所以称为光棍节，是因为数字1的形状像一根光秃秃的棍子，又是形单影只的一个，而这个由四个1组成的日期恰好象征了高校庞大的单身群体——并不只限于男性。这一节日起源于20世纪90年代的高校文化，具体时间与地区不可考，全国高校皆有活动，南京地区的高校尤为活跃。将“光棍节”文化发扬光大的是以水木清华BBS为代表的高校社交平台。1996年水木清华上成立“光协”版，就是“光棍协会”的简称，单身同学在此交流、联谊或是单纯自嘲、玩耍，并形成了“光棍文化”系统：如版内男女生分别统称为“光光”“明明”，通过努力找到恋人称为“脱光”和“失明”，并要请客“报告”其正式脱离光棍身份。1999年前后“光协”开始以“光棍节”（早期也叫“光光节”）为名义组织大型活动，并逐渐走出高校，借助流行的人人网等社交平台成为社会性狂欢的“新民俗”。2009年，这个进入大众话语的青年亚文化被淘宝商城管理层看中，淘宝借用了光棍节的名义，策划了第一个“双十一光棍购物节”，并打出“没有男（女）朋友陪伴，至少我们还可以疯狂购物”的宣传语，结果旗开得胜，吸引了京东、亚马逊等各路电商共来分一杯羹。2012年11月11日，各大电商开展了盛况空前的“双十一”促销活动，并注册了相关商标。尽管这一活动与“光棍节”在概念上并不完全重合，但资本力量的参与还是使得“双十一”完全盖过了“光棍节”的风头。

对这一现象，很多人斥之为商业对青年亚文化的收编：年轻人对青涩朦胧的爱情向往、单纯的校园文化消解殆尽，取而代之的是千篇一律缺乏感情的视觉宣传、欲望挑逗，以及狂欢过后物流行业高耗能、高负荷的运转，物流链底端快递人员“连续上班十几二十个小时”的劳作，和作为包装的大量塑料垃圾的产生。联想到数年来，几乎所有节日都因为商家的促销营利变了味儿，这块亚文化飞地的失去就更令人痛心。

不过，虽然为这一“收编”痛心不无道理，但“光棍节”和“双十一”之间的鸿沟其实并没有那么巨大。“光棍”们大多或为在校生，或为职场新人，虽然收入不一定高但家庭负担小，其中亦不乏高学历高工作起点人士。他们是独立消费主体，可以轻松掌握网购流程、有消费冲动、追逐新鲜时尚、渴望提升生活品质，同时需要网络购物的低廉价格和快捷方便——当然也需要进行更多自我投资来博取桃花。有了购买行为背后的物质实力，光棍、单身狗才能继续成为自嘲和戏称而非蔑称。光棍节本身就是互联网原住民的专利，而网购同样是他们栖居方式中的一种，双十一的购物狂欢，是电商的精心策划，但未尝不是青年一代生活需求的表达。

在双十一“不能脱光就花光”的购物狂热启发下，“双十二”“双十”等一系列购物节强行上线，它们不再羞答答地假托某一节日的名目，单凭“全场打折”就让人们情不自禁地按下“去支付”键。结果很多人冲动消费一时爽，月底对账痛断肠，于是一边买买买，一边发誓“再买就剁手”。“剁手”流传渐广，成为淘宝上“完成一笔大额消费”（具体标准当然要看个体消费能力）的代名词。2013年淘宝官方发布《十二大网购族群报告》将“剁手族”定义为“年购物额大于5万且月消费次数在10次以上”的购物者，然而即使在如此高标准下，仍有107万网友荣登此列。2015年，双十一的高烧过后，网友们又开始用新的说法，出自日漫并最早流行于Cosplay圈的“吃土”来形容网购后的赤字生活——穷得只能吃土了。更有人挪用电视剧《花千骨》中的“洪荒原力”来夸张地形容自己的购买欲。剁手党、吃土族中，有被广告宣传牵着鼻子走的冲动者，也有精打细算加好购物车等折扣下单的理性人士，洪荒原力一般壮观的网购狂欢与其说是盲目消费的症状，不如说是在实体店商品普遍昂贵的现实下，网络一代消费力和物质欲望的集中爆发。

例句：

- 每到**光棍节**，小餐馆里总是坐满了亲如兄弟姐妹的单身狗们，正应了那句话：“孤单是一个人的狂欢，狂欢是一群人的孤单。”

- 室友特别喜欢买切糕吃，最后和卖切糕的小哥**脱光**了。
- 每到购物节我都感觉自己化身成了章鱼——有**剁不完的手**。

亲

“亲”是网络上常见的表示友好的称呼，大致相当于“亲爱的朋友”。来自淘宝网客服，并随着淘宝用户的增加而普及于网络。

根据淘宝第一位客服阿珂的回忆，2003年，当淘宝获得一定数量的用户、会员，开始用Email联系大家的时候，起初使用“Dear all”（亲爱的大家）的称呼，被认为不符合淘宝“好玩”的氛围，于是换成俏皮可爱的“亲爱的们”，为节约时间进一步压缩成“亲们”，并用“亲”指代单个客户。

也有很多网友认为娱乐圈对“亲”的推广功不可没。韩流粉丝圈曾一度有仿照韩语“친구”（音“亲古”，指朋友）用“亲”相称的习惯，2005年超女的亚军周笔畅也称自己的粉丝为“笔亲”以示亲如一家。但韩流吹过，超女热过，提起这个词，人们第一时间想起的还是一口一个“请问有什么可以帮忙吗亲”“包邮哦亲”“有现货的亲”的萌萌的店家客服。淘宝作

为线上购物平台，其O2O（将线下交易和网络结合）的本质使得陌生的买卖双方在虚拟空间（淘宝用户一般使用商务聊天软件阿里旺旺）上的沟通非常重要。客服回答买家林林总总的问题，是“网购”体验最人性化的一环。而淘宝的客服和用户多为年轻人，非正式还略卖萌的称呼无疑可以拉近彼此距离，营造亲切的购物氛围，也提升了卖家信誉，促进了交易。

久而久之，买家也习惯了称呼卖家为“亲”，并将这个称呼半开玩笑半认真地引入其他网络社交场合。甚至在2011年，《法制日报》报道过某地公安局的通缉令用“亲”称呼在逃的嫌疑人，如此可笑的滥用也从一个侧面说明了这个称呼的普及。

“亲”的感情色彩密码在于“自来熟”，在汉语的传统中，“亲”所指的是至亲的父母，然而在舶来的网络话语中，亲昵友善的对象是不熟悉甚至泛化了的陌生人。这个词的流行和互联网的栖息方式有很大关系。身处瞬息万变的网罗之中，无数弱关系织成了整个虚拟空间的云形态，让自己快乐、愤怒、心满意足的往往是偶然联结的陌生人。故而，哪怕为了自己“周遭世界”的和谐愉快，即使大家素不相识、萍水相逢，也不妨有爱地互道一声“在吗，亲”。

例句：

- —太可怕了，我假期回家发现我爸妈相互以“**亲**”相称，他们八成以为“**亲**”只是“亲爱的”吧！
  —天哪，你父母难道从来不在网上**剁手**吗？
- —你好，**亲**！请问我拍的人参鹿茸包邮吗？
  —包邮**亲**，但偏远地区江浙沪以南包括江浙沪不包邮。
- **亲**，咱能别再装B了吗？

钓鱼

“钓鱼”是一种网络论争中的战术，钓鱼者依据其论敌的立场、观点与逻辑，编造具有明显事实漏洞的文章（被称为“钩子”），引诱论敌阵营转发，并在转发达到一定数量后发布真相来“打脸”。由于在现实生活中诱导性的执法也被称为“钓鱼执法”，人们于是把网络论争中的这种特殊战术称为“钓鱼”。

“钓鱼”最为著名的标志性事件是“高铁魔盒”事件。在2010年前后，未名空间（MIT BBS）出现了帖子《高铁——悄悄开启群发性地质灾害的魔盒》，该文模仿了此前南方系媒体关于黄万里反对三峡工程的报道，虚构了“张拾迈”教授，称其一直在反对修建高铁，同时还虚构了不存在的“夏尔谢夫力”和“斯蒂芬金效应”，用以佐证“修建高铁会引发地质灾害”。该文在中文网络上广泛传播，即便中科院地球环境研究所于2010年9月18日贴出声明辟谣，原帖作者也在未名空间发文说明真相，不少人仍然信以为真并转发。而在2011年7月23日甬温线动车事故之后，《第一财经日报》2011年7月29日A5版的《高铁：自主创新之谜》一文中，直接引用了“张拾迈教授”及其观点，使得此次“钓鱼”行为达到了高潮。

“高铁魔盒”背后是专业性知识分子对某些大V的反击。对他们在专业领域上的低级错误与导师姿态具有强烈的反感。在网络论战的混乱局面下，唯有专业性的技术知识能够成为发言的资本，这也正是“钓鱼党”依赖的话语优势。在具备共同知识基础的圈子里，专业性知识分子享有一定的圈内民主，并以此向圈外掌握话语权的某些大V发起进攻。2011年至2014年间，高校学生聚集的人人网成为钓鱼文的重要生产源头，一位ID为“谭日天”的北大学生炮制了一系列诸如《秋裤残害人民健康》的钓鱼文，被转载到百度贴吧等平台，产生了较强的效果，谭日天也因此被封为“钓神”。人人网衰落后，“钓鱼”的主要阵地变为新浪微博，以小段子为主，不像此前钓鱼多以长文编造较为严密的体系。微博钓鱼因其简单直接，被称为“直钩”“炸鱼”，但仍然有众多的上钩者。

某些大V的支持者也曾试图以“钓鱼”手段还击，但并没有太过成功的案例。讽刺的是，尽管“钓鱼”的目的是为了“打脸”，但其编造的虚假信息因为难以辨别，有时反而成为谣言的源头，一些早期的“钓鱼党”在2014年以后逐渐呼吁节制“钓鱼”行为。部分网友在对某些大V进行“钓鱼”的同时，也会因为其自身对于某方面专业知识缺失，而陷入被“钓鱼”的局面。

与钓鱼相似的行为还有“反串黑”。“反串黑”指在舆论事件中，一方的成员冒充观点对立的另一方成员，发表逻辑水平和知识水平较为低下的言论。反串黑最后往往不会亮明身份，而是故意让低下的言行抹黑对方阵营形象。与“钓鱼”编造的成体系、有逻辑的虚构事件、虚构观点相比，“反串黑”的言论水平较低，最终也不会以事实真相批驳对方，而是要以虚假言论抹黑对手。然而，反串黑大多时候混在真实存在的低级言论里，二者难以区分，而指责对方反串黑，也成为舆论乱战的一种手段。

例句：

- “罗斯福在蒙古国击溃日本海军。”——编这种“史料”已经不是**钓鱼**，而是**炸鱼**了。
- **钓鱼**的主观目的未必是开启民智，有时候只是为了爽。
- **钓鱼党**也得小心被钓。

B格

装B/B格/撕B

【装B/B格】

“装B”指通过语言、物品等符号卖弄学识、故作高雅、夸张炫耀等，以使自己看起来更博学、深刻、富有或具有其他实际上并不具有的品质。其目的多是满足虚荣心，也有人以此牟利。

“装B”来自民间俗语，B是“逼”的谐音，是极粗俗的字眼，为了减弱其涉及的性色彩，在很多场合会用“B”来代替其同音字，有时也用约定俗成的“×”字占位。这个词的本义有明显的男权色彩和性暗示，但观察同类词如“牛B”“傻B”“二B”“逗B”等就可以发现“B”更多只是偏义复合词中起突出程度作用的补语，没有独立意义。

装B不是网络原生词，网上大规模的使用应始于2006年3月，“80后”明星作家韩寒用一篇《文坛是个屁，谁都别装逼》的博文，与著名主流批评家白烨骂战。这篇文章多处使用“装逼”等语，因牵涉甚广而引起了博客上旷日持久的“韩白之争”，卷入了陆天明、陆川父子和高晓松等一众名人，也无心插柳地使“装B”一词迅速发酵。紧随其后，罗永浩的博客文章《怎样成为一个文坛装逼犯》趁热打铁，彻底让这个词在网络上流行起来，甚至被网友按照英文构词法为它戏造出了英文对应词“zhuangbility”。

“装B”一词的流行，一方面是网友终于找到了合适的词去命名线上线下日常生活中的自我夸饰、包装行为，并以一针见血地撕下皇帝的新装为乐；另一方面又有很多人热衷于学习装B之道，于是教人四两拨千斤，用少量细节体现自己学识、财力、品位的“装B手册”“装B宝典”层出不穷，两方见招拆招，不亦乐乎。网络问答社区“知乎”更因其受青年知识群体拥趸的专业化和机智的风格（这本身也被很多人理解为一种装B）成为装B重镇。围绕着“装B”，又诞生了“装B利器”（用于装B的趁手道具）、“强行装逼”（用生硬而拙劣的方法装B，往往失败）、“云装B”（在听别人装B的时候收集素材，在另一场合用于对其他人装B）等一系列词语、短语，构成了一套装B话语体系。

这套话语体系中除了“装B”本身，最重要的是“B格”（原作“逼格”），指装B的格调，可以论有无，也可以论高低。

“B格”作为客观的表象，它和“装B”的区别在于，前者只提供装B的能力和基础，但如果不主动去装，B格就不必然转化为装B。因此“装B”带有贬义色彩而“B格”趋于中性。有趣的是，“装B”中“B”只是补语词缀，而“B格”中“B”却指代了整个装B体系。需要注意，装B是一种仁者见仁，智者见智的活动：对于有的人来说，装B的方式是穿貂皮戴金链子，而在另一些人看来这只能称为“土豪”。“B格”似乎仅适用于爱慕风雅、有精英主义趣味的城市中产阶级（或向往中产阶级）的青年装B爱好者。对他们而言B格等同于精致、高科技、独特、博学广闻，从微信聊天的谈吐到抽油烟机的品牌，这些年轻人热衷于精打细算地用一切力所能及的手段提升和表现自己的B格。

无论是装B还是B格，都是普通青年网络一代身份焦虑的产物。面对占据社会话语权的上一辈，他们难以争取发言权和上升空间；面对庞大侪辈群体的“同辈压力”，他们担心自己不能获得群体认同，更不能脱颖而出。寻求社群认同、拥抱安全感和树立身份、提升自尊的焦虑矛盾地相互交织，驱使他们力图通过捷径求取更多文化资本（毕竟经济资本更难获得），甚至不惜通过符号化的言行做派来“装”出资本。

【撕B】

需要略做辨析的一个词是“撕B”（聊天中也作“4B”）。部分网友从字面上和“装B”联系起来，理解为“撕去伪装”，其实谬矣。“撕B”起源于北方方言“撕掰”或“撕吧”，最初是拉扯、缠斗的意思。后在通过天涯、贴吧进入网络语言的过程中沾上了性意味，并被望文生义地理解为“女人之间的争斗”。2011年初的《甄嬛传》、2013年的《小时代》电影和百度oricon（一个日本音乐排行榜）吧上粉丝围绕明星八卦旷日持久、围观无数的骂战几乎脱去了这个词的性别歧视色彩，使其泛指双方相互攻击、揭短谩骂。参与或发起“撕B”在一定程度上是网络社群谋求凝聚力和归属感、宣泄快感的方式，但同时也构成了一种网络暴力，使“圈内人”和“圈外人”甚至网民和非网民之间的隔阂、偏见加深。如何处理“撕B”，如何定义和对待网络暴力，是人类大踏步进入赛博空间的过程中必须反思的问题。

例句：

- 所谓“方而不割，廉而不刿，直而不肆，光而不耀”，一言以蔽之就是有B**格**却不**装**B。

- 冬至将至，饺子党和汤圆党又要**撕**B了。
- 那款包超贵又巨小，除了**装**B什么都装不下。

奇葩

奇葩/极品

“奇葩”原意是奇特而美丽的花朵，用来比喻不同寻常的文艺作品或非常优秀的人物。后来逐渐演变为反讽，从“不同于常人”的褒义变为“不同于正常人”的贬义，用来形容人、事、物十分离奇古怪，非正常人所能理解。“极品”原意是最高的官位，引申为人物或事物非常优异，达到了最高的品级，但在网络空间中，同样由褒义转为贬义，用来形容人、事、物的怪异程度登峰造极，缩写为JP。

奇葩与极品的流行，与“审丑”心态密不可分。2005年湖南卫视举办的“超级女声”选秀节目，将普通人报名参加初试的“海选”阶段剪辑播出，这些片段往往集中了其貌不扬却过度自信、言谈举止非常古怪的选手，达成了一种“奇观共赏”的效果，通过将这些人物定义为他者，建构大众作为正常人这一主体的心理认同。随着网络的普及，以天涯社区娱乐八卦版块为主要阵地，各类自爆生活中奇人异事的帖子层出不穷，审丑成为网络日常中的重要组成部分。在这一风潮中，奇葩与极品两词以反讽的方式，从褒义变为贬义，相伴出现，参与建构起网络空间重要的吐槽与窥私维度。

2006年1月3日，在人民网海峡两岸版块之台海观察区，首次出现了奇葩的反讽用法："像姚文智这般动辄宣之于口而毫无节制者，毕竟尚属奇葩。"2008年10月31日中央电视台的《第一时间》栏目"马斌读报"版块，主持人点评中说道："公路破成这样国内罕见，堪称极品。"此时的"奇葩"与"极品"的词义变化，已经被大多数人了解，并进入主流话语之中。此后，两词偏于贬义的词义逐渐在网络空间和日常口语中占据压倒性地位（极品大约在2010年，奇葩大约在2012年）。2013年左右，研究两者词义变化的论文已见于各类学术期刊，这一语言现象得到承认。

2010年前后，新浪微博崛起，140字的限制微博和智能手机普及，这促使人们以短平快的方式写下日常生活的见闻和感受，令"吐槽"之风日盛。以"我的前任是极品""北美吐槽君"等为代表的一批微博账号，在网友的私信投稿中选取最为奇葩、极品的故事，以截图或长微博形式发送，供大家讨论吐槽，迅速聚集了大量粉丝，成为知名博主。这些故事虽然并不能保证毫无夸张或虚构，但是却总能因进入道德评判的灰色地带，甚至超越常人的伦理底线，引发一次次的公众讨论，拷问着网友们的“三观”。与电视中的“奇观共赏”、论坛中的“参与互动”不同，微博上的这些奇葩、极品的故事，往往能给一日三刷微博的普通网友带来一种“皇帝批阅奏折”的快感。博主每日精心整理挑选、呈送御览，由你来判定他们谁是谁非。在这种民间审判之中，“三观正 / 不正”成为网络空间的又一重要话语。所谓三观，原本是指世界观、价值观、人生观，但在网络空间中已经被简单地作为“对事物的认识”而出现。所谓“三观正 / 不正”，在现今各种观念共生并存的中国社会，已经没有一种统一的标准，而成为一种简单粗暴的个人评判，也即无所谓“三观正 / 不正”，而是“三观合 / 不合”（和我一样 / 和我不一样）。这种定论式的评价，某种程度上损伤了网络能够提供的讨论性，终止了对种种奇葩现象背后更深层次的挖掘，而成为一次又一次重复着语言暴力的站队。

例句：

- 我的室友居然说我**极品**，我看他才是一朵**奇葩**。

- 《小时代》的四位女主角，是典型的“三朵金花加一朵**奇葩**”的组合。
- 这部雷剧的人物发型一个比一个**奇葩**，造型师到底跟他们有什么仇什么怨？

八一八

八一八/818

“八一八”是网络论坛常用词语，意为“八卦一下”“爆料一下”。起初专指对娱乐明星或事件的内幕爆料或深度解析，后泛化为对各种公共事件或自己身边故事的详细讲述。

20世纪70年代，香港各类小报在商业竞争中，以刊登美女裸照为噱头来增加销量，但因受制于法律和社会道德，会在裸照的“三点”位置贴上一个八卦的图案，相当于后来的马赛克。久而久之，在粤语中，就以八卦指代搬弄是非的行为、绯闻流言等事情。而讲述八卦的行为，就被称为“八一八/818”。

2005年8月19日，网友环珮叮当在天涯社区娱乐八卦版块发表《迟到的八卦节献礼——818“变态”天涯》的帖子，用幽默的笔触精准而不失全面地对天涯各大版块进行了高度的概括，帖子一炮而红，网络词语“八一八/818”也从此叫响，慢慢地网友也习惯使用818作为帖子的标题开头。后来，网友约定俗成地把每年8月18日定义为八卦节，并流传于网络。2010

年8月18日，人人网在状态发布框更新了一条状态提醒："今天是8月18日'八卦节'，你有啥要八卦的吗？"迅速引起了以高校学生为主体的人人网用户群的关注和参与，也推动"八一八"从娱乐新闻泛化为日常琐事的爆料揭秘。

例句：

- CJ哥哥在微博上推了《作为一个音乐产业的从业人员，来八一八歌手们的陈年往事》这个高质量爆料帖。
- 今天是818八卦节，我们来八卦一下组内的CP吧！
- 你从八爷那里听来了什么猛料，快八一八！

直播帖

直播帖是贴吧、论坛、社区等地方的一种常见的帖子类型，通常是网友把自己一段真实的生活经历，用通俗明快的日常语言讲述出来，引发大家的关注和讨论，收集大家的看法与建议。发帖人被称为“楼主”，回复与跟帖被称为“盖楼”，引发关注的直播帖常会“盖起高楼”，因而又会有专门的脱水楼/脱水版，即另开一帖，将原帖中无关评论剔除，将事件进展和楼主回复汇总并同步更新，便于阅读。

因直播帖常常伴随着暴露个人生活，因此绝大部分发帖者会选择匿名或模糊部分信息，发帖地也会选择基于趣缘社交的天涯、豆瓣，而非基于现实关系的微博、微信。因而以天涯社区娱乐八卦、情感天地版块，和豆瓣“我总觉得自己是一个傻逼”小组为直播帖重镇。

作为“直播”，在时间维度上，一是要体现事件发展的过程，二是发帖盖楼的状态要有所持续。而在内容维度上，则要求真实，所以不少直播帖的1楼可以归纳成：自我介绍、事件概述、指天发誓、低头喝水。“指天发誓”就是发誓自己不是写手、这是真人真事，所谓“低头喝水”就是写完第一段以后用“我喝口水/吃个饭/洗完澡回来接着八”作为结尾，增强真实感和现场感。

直播帖常常给人带来的强烈的参与感和互动性，在论坛里一般都比较受欢迎。热门的直播帖有时会形成在楼主每晚更新的时间段，网友集体蹲守“追直播”的盛况。

直播帖预设楼主的视角为网友的视角。有些直播帖在直播过程中，常常“人肉”（即“人肉搜索”，利用网络信息将人的真实身份调查出来）出当事人的真实信息，继而上演一出反转剧或罗生门。另一个时常在直播帖中探讨的问题，则是楼主是否是网络写手。网络写手作为一种职业，主要是指受雇于某个利益集团，按照要求为其撰写文稿，并以隐瞒其受雇身份进行发布的人。一旦直播帖被扒出实为由网络写手操纵，网友便会感到义愤填膺并迅速离去。

讲述自我生活的倾诉欲、对他人世界的窥私欲和自我价值驱动的参与感，成为直播帖盛行的背后动力。

例句：

- 这件事情实在是太奇葩了，我好想在天涯上发个**直播帖**吐槽。
- 这个**直播帖**太水了，全都是“mark一记”（标记一下）和“人肉楼主”，我爬不动楼了，谁来发个**脱水版**啊？

围观

围观/吃瓜/打酱油

“围观”在网络空间中，多指对事件保持关注，初期表示虽与事件没有直接利益关系，但是仍旧希望了解信息并发表意见，后期转变为对事件采取观望态度，不轻易做出判断。是网络上较早出现的常用词语。“吃瓜”则在类似的含义上，增加了事不关己，只是来看热闹的心态。“打酱油”与之含义近似，但侧重于表示连关注都并非主动，只是无意中作为小人物卷入其中，现实使用时，引申为自谦，表示自己所做的并不重要。

中国语境下的“围观”，常常让人想到鲁迅笔下的冷漠看客。但是2009年新浪微博兴起，人们传达信息、发表意见的门槛骤然降低，有问题就发微博、圈大V，成为人们寻求帮助的新途径。《新周刊》2010年末以“关注就是力量，围观改变中国”为封面话题，精准概括了网络技术对社会权力结构带来的改变。但与此同时，在这个信息爆炸的时代，为了吸引眼球，媒体有意无意间断章取义，瞬间引爆话题的新闻，常常会产生几次的反转，让最早为之振臂疾呼的人自己打脸。久而久之，从热情参与到保持中立的“围观”，就成了网络时代的政治正确。人们自称“围观群众”，在言论自由的狂欢过后，重新感到参与的无力，也担忧参与的后果，表达关注的“围观”成为人们对社会事件有所参与的最后底线。

网络论坛中，主帖抛出话题，对此保持关注、但自己又没有任何补充信息或者个人意见的网友，通常回复“Mark一记”（标记一下，便于回看后续跟帖），在此基础上诞生了诸如“前排围观”“搬小板凳围观”“前排售卖瓜子、花生、矿泉水”等网络语言，用语言勾勒出了拟前现代一个聚众听八卦的生态空间。2016年某次社会新闻中，记者采访一位老伯，老伯表示自己当时正在吃西瓜，对事件一无所知。随后有网友评论道“我只是一个不明真相的吃瓜群众”。“吃瓜”一词因广泛的围观心态和生动的图像含义脱颖而出，迅速走红，加上各类表情包的迅速跟进，“吃瓜群众”（看热闹的人）成为《咬文嚼字》杂志社发布的“2016年十大流行语”，并衍生了“瓜真多”（热点事件真多）、“吓得我瓜都掉了”（形容事件出人意料）等用语。“吃瓜”表达的是凑个热闹的消遣态度，一般指不重要的娱乐八卦和社会奇闻，严肃的新闻事件是不会用这类词的。

2008年，香港明星陈冠希与多名女星亲密照片及录像曝光的“艳照门”事件，引起广泛关注，在广州电视台的一次街头采访中，一个被记者拦下的中年男性回答：“关我鸟事，我出来买酱油的。”群体的狂欢与个体的冷眼形成鲜明对照，他的闲散装扮和粤语口语颇具喜感，也代表了一部分对此无感之人的心声，于是“打酱油”因此流传开来。“我就是个打酱油的”，成为许多被迫卷入舆论漩涡与网络浪潮中人们的自我剖白。进入现实语境，“打酱油”则成为一种自谦，表示自己对某一领域并不在行、所做工作只是凑数或者辅助，发表意见也是抛砖引玉。

例句：

- “榆林产妇跳楼事件”反转了四次，我现在也一头雾水，只能安静**围观**了。
- “已婚少妇深夜留宿男歌手家”被**围观群众**挖出了一串陈年八卦，真是一群宝藏男孩、宝藏女孩！**瓜**太多了，我都要吃撑了。
- 我就是个**打酱油**的，哪里知道那么多内幕啊！

233/666

【233】

233是猫扑论坛（成立于1997年）上绘制着一个小人儿“捶地大笑”动作的表情图片的编号，该表情图片在2000年以后开始流行起来。因为知名度很高，而常常被论坛网友以编号233指代，后来在某些并没有预设猫扑表情包的论坛，如百度贴吧等平台，网友也沿用了这一用法，来表达某种开怀大笑的情绪或状态。

在具体的使用中，233既可以单独出现，也可以放置在句首或句尾，为整句话增添愉悦轻快或嘲讽的语气。很多时候，为了增加情感的强度，也会在2后面写上n个3，例如23333333，意在显示笑声的持久。

与233有着类似用法的近义词包括wwwww和hhhhh，这里的w和h同样可以是不限长度的n个。其中wwwww的用法来源于日本弹幕视频网站niconico（参见第一单元“弹幕”词条），是日语“笑”（笑う，warau）的首字母缩写，而hhhhh则源于中文语气词“哈哈哈哈哈”的拼音缩写。

由于发布弹幕是一种具有很高即时性的动作，往往是在暂停视频的瞬息间完成，容不得太过于复杂的输入操作，在这种情况下，一些约定俗成的缩写形式就会迅速流行开来。又由于弹幕的默认播出模式一般是单方向滚动，长度较长的一段弹幕，其存在感也会更强，因此，重复敲打某个简单字符以输出一段足以引人瞩目长度的弹幕也就很容易成为弹幕视频网站用户的习惯。同理，233这串包含了一定“年代梗”（早期互联网论坛的遗留物），又便于输入便于无限延长的字符，也就顺理成章地在弹幕时代焕发了新的生机。

【666】

在视频直播网站的弹幕里，类似用法的字符串还包括666。它是“溜溜溜”的谐音，表示“玩得溜”，最初常用于称赞游戏主播技术高超、节目效果好。在表达格外的惊叹时，可以连写许多个“6”，以长度来表示语气。用在日常生活情境中的时候，可以表示真诚的称赞，也可以是反讽。

例句：

- 2333你是不是当我是傻的哦！
- 李泽言小时候该不会是穿着儿童款西装一边双手插兜一边跳蹦蹦床的吧233~
- 《瑞克与莫蒂》第三季《瑞克城物语》这集的脑洞真是666666。
- ——啊啊啊啊啊！我把票忘在家里了！
- ——666。

节操

节操本义是指人的气节、操守、正义感，但在网络空间中，多用于形容能够坚持不降低下限，保持严肃正直、文明优雅的状态，既可用于点评他人，也可用来自嘲戏谑。

节操一词最初在ACGN圈子中流行，源自日语单词“無節操”，原义是像墙头草一样，根据情况立刻改变自己的想法，不能坚持自己的意见。在中文语境中，节操被单独拿出灵活使用，形成有节操/无节操等词。2002年间，网络上流传“德国BOY（男孩）”的一系列视频，片中一名德国少年口中念念有词，疯狂地把电脑键盘摔得粉碎。在后来的流传中，许多人并不知道他所说的内容，因此给影片加上各种“空耳”字幕，产生了非常搞笑的效果，其中有一段的字幕便是少年咆哮：“有节操！有节操！有节操！”由此，节操从二次元圈子进入网络空间、现实空间，成为被越来越多人使用的流行词。

例句：

- 你这张图实在是太**污**了！真是**节操**掉了一地！
- 我也曾经是个**有节操**的少年，直到入了B站鬼畜视频的坑……
- 对不起，您的**节操**已欠费，请及时充值。

人品

人品/RP

“人品”全称“人品问题”，一般缩写为“人品”，或依据拼音首字母缩写为RPWT、RP。作为网络用语的“人品”，与人的道德品质无关，通常适用于某人遭遇科学和常识无法解释的负面事件或状况，此时便可戏谑性地将原因归结为该人的人品问题。

人品的这个用法21世纪初开始流行于游戏圈和以猫扑为代表的网络论坛。具体的起源说法不一，但一般认为与游戏中的宝物掉落概率有关。许多游戏在打败怪物之后会掉落一些装备作为奖励，但掉落装备的数量、质量却因人而异，有的人往往收获颇丰，有的人则几乎空手而归。这种无法计算、无法预测的差异促生了一则传闻：游戏中存在一个名为“人品”的隐藏属性，只有人品值高的人才能获得高额的奖励，而那些拿不到多少掉落奖励的人则肯定存在人品问题。

进入网游时代之后，人品（RP）又与网游中的“Roll点”

（投掷点数）系统相结合，被戏称为Roll Point（投掷点数，缩写仍为RP）。Roll点即类似于掷骰子，随机掷出一个一般在1~100之间的数字，网游中往往以Roll点来判定团队掉落物品的归属，或者用来打赌。这个时候的人品又与“运气”基本同义了。这样的用法随着《魔兽世界》在中国的流行渐渐传播开来。

再之后，又出现了带有恶搞性质的“人品守恒定律”：一个人一生所拥有的人品总量是一个恒定值，既不会增加，也不会减少。所以，在一件事情上表现出人品很好，则表示有可能在未来其他事情上出现人品问题，反之亦然。人品守恒定律无非是通常对运气的朴素理解的另一种表述，不过，对它的应用又产生了对人品这个词的新用法。比如，所谓“攒人品”，可以是无意经历了一些倒霉事之后对这些霉运的解释，意即预期自己在未来的事情上将有好运；可以指做一些好事，认为这样可以积攒运气；也可以指在重要的事情发生之前有意降低自己对结果的预期（往往要对别人说出来才算是攒人品）。与此相对的，所谓“败人品”，可以是无意经历了一些超出期望的好事之后对这些好运的解释，暗示自己在未来的事情上应多加小心；可以指做了一些坏事，认为未来将遭背运的惩罚；也可以指在重要的事情发生之前高调讲出自己的高预期，这样太高调、败人品的后果就是可能被完全与预期相反的结果“打脸”。

当然，具体对什么事情攒人品、什么事情败人品的认识还经常有一些微妙的地方。比如，一个学生在考试之前不停地跟人说自己“肯定挂了”，如果他确实是来不及好好复习，那么，一般会认为他是在攒人品；如果相反，他是在复习得非常充分的情况下这样做，他其实就是在故意高调说反话，所以会被认为是在用一种修辞的方式“高调讲出自己的高预期”，所以就会被认为是败人品的，而且这种做法往往会刺激那些学习一般的同学，这也同时是做了一件坏事，所以大家会格外期待这样的人被“打脸”。这时候的攒人品和败人品又与“谦虚”和“骄傲”发生了一定的联系。

例句：

- 他抢了好几次微信红包都是排名垫底，这一定是**人品问题**。
- 连着一路上都是绿灯，今天我是**人品**爆发啊。
- 马上就要考托福了，给班上同学买了点零食，攒攒**人品**。

污

这一词语来自日语词“汚い”，有肮脏、下流的意思。国内ACG文化圈使用这一日语词来形容与性有关的动画、漫画、游戏和梗，为了便于输入，将其简化为汉字的“污”。在使用时，“污”并不具有贬义，对于使用者和接受者而言，性话题本身带来的是隐秘的欢乐，污的程度越深，性元素的浓度也就越高。

这一词语在中国互联网的大规模运用始于2015年上半年。随着二次元亚文化的兴盛，“污”也渐渐成为对于性话题与相关梗的特定形容词。在2015年11月中旬，台湾歌手费玉清在综艺节目中讲色情笑话的视频开始在微博等社交平台流传，并被上传到哔哩哔哩等弹幕网站。由于费玉清本身作为美声歌手的庄重形象与其讲色情笑话的情态有强烈的反差，这些视频在短时间内产生了爆炸式的传播效果，二次元用户用“污”来形容费玉清，这一词语也随之广泛传播。

费玉清在大陆多以美声歌手形象出现，但他在台湾也是一位以善讲段子闻名的综艺节目主持人

在“污”之前，“黄”被用来形容与性相关的话题、作品，它同时也是官方对于色情物的指称，带有较强的贬义色彩。然而性本身是人重要的生理需求，使用“黄”来谈论“性”，本身带有自我压抑的意味。当“污”作为一个相对中性的词出现在大众视野中时，它迅速地越过了二次元的小众藩篱，成为大众喜闻乐见的词语。

例句：

- 你这人真污！离我远一点！
- 这作品有些地方挺污的，适合我这种重口味读者！
- 说你污，可能并不是在骂你。

颜值

颜值，由网络世界发展到大众文化的词语，指外貌好看的程度，男女皆可用此词形容。

“颜”在汉语中表示面容、容貌，但现代汉语中很少单独使用。古汉语传入日本后，日语用“顔（かお）”这一单字来表示脸和容貌，并参与其他合成词。随着网络普及、日本二次元文化大量输入，中文对“颜”字的运用也开始日文化。另一方面，电子游戏特别是RPG游戏中，将人物特质转化为参数设定，也培养了人们数值化的思维。由此而来，就在中国语境中形成了“颜值”这样一个表示容貌好看程度的新词。

“颜值”作为一种衡量标准，可以测量和比较，因而有颜值高/低、颜值爆表、颜值暴跌等说法。2015年12月，《咬文嚼字》杂志发布2015年度“十大流行语”，“颜值”名列第三。

颜值的诞生，背后是网络中“看脸”文化的盛行。在回避价值判断的大趋势下，“颜值即正义”作为无逻辑的逻辑，成为通行于网络的新法则。流行文化中大量的“看脸”“漂亮就行”“颜性恋”的说法，用一种极其无厘头的方式，回应着时下的许多严肃问题。人们，特别是年轻一代，有很多人不关心宏大历史，也不愿意做严肃的价值判断，于是，用“颜值王道”这种随意的评价标准，完成对既有严肃秩序的解构，将许多无法直说的复杂状况，解构为简单粗暴的“看脸”。

例句：

- 这些小鲜肉真是**颜值**爆表！
- 单身了20多年，我觉得主要是**颜值**拖了后腿……
- 社会好残酷，除了看实力，还要看**颜值**。

网红

网红/网红经济/网红脸

【网红】

“网红”也即“网络红人”，从广义上看，借助互联网平台获取名声与粉丝支持的写手、段子手、时尚博主或视频达人等，都可以被称作“网红”。

在互联网刚刚兴起的20世纪末至21世纪初，一批因文辞犀利而闻名的网络写手，如慕容雪村、李寻欢、安妮宝贝、今何在、木子美等人，就已经具备了网红的基本特质。但大众对“网络红人”这个概念的普遍认知，却往往源于芙蓉姐姐、晚晚、张辛苑这类以分享本人照片为主要曝光方式，并活跃于天涯论坛、高校BBS、博客和豆瓣等平台的图文博主。网友们观其貌、听其言，无论是怪异出位，还是美艳动人的外形，只要具备一些符合互联网传播规律的记忆点，总有机会名噪一时。2010年以后，各类网络社交平台和直播平台迅速崛起，网红出名的路径也变得更加丰富多彩，有早已规模化经营的段子手、营销号，也有诸多垂直领域里各有所长的兴趣博主，2016年走红的视频博主papi酱便是其中的佼佼者。有时，一些偶然或是由营销推手运作出来的现象级热点话题，也能在极短的时间内制造出一名网红，如奶茶妹妹、犀利哥等。

【网红经济】

网红经济，指的是建立在网红的知名度和粉丝变现能力之上的某种商业模式。网红之所以成为互联网时代的一种文化现象，始终与其背后隐含的商业价值密不可分。

单从变现渠道来看，最具原创力与生产力的网络写手、段子手和兴趣博主等，往往只能依靠稿费、版权收入、吸引风险投资或广告订单来将自己的知名度与粉丝影响力转化成经济收入。但这种转化总是或多或少存在一定的偶然性与不可持续性，一般而言也不会被视为典型的网红经济。

从某种意义上说，狭义的“网红经济”，其实是特指时尚穿搭类网红（也可称之为时尚博主，但在中文互联网的语境中，往往不加任何限定地称其为网红）通过冠名或加盟淘宝服装店（即所谓“网红店”）而获得收入的商业模式。这类网红在图文博主时代已经通过分享街拍图片，展示自己选择时尚单品的品位和搭配整体造型的功力而广受追捧，进入社交网络平台，借助各种短视频与网络直播的通道，她们更得以全方位地展示自身的魅力。

伴随着电子商务的飞速发展，某些嗅觉敏锐的电商从业者逐渐以时尚穿搭类网红为中心，打造出了一条成熟的网红服装产业链。在这条产业链的最末端，是中国东南沿海数以万计的服装加工厂和加工厂里来自内陆农村地区的女工，由她们生产出的服装则大多会被运往全国各地的淘宝店仓库。而在这些淘宝店中，销售额最为可观的，往往便是由时尚博主挂名的所谓“网红店”。在2017年的“双十一”促销大战中，网红张大奕和雪梨的服装店销售额都突破了两千万人民币，在整个淘宝女装门类里位列前十，几乎与一众实体快销品牌，如优衣库、VERO MODA等比肩。

【网红脸】

网红脸，是指女性网红们在某种统一的审美趣味的统摄之下，经由整容或PS等方式对面部进行改造修饰之后，在其发布于网络上的照片里，呈现出的某种具有高度相似性的五官外貌。网红脸往往以尖下巴、高鼻梁和欧式双眼皮为主要特征。

这是一个包含了极大讽刺意味的贬义词，它可以用于攻击任意一名女性的外貌，并于其中暗含了“整过容”“照片过度PS”，甚至“是隐性的色情行业从业者”之类的恶意评判。

“网红”的崛起，当然首先是媒介变革的产物，互联网为大量原先被排挤在主流媒体之外的边缘人物、草根人物提供了展示自己的平台。又通过对社交方式的整体性变革，为新时代的“红人”们维护与粉丝之间的关系、筛选出忠诚于自己的粉丝提供了最便捷的通道。在中国，网红与电商产业的神奇融合，更是造就了堪称商业奇迹的网红经济模式。

而随着网红概念的普及，这个词早已不仅仅作为名词，用于指涉某个具体的人物，也常常作为定语，修饰任何一种事物，表明它是目前正在互联网上流行着的，或者经网络营销炒作而走红的。如网红奶茶、网红店，等等。

例句：

- 中二王以一名直男的身份发表了耽美游戏的测评文章，瞬间成为**网红**。

- 这就是我跟你说的那家特别好吃的**网红店**，它家的烤脑花在中关村地区可以说是没有对手了。
- 如今谁还记得贾君鹏、二胡卵子和犀利哥这些过气**网红**呢，都是时代的眼泪。

小鲜肉

小鲜肉指的是年轻帅气、形象健康阳光的男性偶像明星，泛化后亦可指代年纪偏小、气质干净清新的男性。

这一词语最初源自日本女性向成人影片，年长女性和年轻男性配对时，后者白净的身体因为害羞和激动而浮现出红晕，宛若新鲜软糯的三文鱼一样诱人，因而被称为“小鲜肉”，并带有鲜明的情欲色彩。后来在使用中，逐渐泛化为对颜值高、年龄小的男艺人的赞语，并从日本传入中国，在中国网络上流行。

2013年7月11日，编剧于正的微博“欢迎郭敬明带着他的小鲜肉们进宫看看小主们”让这一词语迅速流行起来，成为2013年的一大热词。2014年央视春晚彩排中，吴亦凡、鹿晗、陈伟霆、宁泽涛四位广受欢迎的年轻男性公众人物合作表演，被媒体称为“四小鲜肉”，成为这一词进入大众视野的关键。

与20世纪80年代初同样具有高颜值、希望得到男女两性观众喜爱的“奶油小生”不同，小鲜肉的目标粉丝群体明确为女性，专注于迎合女性消费“男色”的需求。而那些年岁偏大、颜值下降的男性，相应地被戏称为“老腊肉”。“小鲜肉”一词的红火背后，不但反映20世纪90年代以来我国大众文艺对男性审美的深刻变化，而且体现了消费社会对女性这一正在上升的巨大消费群体欲望的承认、挖掘与满足。

例句：

- 她最喜欢的**小鲜肉**是在《琅琊榜》里演飞流的吴磊。
- 隔壁部门新招了一批**小鲜肉**，可我们这边一个个全都是**老腊肉**。
- 你看那个**小鲜肉**，他可是个标准的御姐控。

绿茶婊

绿茶婊（Green Tea Bitch）泛指在他人、特别是异性面前楚楚动人、温柔纯情，如绿茶一样文艺、清新、无害，但实际上却工于心计、玩弄感情，懂得利用性别优势获取利益的女性。

“绿茶婊”一词最早在2010年由微博网友“邱大王”提出，原为“清新绿茶小婊子”或“Green Tea Bitch”，本是讨论某些女明星的形象设定。后在2013年初，因对一位美女作家的爆料，这一词语重新进入大众视野。“邱大王”的朋友、网络红人“衣锦夜行的燕公子”再次提出“Green Tea Bitch”一词，并发微博“名词解释：Green Tea Bitch就是姿色中上，以文艺女青年为伪装，爱发表文学艺术政治论点博得男人爱慕，四处宣扬受过情伤，咬牙坚强，QQ签名是‘世界上唯一一朵孤独的花’之类。私生活混乱，以及有过劈腿或小三经历的成功女性”。社会事件叠加犀利名词，迅速引发关注，豆瓣网友列出《(技术帖)如何鉴定绿茶婊》的24条法则，从外貌、性格、行为举止等方面对绿茶婊进行描述。

与此同时，在网络上各种假托名人之口的语录中，流传着加拿大女歌手艾薇儿·拉维尼（Avril Lavigne）的名言："我文身、喝酒、抽烟、说脏话……但我知道我是好姑娘。真正的婊子喜欢装无辜、装清纯、喜欢害羞、喜欢穿粉色衣服。男人肤浅，都只看表面。所以，他们只能错过好姑娘，然后被婊子骗得痛不欲生。只有女人才能看出谁是真正的婊子。"因而艾薇儿又被网友戏称为"鉴婊师"，这一称呼后来泛化指称那些热衷于将他人归为"××婊"的人。知名微博自媒体账号"清华南都"对此进行转载，进一步扩大了"绿茶婊"一词的影响力。

被指认为绿茶婊的女性，都被刻意忽略了作为职业女性的人生成就，与男性的绯闻成为她们"婊"的原罪，并暗示着她们的成就与情色交易有所关联。而这种语言暴力，恰恰出自女性群体自身，这其中既有被男权思维禁锢、想做绿茶婊而不得的争宠与嫉妒，也有标榜女权、将一切和男性交好的行为视为叛徒的嗤之以鼻，从某种程度上反映了中国性别话语空间的复杂性。

例句：

- 几个老男人坐在一起组局，必须要有个**绿茶婊**来当饭局之花，才能满足他们自诩风流的虚荣心。
- 她号称资深“**鉴婊师**”，小心她说你是**绿茶婊**。
- 女人眼中的**绿茶婊**，大概是男人眼中的白莲花。

直男癌

“直男癌”一词指的是封建思想根深蒂固、大男子主义严重，对自我要求极低而自我感觉良好，却时时苛责批判异性的男性。

“直男癌”一词大约于2014年6月出现于豆瓣和微博。所谓直男，一般指的是性取向为异性的男性，英语中常用Bent（弯的）作为同性恋男性的代称，而用Straight（直的）表示异性恋男性。直男的说法，是对部分男性特征的一种调侃，既突出纯正的男性特征，也有暗示情商堪忧、缺乏审美、看待女性简单粗暴、在感情上缺乏技巧之意。而直男癌的说法，则是更进一步的讽刺，意指这类男性不但活在自己的世界观、价值观、审美观里，还将自己的狭隘观念和低俗品味强加给别人，时时流露出对这个世界的不满和无人欣赏自己才华的愤懑。特别是在两性关系上，直男癌患者尤为漠视女性，将其视为工具化的对象和自己的私人物品，因而引发了广大女性的批判。

公众人物韩寒“妻妾和平相处”论、周国平“女人的成就在做好妻子”论、李阳“家暴非大事”论等，让公众在愤怒之中，将“直男癌”一词越推越广。而另一方面，将存在狭隘性别观念的男性称之为“癌”，并宣判死刑，用嘲讽而非沟通、发泄情绪而非解决问题的方式表达，也凸显了当代中国社会在性别话语上的暴力与匮乏。

例句：

- 那个相亲对象是个**直男癌**，见了我就说：“女孩子读那么多书有什么用，嫁得好就行了。”
- 他说娶老婆就是用来洗衣做饭生孩子的，真是**直男癌**晚期。
- 他这种**直男癌**，活该当绿茶婊的接盘侠。

"社会流行词"单元会话

正太林：这两天我正在查找关于"**帝吧**fb出征"的资料，你们当年参与过吗？

脑洞薛：不明觉厉啊，**帝吧**是什么鬼？

中二王：**帝吧**挺有名的，"屌**丝**"就是从**帝吧**传出来的。"帝吧出征"当年可是全网**刷屏**的！

女神疯：**帝吧**以前就搞过好几次**爆吧**，不过出征FB那次声势最大~**帝吧**可算是**逆袭**了……

脑洞薛：哇！**666**~

脑洞薛：要我说，**帝吧**既然这么爱**爆吧**，不如去爆明星贴吧，和脑残粉的战斗力比比谁更强。

女神疯：哈哈哈，这是养蛊吗？不过现在的脑残粉护起主来，确实一个比一个**奇葩**。

脑洞薛：为了diss对家相互举报，这样下去今年春晚都选不出来根正苗红的**小鲜肉**了。

女神疯：也不知道会不会有新人**逆袭**上位，什么都没有的话，我都没动力在豆瓣开春晚**直播贴**了。

脑洞薛：**23333333**，你开直播倒是值得**吃瓜**群众好好**围观**了。

中二王：可要是**不撸**春晚，**单身狗**放假在家还能有什么活动？难道要过**佛系**春节？

正太林：你当远离世俗那么简单？假期里不是高中同学结婚宴，就是朋友孩子满月酒，一顿红包送下去，**土豪**也得**吃土**了~只能权当攒**人品**了╮(╯▽╰)╭

中二王：关于**吃土**我记得有个**污**段子你们知道吗？

脑洞薛：你在**钓鱼**？

正太林：完全不明觉厉……话说我今晚还有个DDL，**大手**破壁哨派的活儿，先去**搬砖**啦，回头听你讲**污**段子~

女神疯：又去学习了？**学渣**目送**学霸**走好。

编后记

王玉王

2017年2月19日，我一边汇总负责撰写各单元词条的师兄师姐们最新修改过的稿子一边写这篇编后记。这一次修改，我们又新增了“痛车”“直播帖”这两个词条，感觉即使是在修改稿子的时间里，这部《破壁书：网络文化关键词》也在不停地生长着，就如同孕育了它的那些形形色色的亚文化圈子一样。

让我介绍一下我的小伙伴们：林品（“二次元”单元负责人，并参与撰写“社会流行词”单元部分词条）、高寒凝（“二次元”单元负责人，撰写词条横跨六个单元的巨巨）、肖映萱（“女性向”单元负责人，并参与撰写“同人”“网络文学”等单元部分词条）、郑熙青（参与撰写“女性向”“同人”等单元的部分词条）、王玉王（“同人”单元负责人）、叶栩乔（“同人”单元负责人）、吉云飞（“网络文学”单元负责人，并参与撰写“游戏”单元部分词条）、李强（“网络文学”单元负责人）、陈新榜（参与撰写“网络文学”单元部分词条）、傅善超（“游戏”单元负责人）、王恺文（参与撰写“游戏”“网络文学”“社会流行词”等单元部分词条）、秦兰珺（参与撰写“游戏”单元部分词条）、薛静（“社会流行词”单元负责人）、陈子丰（参与撰写“社会流行词”“网络文学”等单元部分词条）。我们大都是在邵老师的网络文学课堂上结识，性情相投就成了伙伴，既可以一起严肃正直地讨（互）论（怼）学术问题，也可以一起兴致勃勃地吃喝玩乐（我们曾一起去日本旅行，也曾泡着温泉畅聊人生）。在邵老师的带领下，我们共同进行着网络文学及网络、二次元文化的研究探讨。

大部分作者都是各种圈子里的“常住人口”，比如林品师兄是“哈利波特”圈知名Coser，曾经和《哈利波特》系列电影的制片人“谈笑风生”，甚至曾经在没有穿Cos服的情况下，在东京羽田机场被路人认出；人称“暖聚聚”的寒凝师姐在科幻圈、古风圈、游戏圈、动漫圈都贡献了可观的产出，并因为成为陈伟霆粉丝而涉足粉丝文化研究，常在社交平台上撰写粉圈小论文，是当之无愧的“聚聚（巨巨）”；熙青师姐是詹金斯《文本盗猎者：电视粉丝与参与式文化》（北京大学出版社2016年）的译者，同时沉迷AO3不可自拔，持续不断地将很多圈子的英文同人译为中文，以供中国粉丝阅读；映萱师姐曾是中抓圈的忠实爱好者，另外在写学术评论的过程中憋了一肚子槽想吐，就开了个推文号，是专营耽美的资深腐女，同时，师姐还是韩国偶像组合东方神起的团饭，所以对韩饭圈有相当的了解；静静师姐是我们微信公众号“媒后台”的主编大人，课余一边混迹于娱乐重镇豆瓣八组，拥有价值两百的八组账号，一边给各大媒体撰写文艺评论，时不时夹点私货；李强师兄和云飞是网文评论区的活跃分子，在写论文之外还贡献着优质长评，云飞还是最早把中国网络小说在英语世界的传播情况介绍到国内的研究者；小乔是《仙剑奇侠传》系列的真爱粉，专注仙剑同人文三十年，经常试图插刀然而总被认为在发糖；善超小师叔精通各类欧美3A大作，还曾经专门研究过电竞直播领域；同样热爱游戏也热爱奇幻文学的八爷王恺文，如今在一家游戏媒体里，正混得如鱼得水，风生水起；我则是古风圈的忠实爱好者，同时是A团（日本偶像组合ARASHI）团饭黄担（二宫和也本命）一枚，对日饭圈，特别是J家（日本杰尼斯事务所）圈比较了解。邵老师则是我们所有人的安利对象，善超小师叔为了怂恿她开游戏课，还特意编织了一顶华丽丽的桂冠：“如果是在MOBA里，她就是那种不吃资源但游穿三路掌控大局的神级辅助。”

我们这个小团体，成了各种圈子的交汇地，总能够不断产生新鲜的话题、新鲜的兴趣。回想起大家一起度过的时光，在彼此之间的强行安利下，真是经历了各种各样的“新鲜事”，比如说我们曾经在网文课上强制要求男生们阅读耽美肉文，为男频Boys开启了新世界的大门；比如说和小乔一起打《剑三》是我的网游初体验，后来还在映萱师姐、林品师兄等人的带动下入了《奇迹暖暖》坑，结果发现世界上最远的距离是我在iOS服，而他们都在安卓服TAT，真是人生寂寞如雪……最近邵老师和我的导师张颐武教授忽然同时询问：你们了解《王者荣耀》吗？于是我们又纷纷下载了《王者荣耀》，开启了组队开（被）黑（虐）的愉快时光；因为林品师兄的安利，我才看了《魔法少女小圆》，托了小乔天天在我耳边碎碎念的福，我才记住了日本声优福山润、神谷浩史等人的名字……

集中编写词条的那段时间，真可谓是“基情燃烧的岁月”，“好基友们”的讨论有时候从中午开始一直持续到晚上。先是共同挑选关键词、划分单元，然后大家分头写词条释义，再按照单元顺序逐词讨论、修改、定稿。要逐个考证关键词的语源和流变，找到代表性的（如最早的和影响力最大的等）人物或作品，在纷繁复杂的网络信息中去伪存真，工作量其实不小，但我整个人处于亢奋的状态，所以也并不觉得累（而且映萱师姐订的外卖和选的餐厅总是特别好吃，每次吃完都会原地满血复活，真不愧是五道口小公举~~）。

我和小乔主要负责“同人·粉丝”文化单元词条的撰写工作。那些我们喜欢的东西——漫展、Cosplay、同人、古风圈、中抓圈……在我们笔下一点点从单薄的词语变成骨肉丰满文句，一点点复原出那些小圈子原本生动鲜活的样子，再想象一下这些文字终将付梓，把我们的心意传递到更多人手中，这真是一个极有成就感的过程。邵老师说的“为自己心爱的东西树碑立传”，大概就是这个意思吧？写稿子的时候，我们还会在不影响词条准确性的前提下夹带点儿“私货”，比如我最爱的爱豆岚（ARASHI），小乔最爱的游戏《仙剑奇侠传》，映萱师姐最爱的古风圈歌手老妖等等都出现在了词条解释或例句中。这就使得讨论稿子的过程有时还会带上点安利大会的性质。以前人说“隔行如隔山”，现在的情况大概是身处不同的圈子就仿佛隔了一个世界。我们这群作者虽然大都可称二次元人，但也都混迹于各自不同的圈子。在相互念稿、安利的过程中，我们加深了对彼此的了解，并通过纵观不同圈子间的共性与差异，渐渐勾画出网络二次元圈子的整体图景。在后期校稿的时候，我们特别限定让每个人校对自己最不熟悉的单元，比如让男生校对“女性向·耽美”单元等，也进一步强化（冲击）了不同单元作者的共识（三观）。

书的最终形式，也是在一次次讨论、聚餐中渐渐形成的。比如说附在每个单元末尾的小剧场，就是一次聚餐中产生的“脑洞”。最初是想给每个作者起一个符合其自身气质的昵称，比如寒凝师姐是“暖聚聚”，恺文是“中二王”，林品师兄是“正太林”，吉云飞是“吉良辰”，映萱师姐是“御姐肖”，熙青师姐是“呆毛狼”，李强师兄是“李傲天”，善超小师叔是“手残超”，子丰是“女神丰”，薛静师姐是“薛长直”，我是“女王王”而小乔是“忠犬乔”（我才不承认我们是CP呢，哼┑（￣Д￣）┍）。至于邵老师叫什么，大家可以猜一猜。后来便衍生出了每个单元的作者们建一个微信群，在群里用该单元的关键词进行一个小剧场对话的设想，最终形成的，便是本书中所见的那六个欢脱接地气的小剧场啦。单元测试题也是以类似的方式诞生的。六个单元的测验题都出完后，我们专门找了一个下午坐在一起“考试”（除了自己参与出题的单元以外，其他单元的卷子全答一遍），比比谁分数高，同时也作为考生给出题人挑错。这也让已经许久没有考过试的我重温了一把高中时代的“题海”时光。

现在出现在书中的测试题，是我们几经修改的结果，请大家也来做做看吧！

稿子基本写完之后，剩下的工作就比较枯燥了，基本就是一遍遍地校订文句、统一体例。我主要负责定DDL→催稿→统稿→定新的DDL……但每一次卡着午夜十二点的DDL，把修改过的稿子发给我们的编辑邝芮大大（赞美虽然话不多但又有才华又认真负责的编辑大大！）时，都会切实地感受到这次的版本确实比原来的更好了一点。于是幸福地伸个懒腰，微笑情不自禁地挂上嘴角，这种成就感就在夜色中弥漫成幸福。

如今，这本《破壁书》就这样呈现于大家面前了，读至此处的您不知是否满意呢？倘若书中写到了您也深爱着的二次元圈子，并能得到您一句“确实如此”的赞同；倘若这本书多多少少完成了一点我们“破壁”的初心，使您了解、理解甚至爱上了此前陌生的圈子、未曾听闻的作品、别样的小世界里同样精彩的生活，那便是我们最大的荣幸。

这个世界熙熙攘攘，网络以前所未有的便捷使天南海北的人相互联结成为可能。但另一方面，它又使得我们太容易一头扎进自己心仪的小圈子里，对那些我们不了解的东西心怀偏见。日饭圈鄙视韩饭圈，欧美游戏粉丝鄙视国产游戏玩家，现充与二次元宅互相看不起……这些被戏称为“鄙视链”的现象固然成为每一个圈子建构自我认同的重要方式，但同时也多多少少使我们习惯于对其他圈子抗拒先于理解、屏蔽先于接受。我相信宽容可以使自己变得更快乐，使生活变得更丰富，使世界变得更美好，这话说起来好像有点假大空，但却是我在与我们这个小团体中的小伙伴们的交往中，在撰写《破壁书》的过程中真切体验到的最重要的事。因为每一个网络亚文化圈都是一方小天地，每一方天地里都自有一番山河日月、壮丽江山。衷心希望《破壁书》可以成为一道门，或者一张地图，带着我们穿越垂花掩映的小巷，或者岔路蜿蜒的地下城，瞥见那一个个精心搭筑的小世界中的各异风景。

因为，创造了这一切的，是爱啊！

2017年4月18日